野外求生系列丛书

青少年

险境求生

江乐兴 编著

清华大学出版社
北 京

前言 Preface

看过《跟着贝尔去冒险》记录片后，想必每个青少年心中都会燃起一个险境求生的梦，但野外生存技巧的缺乏会导致不能进行有效的自我保护，谁都不知道某个环境下会发生什么特殊险情，如在山区里野营、独自穿越荒无人烟的旷野，或突然遭受恶劣的气候等。当陷入危险的境地后，如能快速做出准确的判断及正确的反应，那么脱困的可能性将大大增加。

险境求生不仅需要野外生存技巧，还需要思想上、心理上的准备，以此来确保自己在享受野外探险刺激的同时，保证自身的安全。技巧来自方方面面，如装备选择、搭建避身场所、寻找食物和水、意外伤害救治、应对自然灾害、辨别方向、发送求救信号等。如果能把这些技能全部掌握，可以帮助我们有效地规避和面对各种风险，让我们在面对复杂地点、复杂气候、复杂条件时都能生存下去。

本书通过简洁易懂的语言文字，配以彩色图解，互动式的情境漫画，将理论融合实际，向读者客观、真实地展现了应对意外的具体措施。书中尽可能地将对青少年产生危害的任一险境统统进行分析和介绍，让你易学、易懂、易操作。旨在希望每一位读者都可以通过阅读本书掌握基本的应对伤害的技能。无论在野外中还是正常生活中都可以时刻保持理性，合理利用自己的肢体、技能和方法去应对各种危机。

本书由江乐兴编著，参与编写的还有付春琳、昌海洋、杜楠、邢梦雪、肖颖慧、贾毅奎、和文、刘如玉、李来阳、刘会、姬飞雪、李娇娇、王红静、单雪影、吕春阳、李彩燕、谭守纪、李洁、李良、王海燕、陈方莹、陈生学、张卫东、刘兵、韩雪、于红、张庆、李淳朴、霍秀兰、刘丽爽、陈芳等人。

由于时间仓促，加之水平有限，书中的缺点和不足之处在所难免，敬请读者批评指正。

目录

CONTENTS

1 导读 野外求生常识

SPEED
LIMIT
70
RADAR
ENFORCED

Part 7
215 险境急救技巧

Part 8
277 逃生后的心理疏导技巧

导读

野外求生常识

本章看点

野外求生的前期装备

野外求生的基本技能

不同探险环境下的安全防护措施

野外求生的前期装备

做好自身准备

每一种野外活动都有可遵循的方法和注意事项。在开启任何一段新的征程前，做好行前准备，会减少行程中发生意外的可能性，才能全身心地享受到大自然带给我们的乐趣。

1 心理准备

无论做什么事情，良好的心理素质都非常重要。户外野营也不例外，甚至对此有着更加严格的要求。人类与大自然比较起来是极为渺小和脆弱的，野外行进的过程中难免会遇到诸多始料未及的困难，我们必须用强大的心理承受力和理性的思维来应对一切。只有这样才可以在突遇险情时，让自己保持清晰的思路，并按照提前“准备”好的应对技巧去战胜困难。

1）避免消极的情绪

筋疲力尽、缺水、虚弱以及意外伤害，都会导致消极情绪的产生。消极情绪容易引起错误的心理暗示，使在我们面对困境时，消极茫然，完全将自己拖垮。

处理这种情绪最好的办法是消除或者直接面对引起这种情绪的生理及心理上的压力，也可以在出发之前通过适当的计划和合理的调整以避免这些情况的发生。

2）干脆利落做决定

干脆利落可以在一定程度上提高办事效率，也可以在危急时刻及时的化险为夷。因而，在平时就注重培养这种果断决定的能力，这样在必要时才会充分地使其发挥作用。

3）适当的主动性

户外探险的过程中，会遇到各种各样的突发事件，很多人在面对那些无法预料的事情的时候，缺乏主动尝试的信心。总是在心理进行自我否定"我不能做""我做不下来"。其实敢于主动尝试也是解决意外问题的关键，无法迈出第一步，可能就会将我们彻底地深陷于某种不利境遇中。

4）忍受孤独的能力

当孤身一人面临危险时，通常会产生强烈的孤独感。这种孤独感极易引发无助和绝望的负面情绪，这时就需要培养"遇事自己做决定，并且完全依靠自己"的意识。在面对危险时，能够迅速做出反应，采取适当的方式予以解决。

2 精神上的准备

不管是负重穿行于一个偏僻的区域，还是行走在自己熟悉的地带，都有可能发生意外情况而使自己陷入困境。一旦陷入未知状况，就会给人带来巨大的精神压力。为了帮助人们更好地应对并减轻精神压力对自己的影响，就需要我们在临行前做一些积

极的“精神准备”。

1）时刻不放弃求生欲望

求生欲望又称生存态度，尽管在日常生活中很少有人会意识到它的存在，但它绝对是非常重要的一种精神鼓励。假如一个人没有积极的生活态度，那么他就会将自己所处的环境想象得更加糟糕，更不要谈生存下去的勇气了。因而时刻谨记绝不放弃求生欲望，才能使自己在突遇险情时，能够竭力进行自救，增加脱离险情的机会。

除了求生欲望外，在平时可多学习一些应对各种常用险情的技巧和方法，这样就可以增强自我生存技能。

2）降低对舒适度的渴望

野外求生时总会遇到饥渴、寒冷、疾病、炎热等各种令身体不适的状况，这就需要我们在出发之前降低对舒适度的渴望，以免真正面对时，承受不住巨大的落差，精神崩溃。

3）适度忽视疼痛感

疼痛作为肢体语言，会将不舒适的信号传递给我们，如果将注意力过分集中在疼痛上，意志力就会被其削

弱，可若是有意忽视痛苦，那么对痛苦的感知程度将会被削弱。

4）提高抗疲劳能力

疲劳会削弱人的心智能力，当人感觉到疲劳时，情绪便会变得低迷。因而要学会在出发前提高自己的抗疲劳能力，适当地在生活中学着忍受疲劳，这样野外求生时，轻微的疲劳就不会造成太大的影响，如此便可增强适应能力。

5）克服厌倦情绪

不断地重复单调乏味的活动是产生厌倦情绪的一大主因。在丧失兴趣的情况下，通常会感到紧张、焦虑和沮丧。为了避免上述不良情绪的产生，就需要做好克服厌倦情绪的准备，即在户外探险之前，进行良好的预防厌倦情绪的培养。

6）积极的生存态度

在面对危险时，时刻谨记“生存大计”可以有效避免自己在发生危险时泄气，在精神上将自己拖垮。

如果有慢性病、牙科疾病或者肌肉、韧带拉伤旧疾时，一定要咨询医生，是否会对野外行进造成影响。

2）体能准备

不同的探险项目，对身体素质的要求也是不相同的。最好可以根据目标探险活动有针对性地做训练。

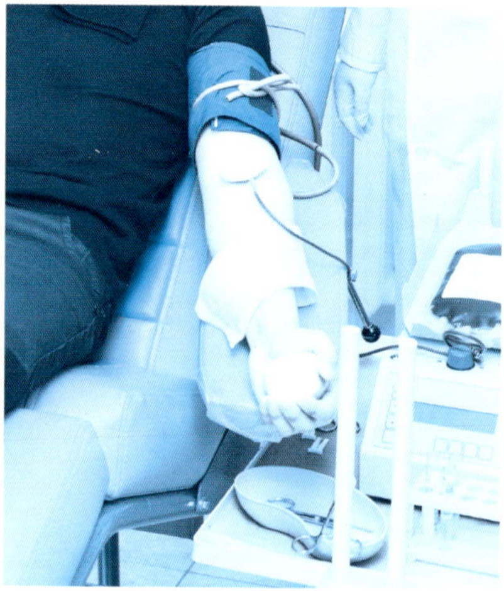

3 身体上的准备

户外探险对身体素质有着极高的要求。健壮的体魄不仅能在探险的过程中轻松自如，还可以更有效地克服困难，渡过难关。在临行前，将身体状态调整到最佳状态，才能在户外探险的过程中更好地保护自己。

1）行前身体检查

临行前，最好去医院做一次常规体检，对自己的身体状况有所了解。

（1）增强耐力

比较常用的增强耐力的运动是游泳和蹬自行车。

	增强耐力的训练方法	作用
游泳	蛙泳、仰泳、水下憋气	使我们的心肺功能不断增强
蹬自行车	空中蹬自行车、动感单车、变速自行车	主要锻炼腿部肌肉，同时增强心肺功能

（2）力量训练

力量训练时应根据身体的不同部位进行有针对性的练习。

	力量训练法	作用
上身	举重	能够锻炼颈后肌、胸肌等特定肌群
手臂	曲臂和哑铃	加强手臂和肩部的力量
胸部	拉力器和俯卧撑	增强肌肉和韧带的抗撕裂能力
腿部	慢跑和蹬自行车	锻炼腿部肌肉

（3）平衡性训练

面对过山路（尤其是险路）、攀岩、过索道等高危运动时，平衡性起着至关重要的作用。可以去健身房做球操练习平衡力，也可以通过下述方法在家中进行一些简单的训练。

①前倾弓身，在原地转圈（最初以 3 圈为宜）；

②直立起身，尽可能地沿着一条直线走；

③直到眩晕感消失后，重复上述动作。

每天至少坚持锻炼 10 分钟，就可以对平衡身体起到很好的锻炼作用。

求生小贴士

除了必备的身心准备外，还应在出发前根据所选目的地的环境情况，注射甲肝、破伤风（非常重要）、湿热病、延缓蛇毒等疫苗在体内形成一层抗体，以避免被疫情所伤害。

正视意外情况

不管是负重穿行于一个偏僻的区域，还是行走在自己熟悉的地带，都有可能因发生意外情况而陷入困境。一旦陷入未知状况，就会给人带来巨大的精神压力。所以需要在临行前调整好自己的心态，正视意外情况的发生。

求生小贴士

面对突发状况时，心理承受能力也是非常重要的一方面。但一个人的心理承受能力是不能通过训练和准备就可以改变的。在日常生活中，尽量提高自己的抗压力，将压力转换为动力，才是脱离险境最行之有效的方法。

计划的重要性

无论哪种类型的野外活动，多是以融入、享受、体验大自然为目的的。俗话说：“良好的开端是成功的一半。”在开展野外活动之前，制订详细的行进计划不仅可以使野外活动的目的性更强，还可以在确定活动内容后做相关的应对准备。如收集一些目的地地理、气象、民俗等方面的内容，这些资料的准备可以降低行进的危险性。

安全是野外活动的第一遵守原则，无论何种内容形式的野外活动都可能出现意外情况，因此在临行前充分考虑到各种危险因素，并采取防范措施，就能做好完善的应急准备。这样就可以在我们遭遇“不测”时，立即根据行前计划开展果断、高效的自救活动。

求生小贴士

在即将开启一段陌生的行程之前，对目的地了解得越多，应急计划做得越详细，就越能减少遭遇意外事故的风险。做好缜密完整的探险计划和充分的物质准备（包括活动目的、路线、日期、装备、物品等），可以降低我们遭遇意外险境的可能性。

制订生存计划

在临行前做好行程规划，并在计划中增添一些紧急信息和应对之策，会让行程更加顺利。那么在制订生存计划时要参照哪几方面内容呢？

1 了解目的地的基本情况

行动之前先对将要到达的环境情形进行一个大致的了解，包括地形地貌特征、交通路线、天气情况等。这也是了解目的地环境最基本的几个方向。

2 评估实际／地形及设计行进计划

行动之前一定要做好计划，全面地考察地形，认清自己将要面对的地理

环境特点以及形势。在收集了相对完备的地形信息后，可根据实际地形设计大概的行进计划。

收集目的地信息的常用方式	
网络查询	①查询目的地季节及气候特征 ②查询活动区域的地貌、植被、文化、民俗等 ③查看其他人分享的探险心得，从中捕捉可用信息 ④交通路线
查看地图	在线浏览平面地图和卫星地图
电话咨询	可直接致电给相关自然保护区的负责单位进行咨询
有经验的朋友	①请教设计路线的技巧 ②途中是否设有补给站 ③可能会遇到的危险及应对技巧 ④其他注意事项
其他	亲自去目的地直接体验，收集可用信息

设计行进计划的参照依据	
地形地貌特征	设置起始点及强度级别
交通状况	通往目的地的道路，应该方便、快捷、安全
天气情况	是否有大风、暴雨等恶劣天气
参与者情况	人员的数量和差异
线路设计	按先后顺序详细排列地名
活动时间	包括活动时间、停留时间
应急预案	将一些可能发生的意外提前做好预案

3 身体技能准备

了解当地环境的基本特点后，可做相关的体能准备以及练习适合目的地环境的基础技能。

每个环境的求生技巧和途径都各有不同，这就需要提前做好充分准备。如果要去的地方是沙漠地区，那么学习如何在沙漠中寻找水源是非常重要的。

4 制定行进路线

通常来说，制定行进路线要从行动前的准备期、行动的执行期、行动的

恢复期 3 个阶段入手。在制订行动计划前，最好先列出详细时间表，大致估算行程的进度和所用的时间。同时考虑行动的强度安排，为了保持计划的合理性，应根据具体参与人员的身体状况来制订。如果强度过大，很可能会因超越自身能力而造成心理与生理上的双重疲惫。

除此之外，还要在计划制订好后，即时将行程路线和活动日程详细报备给身边没有参与行动的亲人、朋友，以便在发生意外时，能尽快获得营救。

5 制订应急方案

行前可根据设定的路线制订出一些适于当前环境的突发事件应急方案。

求生小贴士

初次探险时，最好将路线设计得短一些。或者将长途路线分设成几个小段，使路线的导向性更加突出，这样能减弱因为整个路途的遥远产生放弃的念头。

行动计划备急表

即使做了完备的行前计划，也难免会有计划之外的意外发生，如未预测到自然灾害、突然的摔跌伤等。在处于一些无法脱身的困境中时，必须借助外部救援力量才能逃生。很多时候，救援人员因不了解具体信息，而使营救的过程百般受阻。为了应对这些意外情况的产生，就需要我们提前制定一份行动计划备急表，尽可能地将所有信息都付于其中。在危急时刻，救援人员就能够凭借备急表迅速做出营救部署。

<table>
<tr><th colspan="2">行动计划备急表（EPA）</th></tr>
<tr><td colspan="2">申请人姓名：</td></tr>
<tr><td colspan="2">性别：</td></tr>
<tr><td colspan="2">出生日期：　　　/年　/月　/日</td></tr>
<tr><td colspan="2">出生地点：</td></tr>
<tr><td colspan="2">民　族：</td></tr>
<tr><td colspan="2">身份证号码：</td></tr>
<tr><td colspan="2">联系方式：</td></tr>
<tr><td colspan="2">联系地址：</td></tr>
<tr><td colspan="2">野外生存技巧 / 经验：</td></tr>
<tr><td colspan="2">近亲一
关　系：
姓　名：
电　话：
住　址：
电子邮件：</td></tr>
<tr><td>近亲二
关　系：
姓　名：
电　话：
住　址：
电子邮件：</td><td></td></tr>
<tr><td rowspan="2">身体状况
身高：　　　（厘米）
体重：　　（千克）
血型：
病史：
药物过敏史：</td><td>photo 正面</td></tr>
<tr><td>photo 侧面</td></tr>
<tr><td colspan="2">详细旅程安排：</td></tr>
<tr><td colspan="2">预测可出现的问题：</td></tr>
</table>

一份行动计划备急表中，应该包含最新个人资料、亲友的联系方式、身体状况、具体行踪记录（尽可能写得详细些）以及旅程中的地点、日期等行程安排。

上表为大家提供了一个比较完整的行动计划备急表的模板。

基本装备

户外装备是开展户外运动之前所要准备的物品。对于户外装备的重要性，大部分人觉得非常重要，也有人认为无所谓，只是在户外走路，随便穿（用）点什么都行。其实，适宜的装备不仅让我们的户外之行更加便利，还能给我们提供安全保障。那么，在临行前我们需要准备哪些基本装备呢？

1 背包

对于户外探险来说，背包的重要性就不用说了。我们所有的物品都需要它容纳其中，它可以解放我们的双手，更加轻便地去享受行程中的乐趣。

常见的户外背包有以下几种类型。

常见背包的种类			
种类	用途	特点	其他
攀登类	中高海拔山地及冰雪岩地形攀登	坚固耐磨、防水、结构设计紧凑、取放物品便捷、外挂设置专业、背负稳固	
徒步类	从林山地等多地形徒步穿越	坚固耐磨、防水、背包承载力强、背负系统完备、外挂缚点较多	根据行程远近分为单日徒步背包和多日徒步背包
冰雪类	冰雪类运动项目	坚固耐磨、防水、结构紧凑轻量、背负结构简单、外挂绑缚力强	背包上有专用的雪板等滑雪用具绑缚固定处
骑行类	公路、越野自行车骑行	结构紧凑、携行轻便舒适、外挂绑缚便捷	背包上有头盔外挂或内置处
休闲类	户外休闲、普通旅游、日常使用	背负结构简单、轻量便携，隔层设置合理	

除了上述种类外，还可根据背包容积的不同，将背包分为大型和中小型两类。大型背包用于中长距离的旅行和比较专业的探险活动；中小型背包则适合短途旅行。

2 服装鞋帽

时下，为户外运动设计的服装和鞋袜在技术上已经相当精细和先进了。新的用料、更加的人性化设计使它们轻便、耐磨，而且兼具多种功能。

1）衣服

户外服装的首要功能就是防水，野外行进时经常会遭遇变幻莫测的天气变化，而拥有一件具有防水性能的冲锋衣，就可以使我们无论在潮湿的地方，还是在风雨交加的环境中，都能有效地阻挡雨水和霜雪的入侵，让我们感受不到潮湿，减少寒意入侵。

外衣一般可分为以下 3 类。要根据不同的活动特点和环境情况，以及不同外衣的特性进行选择。

外衣的主要种类				
外衣材质	优点	缺点	典型用途	其他
防水、不透气材料	防水、价格适中	透气性差，舒适性差	为了增加外衣的透气性，这类材料做的衣服都较肥大，如雨衣	因为透气性差，大部分人都不喜欢长时间穿这类衣服。但是它们防水性很好，且价格便宜，可以放在包里作为备用
透气材料	防风、透气性优良，且价格相对便宜	防水性能不佳	这种材料的外衣适合在干燥或温暖的环境中穿着	去雨量较大，或降雨密集的区域，尽量不要选择这种材质的外衣
防水、透气材料	吸水能力强、透气性极佳、适用性广泛	剧烈活动时也会出现隔热和积水的情况。而且这种面料很贵	外衣首选，防水、透气、适用性广泛	市面上出现了越来越多的防水、透气面料做的衣服，且性能在不断改善中

2）鞋袜

选择鞋子时，应以舒适、防水、透气、保暖为第一准则，鞋子应选比脚的尺码大半码的，这样走起来更舒服一些。

除了性能优良的鞋子外，选择一双最适合的户外袜子同样很重要。一双好的袜子不仅可以增加舒适度，还能避免新鞋不合脚或磨脚的情况。但市面上户外袜子的种类有很多，商品琳琅满目，让人无从下手。其实，不同袜子有其不同的特点。比如，很多人认为聚酯纤维的袜子排汗、速干性能极佳，便不考虑其他因素，一股脑儿的买上一堆。聚酯纤维的袜子排汗、速干强，但其保暖性能特别差，如果是冬季或者去北方一些高寒地区探险，只穿这种袜子肯定会造成脚部冻伤。所以在选择户外袜子时，不应只考虑材质，还应该考虑行途的长短，以及不同类型袜子的特点。

不同类型袜子的特点

类型	材质	特点	适宜运动
轻量级徒步袜	一般由排汗纤维和棉、羊毛、竹炭纤维、尼龙等材料混纺制造	排汗性能强大，穿着比较舒适，有一定的足底缓冲性能	春、夏、秋3季越野、短途户外活动、周末露营、长途旅行等户外活动
中量级徒步袜	排汗纤维	透气性强、保暖性能良好，对脚踝提供更全面的保护	多日的野外活动、长途户外旅行、初级登山探险等户外活动
登山探险袜	一般由羊毛、thermolite等材料制造	脚掌和后跟部分做了加厚处理，足弓和脚踝处采用绷带环设计，可以避免脚在鞋子中产生的扭伤和袜筒滑落的情况	登山、爬高等高危户外活动

3）帽子

在野外活动中帽子也是必不可少的装备之一。但市面上五花八门的帽子，并不是每一款都适宜野外佩戴。此外还应注意的是，在雨雪天气下，最好在帽子外面罩上一个帽兜，以保持干燥。通常来说，选购帽子时，要从以下几个方面进行综合考虑。

不同类型帽子的特点			
类型	优点	缺点	适宜运动
普通型	普通型的帽子看起来与旅游帽差不多	不具备任何特殊的性能	户外环境气候不是很恶劣的情况下穿戴
防水型	防水功能良好	透气性差	比较潮湿的环境中穿戴
防水透气型	防水性、透气性	价格较贵	海拔 3000 米以上旅行时的必需品

4）其他

头盔、军用腰带、护目镜、手套、口罩等都是需要准备的。不要小看这些装备，关键时刻可能会有大作用。

3 日常物品

除了准备一些必备的衣物、装备之外，日常物品也是必不可少的。日用物品不仅是保证生存的基础能源，也是获取能量最主要的途径。

1）主要生活用品

毛巾、香皂、牙刷和牙膏等都是生活必需品。

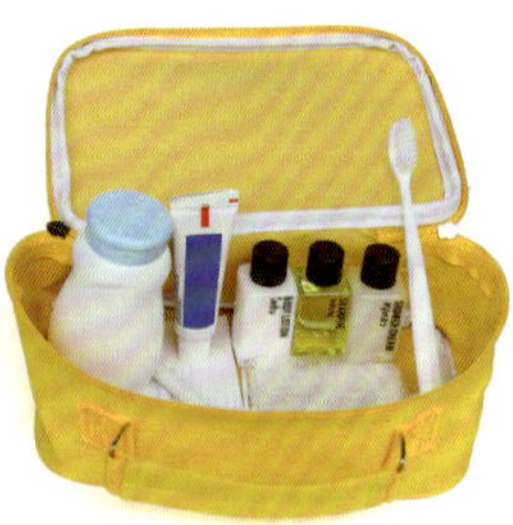

2）食物

户外行进的过程中，食物的准备极其重要。大多数人都认为准备户外食品是一件非常伤脑筋的事情。带的太多，背包太重，占用体积大，吃不完还浪费；可是带的太少又怕不够吃。那么哪些食物最适合在户外食用呢？

户外常见食物推荐	
类型	推荐
含碳水化合物类	脱水米饭、面饼、巧克力、糖块、方便装的粥羹类等
含脂肪类	花生、开心果、核桃、松仁、速食罐头、火腿等
含蛋白质类	炒豆子、花生仁、风干鱼肉虾肉等

3）照明工具

手电筒是必备物件之一，因为在野外中难免会遇到黑夜或者条件昏暗的环境，手电筒是较为方便的照明工具。

4 常用工具

除了上述介绍的必备物品外，一些常用工具也可以给我们的野外探险带来安全保障。

1）多功能小刀

一把多功能小刀可以成为建造庇护所、准备食物、生火以及自卫的基本工具。

2）净水装置

在野外时，饮用水大多是在野外寻找的。这些天然的水不经过净化过滤直接拿来饮用，特别容易引发肠胃疾病。为了保持身体健康，最好带一些净水装置，净水丸、小型净水器等。

3）急救箱

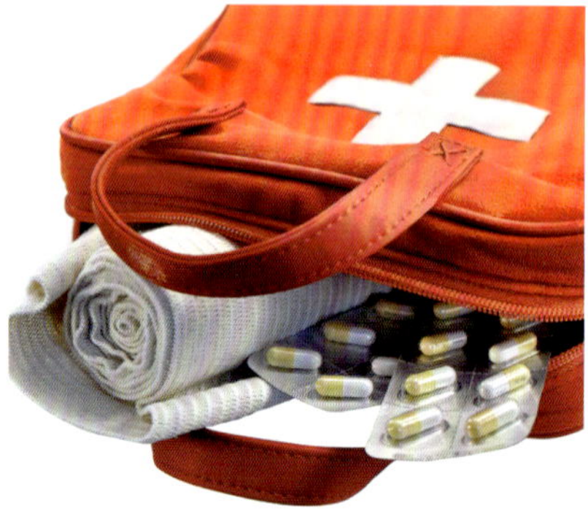

急救箱，就是能够处理一些严重伤害的急救药品箱。除了应备有治疗砍伤、刮伤、速凝血或快速止血的药以外，还应该带上肠胃疾病用药、感冒用药、皮外伤用药、纯度酒精、抗菌素膏、防晒霜等。

除了必备的药品外，还应在急救箱中添置一些必备的生活用品，如逃生绳、急救口哨、手电筒等。

4）求生工具

在复杂的野外环境中，难免会遇到危险。准备一些求生工具就显得尤为重要，如指南针、GPS 定位系统、求生口哨、卫星电话等。在陷入困境时，这些工具能起到很大的作用。

5）关节护具

关节是人的身体中极容易受伤的部位，尤其是手腕、肘部、膝盖、脚腕等。为了防止在行进过程中发生意外，可借助一些专业的运动护具来保护这些比较敏感的部位。专业的护具可以提高关节和肌肉的稳定性，将其控制在合理的受力范围之内，避免关节和肌肉因为剧烈运动或超强度的拉伸而造成损伤。

户外探险时，最常选用的护具是护膝和脚踝。性能优秀的运动护具，要具备以下特性。

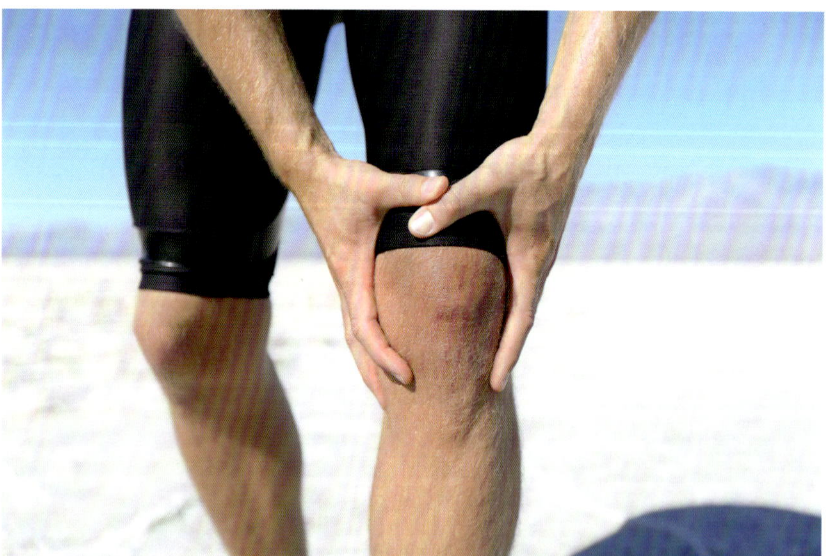

（1）透气性

行进过程中一定会大量出汗，良好的透气性能够让汗液快速蒸发排出，使被运动护具包裹的部位始终保持干燥、舒适。

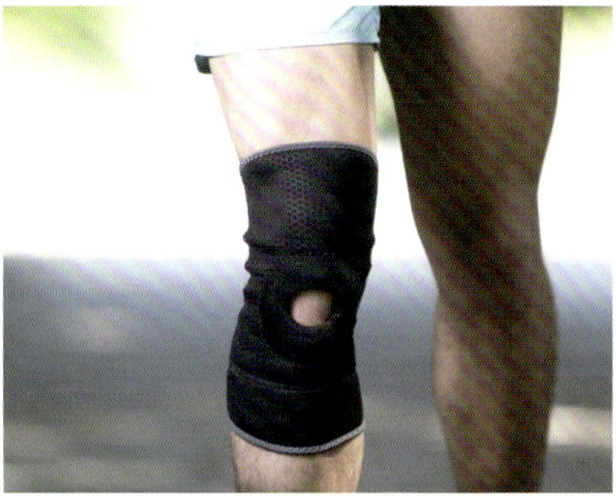

（2）贴合性

专业的护具在设计时一定会将受保护部位设计成弯曲弧线，再配有立体剪裁和强力伸缩性，致使护具与关节进行完美贴合。这种贴合性既可以提高包裹肌肉的力量与稳定性，也能确保穿戴部位的灵活性。

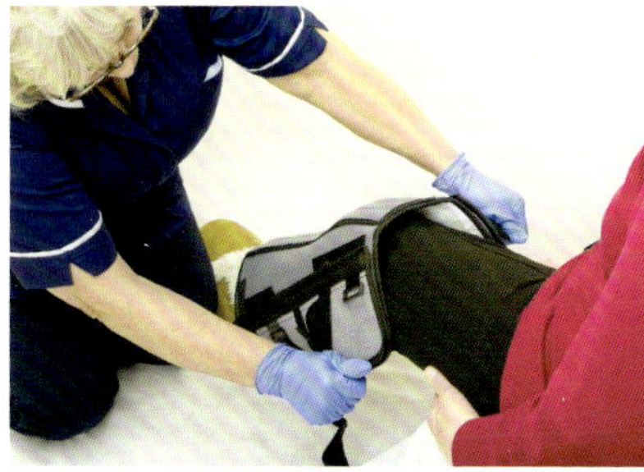

（3）支撑性

一些护具中会加入弯曲有弹性的簧，用作强化支撑。穿戴上这种具有强力支撑作用的护具后，金属弹簧片能够维持关节部位的稳定与冲击吸收功能，减少因受力不均或过量运动而受伤的可能。

（4）保护性

性能优良的护具可通过对肌肉的施压，增强关节的稳定性。在行进过程中佩戴护具，可以防止二次受伤，甚至还能对伤病部位起到矫正的作用。

5 露营装备

如果有露营的打算，在临行前最好尽可能地准备一些完备的露营装备。如帐篷、睡袋、防潮垫、炉具以及燃料等。

1）帐篷

在野营的物品中，帐篷绝对是用途最广、最重要的物品之一。常见的帐篷有三季帐篷、四季帐篷和六角形帐篷三大类。三季帐篷较轻，一般用于春、夏、秋这三季较温和的气候；四季帐篷相对于三季帐篷来说，通常会增加一到两根支撑杆，因而比较坚固，可以抵御更强的风力或更厚的积雪层；六角帐篷是采用三杆或四杆交叉支撑起的，也有的设计为六杆，这种帐篷的稳固性很高，所以抗风力作用相对强大。

2）睡袋

睡袋是户外活动中必不可少的重要装备，睡袋的好坏关系到我们能否休息充分。睡袋从形状上可以分为：信封型、木乃伊型以及混合型。信封型即长方形睡袋，主要用于夏季旅行，比较宽敞舒适，但保暖性比较差，并且较重；木乃伊型睡袋保暖性能好，因而在睡袋中占绝对优势，但是体型较小，那些身材较为魁梧的人用起来可能会不太舒服。不过其良好的保暖性，使其颇受欢迎；混合型比木乃伊型宽敞，且比信封型要小，是上述两种睡袋的综合。

3）防潮垫

防潮垫（也称地垫）是一个作用不亚于睡袋的重要工具，尤其是在不平坦又硬的地面上，地垫的应用，完美地隔绝了身体与外界冷空气间的热交流，既保温又防潮，让我们的睡眠更加舒适。防潮垫在选择时，最好要参照目的地环境以及实际所需。

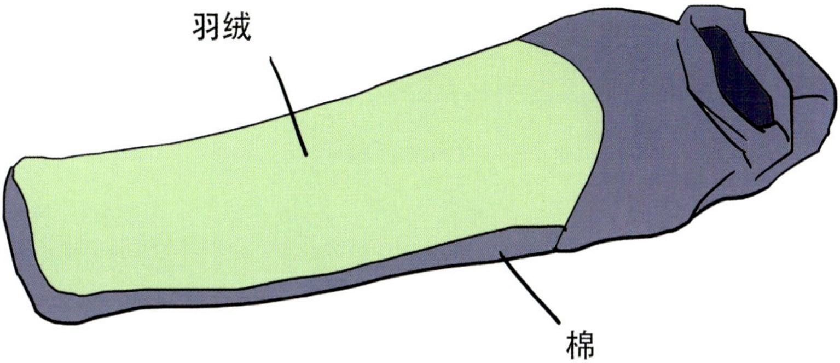

防潮垫的常见种类			
种类	制作材料	优点	缺点
泡沫垫	泡沫	隔潮、隔热一流，价格便宜	舒适性差、体积较大
充气垫	PVC	可调节柔软度，价格比较便宜	体积大、分量重、不容易携带、易破损、保温性能不佳
开放气室式	一种像海绵一样的泡沫材料	相比较充气式更加舒适、更加保暖、价格更加便宜	防潮性能较差，不易携带
封闭气室式	由大量微小封闭气室构成的泡沫材料	价格便宜、防潮性能极佳	分量稍重、舒适性较差
自充气式	开放气室封闭于一个防水的尼龙外壳内	可自动充气，绝缘性防水防潮性好，使用时会自动膨胀	易破损、较为笨重且价格昂贵
铝膜防潮垫	由大量微小封闭气室构成的泡沫材料	便宜、防水防潮性佳	舒适度欠佳
铝箔防潮垫	IXPE+XPE+ 铝箔	体积小、质量轻、使用方便、防潮效果好	体积比较大、使用寿命短

4）炉具

无论是短途郊游还是长途探险，炉具都是众多户外装备中必不可少的一个。常见的炉具有油炉、瓦斯炉、柴火炉等几大类。

炉具的常见种类			
名称	优点	缺点	使用燃料
油炉	火力大、高效、节能、环保、不受高海拔和低温环境影响、燃料易获取	体积大、操作复杂、燃料具有危险性及毒刺激性、恶劣天气下无法使用（暴雨、狂风）	120 号白汽油、汽油（常用的有 92 号和 95 号汽车用汽油）、煤油（3 号航空煤油）
瓦斯炉	构造简单、安全性高、操作容易、易控制火力、燃烧效率高	燃料不易获得、低温下使用需要预热、易受到强风影响、空罐子无法重复充填使用	丙烷、丁烷、异丁烷等
柴火炉	便于携带、使用方便、燃料易获取	恶劣环境及没有天然燃料下无法使用	天然的枯木、野草、秸秆即可
酒精炉	结构简单、使用便利、价格便宜	燃烧火力小、燃料耗费严重、适合速溶操作，不适合搭伙做饭	液体燃料、工业酒精

5）燃料

户外活动时，准备了炉具，就要同时准备一些燃料。一般来说，在选择燃料的种类时，往往会参照以下方面，如所选燃料的重量、燃烧值（燃烧值是指某种燃料每单位燃烧后所能释放的热量，这个指标代表了该种燃料的燃烧效率。）等。户外运动中，最常用的 3 种燃料是 Gas 气、白汽油和煤油。

燃料的常见种类		
种类	优点	缺点
Gas 气	燃烧值非常高、重量很轻、用途广泛、可靠性高、防冻、无须预热、燃烧平稳、火焰质量好、使用过程中无须使用气泵，燃烧后一般不会产生有害排放物	价格相对来说比较高、有些地区比较少见和一些公共交通工具（尤其是飞机）上禁止携带
白汽油	价格低廉、易燃、购买比较容易、燃烧干净，基本没有什么黑烟产生、燃烧效率高	过于易燃，在寒冷条件下使用时必须预热，挥发性太快
煤油	价格相对低廉、容易找到补给、热能输出高、漏出的燃油不容易被点燃	对炉具的损害较大、味道比较难闻、在寒冷条件下使用时必须预热
丙烷、丁烷、异丁烷	使用方便、易点燃、火力容易掌握	燃料不易获得、空罐子无法重复充填使用
酒精	价格便宜、清洁无污染	热值低、易挥发、燃料动力不足

以上装备是徒步行进的基本装备，能满足大部分的生活所需。可根据自己的实际所需有针对性地添置。

求生小贴士

佩戴服装时要客观估计自身的耐寒性。一般来说，人的耐寒性有明显的差异，在同样着装条件下，怕冷与不怕冷的人对温度的适应性可差10℃以上。因此在选择服装时，可在专业店员的引导下，根据自身的实际情况进行选择。

装填背包方法

大多数人以为装填只是将所有物品全部扔入背包，但事实并非如此。将背包进行科学、正确的装填，可以使其更加方便和舒适。

装填背包时应遵循以下原则。

1 较重物品的放置

体积大、质量轻的物品通常放在最底下，不会影响身体重心。质量较重的物品放置得尽量高些，可让其尽量靠近背部，以免有被后拉的感觉。如此背负，行进过程中腰才能挺直。

2 较硬物品的放置

较硬物品尽量放置在背包的另一侧，不要将其放在贴背的部位。因为突出的硬物会直接顶到背部而很不舒服，甚至可能因不小心跌伤时，导致坚硬的内物伤到背部。

3 左右口袋放置均衡

背包左右口袋中放置的物品重量应该相仿，如果重量悬殊，很容易出现重心偏向一边，而造成失衡。

4 常用物品的放置

雨衣、水、指南针等常用的物品应该放在背包最上面或最容易取得的地方。

5 定点放置

最好养成定点放置的习惯，如此，不但可以加快整理背包的速度，还可以在特殊情况下，如黑暗中，通过盲摸也能在背包中摸出想要的物品。

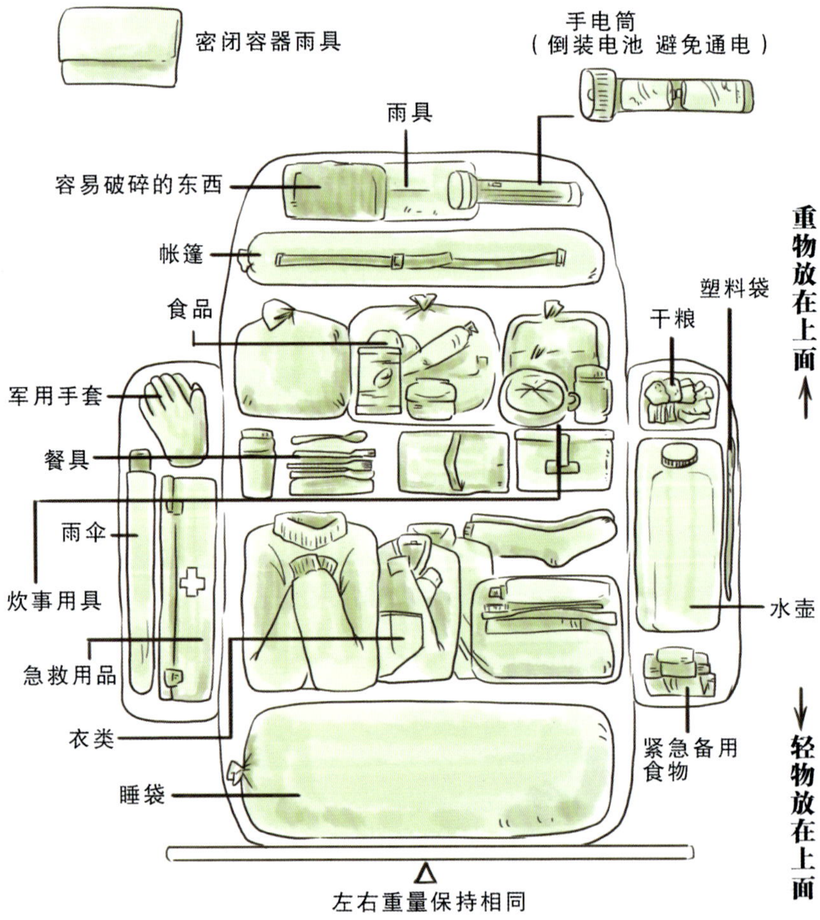

选购背包时，背负系统的尺码非常重要。背包背在肩上时，其腰部的受力点主要在尾骨（脊柱骨的最下端，肛门的后上方）上方的腰窝处，所以肩带的支点最好在略低于肩部的位置，这样才能便于力带的调整和使用，背起来也更加舒适。如果尺码过小，会使腰部受力不到位，产生上纵感。同理，如果背负系统的尺码过大，就会产生下坠感。

求生小贴士

尽量将零散的小物件或一些同时使用的物品放在同一袋中以方便取用。此外还要注意，如果途中遭遇了大风，一定不要将背包放置得过高，因为在大风中，体积越大的背包越难保持平衡，还会消耗更多体力。

着装技巧

时下，为户外运动设计的服装和鞋袜在技术上已经相当精细和先进了。新的用料、更加人性化的设计使它们轻便、耐磨，而且兼具多种功能。在准备完户外服装后，要如何穿搭才最适宜，接下来就跟大家分享一下户外着装的穿搭技巧。

目的地	穿搭建议	搭配理由	颜色推荐
登山	冲锋外套＋保暖性能很好的夹克（或抓绒上衣）＋登山裤＋登山鞋	冲锋外套防风防雨、透气排汗；抓绒上衣保暖性强；专业的户外登山裤穿脱方便；登山鞋透气防水	黄色、黑色、深蓝色、褐色印花、灰色迷彩、灰黄双色、卡其色、柠檬黄
徒步	运动夹克＋长袖衬衣＋徒步鞋＋帽子	运动夹克轻便、透气；长袖衬衣有防紫外线的功能；徒步鞋灵活、透气；帽子防晒又能预防小虫	蓝色、黑色、灰色、卡其色、柠檬黄、黑灰、紫色、深灰色
沙漠	冲锋衣裤（或抓绒）＋速干衣裤（或排汗T恤）＋雨披＋徒步鞋	冲锋外套防风防雨、透气排汗；抓绒上衣保暖性强；速干衣裤（或排汗T恤）晾干速度快；徒步鞋灵活、透气	黑色、深蓝色、褐色印花、卡其色、柠檬黄、黑灰色、紫色
热带雨林	冲锋外套＋速干衣裤（或排汗T恤）＋军胶＋GTX高帮徒步鞋＋高帮军胶＋迷彩裤＋绑腿	冲锋外套防风防雨、透气排汗；速干衣裤（或排汗T恤）晾干速度快；军胶和GTX高帮徒步鞋可有效防止毒虫；迷彩裤风干速度快，面料结实；绑腿保护脚腕	蓝色、黑色、灰色卡其色、柠檬黄、黑黄双色、紫色、深灰色

着装禁忌

户外着装要特别严谨，如果不讲究着装技巧，不在乎着装禁忌，势必会出现不必要的麻烦。尤其是对于毫无探险经验的青少年来说，着装上通常会存在以下不适宜的情况。

（1）外衣不具备防风防水功能，且不耐磨。

（2）不爱穿登山鞋、徒步鞋。尤其是年轻爱美的女生，觉得专业的户外鞋子外观比较丑笨，而选择穿帆布鞋、单鞋，甚至高跟鞋。

（3）棉质 T 恤和裤子。棉质面料是特别吸汗的面料，而且排干速度较慢，汗水粘在衣服上，湿漉漉的，既难受也容易生病。

（4）去寒冷的地方时，总爱带很多毛衣防寒。其实在野外毛衣挡风效果特别差，而且体积相对大，打湿后又重得像块铁。

（5）在高寒的地方不戴保暖性能的帽子。

（6）户外活动时穿牛仔裤。牛仔裤的优点是耐磨，缺点是紧绷不透气，户外活动量相对较大，流汗较多，粘在身上，既不舒适也容易生病。

（7）过热带丛林和沙漠时穿短衣短裤。

求生小贴士

对于户外服装的选择，要注意防水、抗寒、保暖、排汗等功能。但一定要注意，并不是功能听起来“强大”就代表是好的，一定要考虑所选择的户外服装是否适合自己目的地环境。

野外求生的基本技能

学会辨别方向

在行进过程中，辨别方向是最基本的技能之一。但野外环境复杂多变，很可能会干扰我们的辨别能力，一旦迷失方向，会让人产生焦虑烦躁的情绪，失去正常判断能力从而发生意外。那么，辨别方向的方法有哪些呢？

1 常用辨别方向的方法

1）GPS 导航

在野外活动，大多处在陌生的地域和完全不熟悉的环境中，那些因为迷路而被困险境的事故时有发生。因而准确得知自己的位置以及前进方向的地形和环境，就显得尤为重要。GPS（全球卫星定位系统）是户外辨别指引方向使用率较高的一种工具，能够提供相当丰富的地理位置信息和相对精准的定位功能。目前，GPS 终端设备越做越小，甚至已经完全可以在手持机甚至手表一般大小的设备上实现定位导航功能，操作起来非常便捷。在使用 GPS 时，主要参照坐标、路标和路线 3 个方面的数据。

GPS 导航辨别方法	
坐标	坐标有二维、三维两种。二维坐标包括精度和纬度。当 GPS 上的卫星信号接收比较弱（3 颗星）时，GPS 可自动计算出当前地势的二维坐标；三维坐标包括经度、纬度和高度。当 GPS 上的卫星信号接收比较强（4 颗星）时，GPS 可自动计算出当前地势的三维坐标 大部分 GPS 以经纬度的方式显示坐标。GPS 的水平精度可在 50~100 米，极少数情况下可能会因接收卫星信号的强弱出现偏差，但是幅度都在可控范围内。通常情况下，如果得到了 GPS 的坐标指示，环顾四周，会在大约一个足球场大小的面积内发现既定目标
路标	路标是 GPS 数据核心，是构成行走路线的基础。GPS 具有保存路标的功能，通常可记录 50 个左右。在有 GPS 信号时，按一下 MARK 键，就会把当前所定位到的位置记成一个路标。一般的 GPS 能够记录 500 个（或以上）的路标已读到的坐标可通过手动或计算机接口输入 GPS 内，生成一个路标。而这些路标可作为 GOTO 功能的目标，GOTO 可以通过计算机将数据转到“导向”的页面，输入成功后，就可以将我们离目标的距离、速度、方向等数据清晰地展现出来，按提示行进即可
路线	路线是 GPS 内存中存储的一组数据，主要由一个起点坐标、一个终点坐标和若干个中间点坐标组成。实际上一条路线的所有点都是对某个路标的引用，常见的 GPS 能存储 20 条路线

2）地图

野外探险开始之前，应尽量了解目标区域的详尽信息，而地图是呈现信息最主要的方式之一。不同的地图所呈现出的功能也是不同的，最好根据自己的实际所需进行选择。如你要沿着公路开车行驶上千千米，而你带的地图是一张每条小道和村落都标示出的详细地图，这样就会增加使用的不便。因为过于详细的地图所能覆盖的区域很有限，需要行驶几千米就换一张地图，所以要带地图，就一定要选合适的地图才有意义。

野外比较常用的地图是地形图，地形图通常由政府机构制作，是精准度极高的一种地图，起初只用于军事活动。地形图的高度、大小无法立体呈现，所以只能通过用间隔距离来表示海拔。地形图上一般的间隔为 10 米，那些同等高度的点被连成线，即形成了等高线。通常情况下等高线在地图上呈现出的是封闭的环线，如果它们突然中断，或者是与其他的等高线相冲突，则表示实际地形中，这些地方大多是悬崖，或者是落瀑。

大多数地图上显示的方向都是“上北下南左西右东”。极个别的地图会根据不同的城市或景区信息在形态上略微发生改变。但在查看地图时只要明确图上一个“十”字形的标志，通过这个标志就可以判别地图的方向。

确定完地图的方向后，我们可以参照实际地标、地貌来确定自己的位置，然后根据自己的需要，在地图上标画出自己的下一个目的地的方向和位置，为自己的下一步行动做出准确的判断。

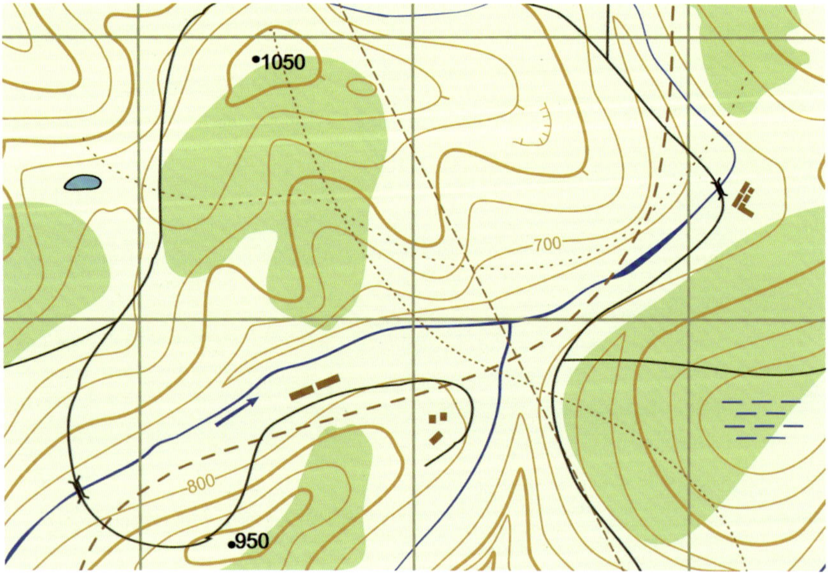

3）指南（北）针

无论是在茂密的山林里，还是在冰封的雪原上，或者在茫茫的沙漠中，正确地辨别方向是至关重要的一件事。只有方向正确，才能顺利、高效地完成野外活动。而指南（北）针是最常用的辨别方向的工具。接下来介绍几种常见的指南（北）针辨别方向的方法。

（1）将指南（北）针水平放置，磁北针指示的方向即为磁北方向。但需要注意的是，磁北极和真北极并不完全吻合，所以指南针的磁北针指出的磁北方向与正北方向之间存在一定夹角。科学上认为，以东偏为正，西偏为负。在使用指南（北）针时，必须水平端着，而且要离有磁性的东西（如磁铁）10 米左右，这样才可避免磁针发生错乱。

（2）量角器指南针是如今最流行的一类指南针，是一种多用途的导航工具。其具有地图定位、测量地图上标示的距离、找出当前所在位置的网格基准、确定行进方向等功能。

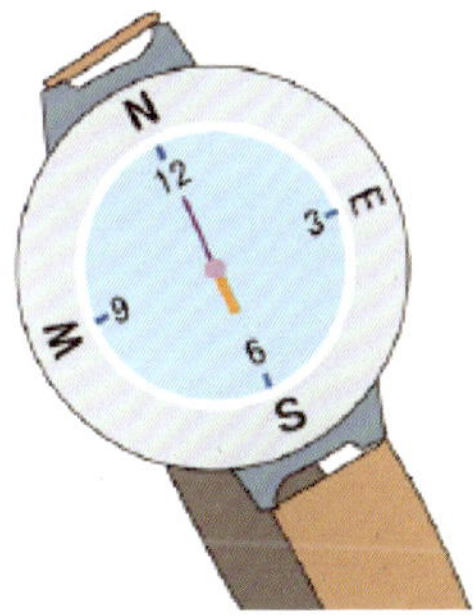

2 信受阻时辨别方向的方法

在没有地形图和指南（北）针等器材的情况下，要学会借助工具和利用自然界的一些特征判别方向。

1）手表导航

在缺乏专业的辨别设备时，利用户外手表来确定方向，是比较常见的一种方法。在采用手表辨别方向时，一定要保证自己的时间与当地的时间是吻合的，时间误差越大，辨别的方位偏差就越大。用手表辨别方向通常有以下两种方法。

手表导航的辨别方法	
方法一	将手表平置，表盘朝上，用表盘上的时针对准太阳的方向，此时时针会与表盘上的 12 时刻度形成一个夹角，夹角的角平分线所指的方向就是正南方向
方法二	用当时看到的时间除以 2，然后在表盘上找到得出结果的位置。比如，上午 10 时，就用 10 除以 2，得出的结果是 5。在表盘上找到 5 的位置，然后将其对准太阳。此时，表盘上数字 12 所对应的方位就是北方。如果觉得这个过程特别复杂，可以用一个口诀来加深记忆——时间折半对太阳，12 指向是北方

2）利用自然天体的特性

通过观察太阳、月亮、星星也可以准确地辨别方向。

（1）太阳

利用太阳照射出物体的影子也能辨别方向（这个方法需要在有阳光的晴天才能用）。

在没有指北针等器材的情况下，可利用自然界的一些物品及其特征来判定方向。比如，太阳就是最可靠的“指北针”。

俗话说：“立竿见影”，我们可以以“木棍在平地上的影子随太阳转动而活动”的原理来测量方位，操作步骤如下。

①将木棍插入一块平地中，注意尽量使木棍与地面垂直；

②每隔 1 小时左右，在木棍顶端阴影处做一个记号（如将石头放在影子的顶端）；

③等待至少 3 个小时后，在新影子的顶端再放一块石头。

④在两块石头之间画上一条线，就可以根据所画的线判断出东西方向了。通常来说，第一块石头的方向是西边，第二块石头的方向是东边；

⑤在东西线上画一条与其垂直的线，就能判断南北方向了。

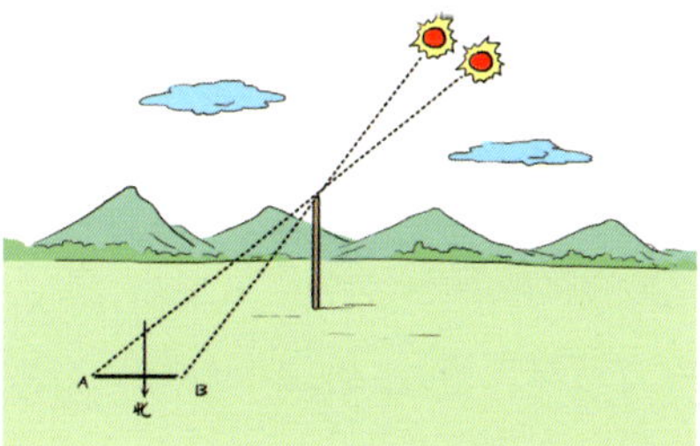

（2）月亮

①遵循月升的规律来辨别方向

如果月亮在太阳之前升起，那么被照亮的一面则处于西方；如果月亮在太阳之后升起，那么被照亮的一面则位于东方。

②通过上下弦月来辨别方向

月亮从东转到西，约需 12 小时，平均每小时约转 15 度，然后辅助月相、位置和观测时间，就可以大致计算出方向。

（3）星星

①利用北极星辨别方向（北半球常用）

北极星所在的方向就是正北方向。因此，我们只要找到北极星，朝着北极星的方向行进，就表示在往北走。

②利用南十字星座辨别方向（南半球常用）

南十字星座是由 4 颗很亮的星组成的，形似倾斜的“十”字，位于“十”字较长轴的两颗星为极星。在利用十字星座辨别南方时，视线顺着其长轴向外延伸，从脚端延伸出大约 5 倍轴长的距离，其终点就大致为向南方向了。

③利用星星的移动轨迹来辨别方向（南北半球通用）

假如接近地平线的星星向上移动，那么星星所位于的方向为东边，下移则为西边；如果以水平方向且略微偏上方移动，则为南边，水平方向下移则为北边；如果向右上方移动，则为东北方，向右下方移动，则该方向为西南方，向左上方移动，那么该方向为东南方，向左下方移动，则该方向为西北方。

3）动植物定向

如果没有指南针，而且天气也不好，看不到太阳，利用自然界中的一些植物同样可以辨别南北方向。

动植物定向的辨别方法	
蚂蚁	蚂蚁的巢穴大多朝南而建
野蜂	通常情况下，有蜂窝的一面就是南面
雁群	大雁喜欢结队向南飞
树枝	通常来说，树枝南侧枝叶茂盛，北侧则稀疏
树叶	花草树木皆有向阳的特性，叶面所朝的方向大多为南边
树木的年轮	通常来说，年轮宽的朝南，密的朝北。因为南面生长比北面快，年轮圈与圈的间隔也宽些
果实	树上结的果子，向南的一面，颜色比较深，成熟比较早；向北的一面，颜色比较淡，成熟比较晚
花草	植物花朵以及大多数生长旺盛的植物叶片，在北半球时大都朝向南方，而在南半球时大都朝向北方
松柏及杉树	在北半球，夏天松柏及杉树的树干上会流出胶脂，树干南面的胶脂比北面的多，而且结块大
白桦树	南面较为光洁，北面则多裂纹等粗糙面
北极针、指南针植物	此类植物分布于南非地区，北极针会明显向北方倾斜生长；指南针植物的叶片指示南北方向

在利用植物特征辨别方向时，还应根据具体情况作具体分析。辨别方向时务必注意多种方法综合运用，互相补充、验证，才可以得出精准的判断。

求生小贴士

野外行进的过程中，迷路是最常遇到的问题之一。即使我们在出发前配备了先进的设备，如GPS、指南针、手表导航等，但在一些深山或地形复杂的地方，电子设备可能由于通信受阻，而容易失灵。所以在出发前，最好可以熟练地学习一些通过自然现象辨别方向的方法，防患于未然。

确认位置与寻找出路的方法

发现自己迷路后，第一时间要确认自己的位置，才更利于找到出路。那么确认位置寻找出路的方法有哪些呢？

1 利用各类地标确认所在地

辨别方向最简单的方式是看地标。自然地标主要有山丘、河流和山径；人造地标主要包括公路、输送管道和防火瞭望塔。只有明确了自己所在的位置，才可以依靠地图走出迷区。

2 用补正磁针偏角法确认所在地

在丛林或者草木比较茂盛的地区，四周因特殊的地貌特征，无法通视地貌，也就不能通过使用地图来辨别方向。这时可利用附近的大树或者其他位置较高的物体，采用磁方位角交会法来确定方位，具体方法如下。

①找到一棵便于通视的大树或其他高处，并攀爬其上；

②拿出地图，结合可观测到的情形，寻找两个明显的地形点；

③用指北针分别测出两个地形点的磁方位角；

④标定地图，将指北针的直尺边对照地图上标注出的两个地形点；

⑤转动指北针，用磁针北端指向所测得的磁方位角，并描画方向线，以所站方向为交叉点；

⑥标定完地图后，就可将地图与实际地形进行对照。由近及远，由点到线，或逐段分片地进行对照。

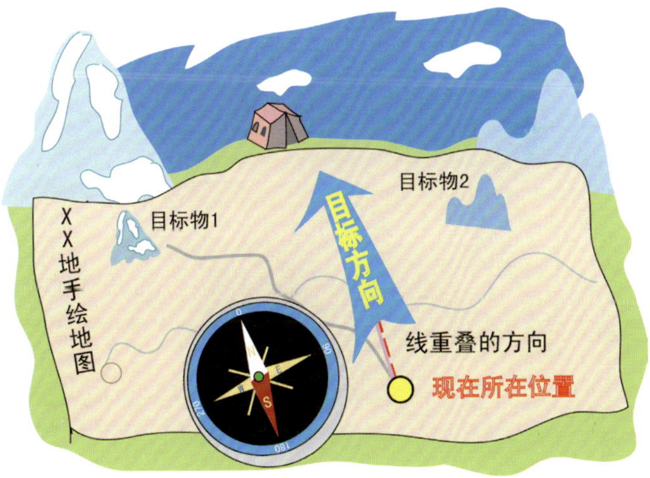

求生小贴士

某些地区的地形变化很快，而地形图的绘制有时会落后于地形的变化，所以地形图和实际地形往往是存在差异的。在定位对照时，应根据现地地形的变化规律，仔细分析，找出哪些是变化的地形，哪些是不变的地形，从而得出正确的结论。

发送紧急信号的方法

在野外，生存环境十分恶劣，各种超乎想象的灾难和意外情况常常不期而至。那么，在遭遇险境时，如何将自己所面临的困境告知他人，获得救援呢？

1 应急通信装备

1）对讲机

对讲机是无线电器材，属于应急通信设备。在突遇险情时，可借用对讲机向外释放求救信号。但需要注意的是，在使用对讲机时，应遵循以下使用规范。

①业余段使用对讲机需进行专门培训考取执照，无执照使用业余段，可能被没收设备和罚款，严重的可判处 3 年以下有期徒刑；

②不得擅自外接天线或改用其他发射天线；

③禁止在机场和飞行器上使用；

④禁止与公众电话网、公众移动通信网及其他电信网互联；

⑤使用对讲机时不得对各种合法无线电业务产生有害干扰，一旦发现有害干扰，应立即停止使用。

2）卫星电话

卫星电话是基于卫星通信系统来传输信息的通话器，因与卫星互通，所以卫星电话在使用时几乎不会受现有通信（有线通信、无线通信）的影响，在一些通信终端无法覆盖的区域，卫星电话可以准确地将求救信号发出。卫星电话在使用时具有以下优缺点。

（1）优点

通信路数多、容量大、通信质量好、可靠性高、运用灵活、适应性强。

（2）缺点

资费标准高，偏远地区信号闪烁不定，偶有延时、接续不畅的情况。

3）北斗盒子

北斗盒子是基于中国北斗卫星导航系统研发的，在我们卫星所能覆盖的范围内均可使用的一款民用通信终端。在使用时与北斗盒子助手APP配合使用，可以实现卫星短信报平安（与手机互通短信）、一键SOS报警功能。在我国及周边地区，北斗盒子具有以下基本使用服务性能。

北斗盒子的基本使用服务性能	
短报文通信	用户可一次传送 36 ~ 60 个汉字的短报文信息
定位精度	水平精度 100 米、设立标校站之后为 20 米（类似差分状态）
可信赖度强大	不依赖任何通信基站，独立、安全、即时、有效
一键 SOS 报警功能	瞬间将经纬度位置发送给指定人员，准确、快速发出求救信息
通信免费	一键 SOS 报警功能永久免费、北斗盒子与北斗盒子互通免费、北斗盒子与任意手机互通免费（通常可绑定 3 个手机号码）

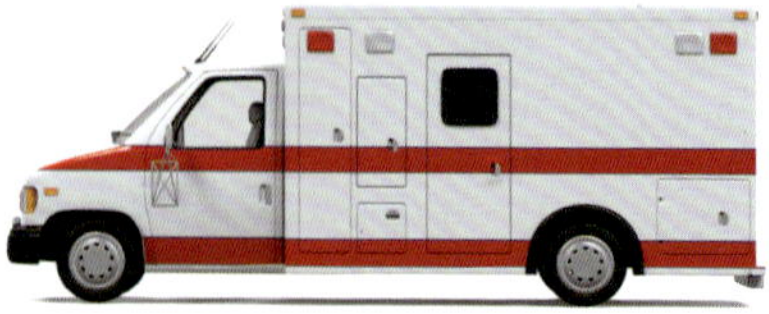

4）紧急号码 112

112 实际上是一个测试手机性能的平台，也叫“紧急呼叫中心”，是全球许多国家都通用的一个号码。如果出现无 SIM 卡，但有信号或话费不足禁止呼出等特殊情况下导致电话不能呼出时，就可以试着拨打 112 进行求救。拨打 112 时，通常会出现以下几个步骤。

（1）拨通 112 时，会被接入一个免费的广播信号，然后按 Yes、OK 或“拨出”键进行相关操作（需要注意的是，不同的手机型号按出的键有所不同）。

（2）在点完确认键之后，荧幕就会显示英文单词“Emergency”，即紧急求援的信息。随即，112 会自动接拨到当地的求援热线。例如，求救者在香港拨出这个号码，便可转接 999 报案热线；如在美国拨出这个号码，便会转接 911 当地的报案热线。

与其他地区不同，中国内地在接收到 112 紧急求援的信号后，会自动转拨到一段语音提示，“匪警请拨 110，火警请拨 119……”，不同的求救者可根据自身的实际需求根据语音提示进行选择。

112 与 110、119、120 一样是一个比较特殊的号码，它最大的优势是，可以在手机欠费禁止呼出的情况下直接呼出，这一特点方便了在户外环境中，因呼叫功能受限而需要向外界发出求救信号的人。但 112 并不是随时随地都可以使用的，某些情形下，也会因为受限，而不能发挥其求救平台的功能。

①手机有 SIM 卡、无信号

在此情形下拨打 112 求救电话时，屏幕上会显示“紧急电话”4 个大字，但接通几秒后会在没有任何响应的情况下自动挂断，且无法再次连接。也就是说，手机有 SIM 卡，但没有信号的情况下，是无法通过拨通紧急电话 112 进行求救的。

但如果是你的 SIM 卡所属的运营商没有覆盖当前区域导致的手机没有信号，而别的运营商在此有网络，那拨打 112 紧急电话也是可行的。如果所处区域没有任何运营商覆盖的信号，求救电话是拨打不出去的。

②手机无 SIM 卡、无信号

此情形下，只有一个“裸机”，无 SIM 卡，无运营商覆盖的信号。因为 SIM 卡无法识别，就无法搜寻到相关运营商的覆盖网络。所以在呼叫 112 求救电话后，也会出现与上述情形类似的情况。唯一不同的是，手机在有 SIM 卡、无信号的情况下，很可能会搜寻到其他运营商覆盖的信号网络，从而顺利将求救电话拨出。但无 SIM 卡、无信号的情况下，拨通的概率几乎为零。

在国外 112 不依赖于 SIM 卡的识别，“裸机”可直接向网络运营商发送出紧急呼叫指令，几乎随时随地、任何环境下都可以使用，非常方便。

但 112 在中国内地还处于测试电话性能阶段，手机需接入 SIM 卡运营商的网络才可以拨打求救电话，所以在环境比较偏远、接收不到手机信号的区域，拨打 112 进行求救，几乎是不可能的事。

2 借物发送求救信号的方法

除了应急通信装备外，我们还可根据不同的遇险环境制定出不同的求救方法。户外环境中，最常用的借物发送求救信号的方法有以下 6 种。

1）借烟火

燃放 3 堆火焰是比较常用的借烟火发送信号的方式。具体操作过程为：将火堆摆成三角形状，在摆放时，一定要确保每个火堆之间存有适当的距离，离得太近，很难从空中辨别出 3 堆火；而离得太远，又使三角形因间距太大不成形。

如果燃料稀缺或因伤势严重、过度虚弱、饥饿等意外时难以凑够 3 堆火焰，简单点燃一堆也行。

2）借光

在野外如果没有火种，借助光源发送求救信号也是一种常用的求救方式。有阳光充足的白天，可以用镜子、手电筒、超厚锡箔纸等任何有亮度的金属壳物品。在太阳光直射的时候，不停地左右晃动上述任一物品，利用反射太阳光向天空或高处发出光源信号。这样有利于救援队确定你的方位，以尽快得到救助。

3）借水

如果是被困在海边，可以使用海水染色剂的方式向外界求助。海水染色剂是一种颜色比较鲜亮的金属粉末，遇到光后会有很强的反射能力，将其投入水中，可以将一定区域内的水域染成彩色。

选择海水染色剂时，建议选择以橙红色为第一选择，因为橙红色除了醒目以外，还具有驱赶鲨鱼的作用。

4）借指示标

在野地遭遇危险时，最好留下一些指示标。这样做不仅有利于让救援人员追寻而至，也可以在自己迷路时，按标识返回原路。常用的方向指示方法包括以下几种。

①在一些树干上雕刻一些箭头形的凹槽或其他符号用以表示行动方向。

②将岩石或碎石片摆成箭头，或直接堆成塔形状。

③在比较平整的草地上，踩踏出特殊符号，如箭头等。

5）借声音

如果身边有铁盆之类的东西，或者是石头树干，可以通过敲击这些物体发出异常的响动，向外界发出求救信号。

除此之外，还可以在出发前准备一个救生笛，笛子的声音相比较石头和树干，更加嘹亮，也更容易被别人所识别。救生笛在吹奏的过程中，最好遵循莫尔斯码里的SOS频率，即三短三长三短，并坚持重复这种规律，路过的人就算不懂得莫尔斯码，有节奏的笛声也会引起他的注意。

6）通过手势

借手势求救法也称为旗语信号法，即求救者将一面旗子或一块色泽鲜艳的衣物系在木棒上，呈左右挥动的姿势。挥棒时，需遵循“在左边长划一次，右边短划一次”的规律，类似于在空中画“8”字形图案。但求救姿势也并不是绝对的，如果双方距离较近，求救者大可不必做“8”字形运动，简单划动也可引起他人的注意。

求生小贴士

在到野外旅游或探险前，对国际通用求救信号有所了解，知道各种国际求救信号的作用，会大大增加野外调险时的获救概率。

迷路时的应对措施

野外地形复杂多变，迷路是最常遇到的问题之一。那么如果一旦迷路了，我们该如何应对呢？

1 原路返回

大多数人在发现自己难以确定方位时，与偏航路线相隔的还不是很远，可原路返回，在相对熟悉的环境下，等待队友回来找寻。或者回到正确的路线上，重新规划路程。迷路者们在发现自己迷路后，切记不要盲目继续前进，使自己的处境变得越来越糟。

2 原地不动

在人烟稀少的陌生地段一旦迷失方位，且无法判明道路，千万不要盲目地自寻出路，这样很有可能会将自己置身于更大的危险之中。正确的做法是在第一时间确认自己的位置，并尽量寻找一处相对安全的位置原地等待救援。

3 呼喊求救

遇到危险大声呼救是人的本能反应。如果是与他人同行，不幸迷路，大声呼救往往是最直接、最有效的方法。但是这种方法具有一定的局限性，除非救援人员就在附近活动，否则单凭喊叫并不一定能将我们的求救信号传递出去。条件允许的情况下，也可以借助求生口哨来吸引他人的注意，求生口哨相比较我们的喊叫声音更加尖锐和高亢，传播的范围也更加广泛。吹奏求生口哨时要遵循特定的使用方法，即三短三长三短，这是国际通用的SOS求救代码。

4 顺溪而走

通常来说，阻碍最少的路线是水路。在可能的情况下，找到一条溪流，并且沿着溪流向下游走。沿着溪流行进可以为我们提供一条明确的路线，是摆脱迷路困境的方法之一，而且河流边通常会有人居住，也会增加我们被救的可能性。

不过，沿着溪流行进时，植物可能也会非常浓密，沼泽湿地也比较常见。所以一定要注意避开这些危险地方。

5 登高望远

登上一个较高的山冈（或树干上），使自己的视野尽可能开阔。拿出地图，选定太阳或远方的村庄、河流、公路作为参照物，辨别出当前的位置和方位。并结合当前的山势走向，选定一个距离合适、容易辨认的目标山冈作为行进方向。

6 沿兽道

大多动物的方向感都要优于人类，沿着兽道也可能有效地走出迷途。

兽道大多位于山鞍、山脊或林木遮蔽的山林中。它并不是一条清晰的路痕，尤其是近看时，根本看不出路的痕迹。但如果在几十米以外观察就能隐约看到一条草叶微倾、草枝微斜、叶背微翻的痕迹，这通常就是动物行走后留下的痕迹。沿着动物的行走路线，大多数情况下都能走向水源。找到水源后，便可用沿着溪流的方式走出迷途。

7 发送求救信号

如果没有信心或体能走出迷途，就在原地待援，并使用通信设备发出求救信号。等待救援的过程中，可寻找一个比较容易辨认的位置，更容易被救援人员发现。

8 做好行动计划备急表

在临行前将自己的行动计划备急表交给朋友或者家人，并提前标注好自己有可能遇到危险的地方和原因。当自己没有按照原计划到达目的地时，家人或朋友就可以拿着行动计划备急表替我们发出求救请求。

求生小贴士

在野外出行时，指南（北）针是必不可少的，特别是在迷路的情况下，它的作用更为显著。假如迷路辨认不出方向，可以利用指南（北）针的定向技术，再加上正确的地图引导，正确地找出自己所处位置以及行进方向的位置，从而脱离所处的险境。

获取水源的方法和技巧

医学研究发现，在没有食物的情况下人们的生理极限最长可以达到 3 周左右。而在没有水源的情况下，3~7 天就是身体极限了。由此可见，水是决定人们“生死大权”的主导者。生命离不开水，所以在临行前掌握寻找水源的方法就显得尤为重要。

1 寻找水源的方法

1）收集露水

在天气凉爽的早晨，如果有露水，可以采集露水饮用。具体方法是在脚踝处绑一些衣服或者几束细草，穿越于露水密集的草丛，衣服或草束上会沾满露水。然后我们就可以把衣服或草束吸收的露水拧到自身携带的容器中。

在太阳升起，露水被蒸发殆尽之前，不断重复这个步骤，可以收集到不少的水。

2）从嫩竹林中收集干净水

嫩竹林也是良好的可饮用水水源，那些裂开的或已经老了的竹子里面都可能会存有水。

一般嫩竹里收集到的水是干净且无异味的。在收集水时，我们可以把嫩竹折弯，将顶端切开绑在地面上。到了夜晚，水就会从竹子里面滴下。

不过，值得注意的是，从竹子中取出的水在喝之前必须经过净化。

3）直接从植物中提取水源

在南方一些地区，仙人蕉是比较常见的植物，它们的茎部含水量很大，只要把它们的底部根茎迅速砍断，就会得到比较干净的汁液。

除此之外，一些藤本植物，如葡萄藤、野葛藤、五味子藤、猕猴桃藤等植物中也可以发现水源。但并不是所有植物的汁液都能饮用，有些植物中可能带有毒性。通常来说，带有乳浊液的植物携带毒性的可能性就比较大，所以在选择时，应尽量避免这类植物。

还要注意一点，从植物中获取的汁液需尽快饮用，时间过长会发酵，饮用将会很危险。

4）栖水动物寻找水源

动物喜爱临水而居，如果发现蛇、青蛙等小动物多数代表附近就有水源。

此外，某个树洞中有蜜蜂或者蚂蚁出入的踪迹，那么大多表明此洞中有水。我们可以试着用塑料管吸出洞里的水；也可以自己动手做个简易的小勺，挖出里面的水；还可以将一些衣物塞入洞中吸收水分，然后再把水拧出来。

5）根据声音寻找水源

我们可以凭借灵敏的听觉感官，多注意听山脚、山涧、断崖、谷底等地是否有流水声、蛙声或水鸟声。寻着这些长期栖居于有水环境中的动物叫声大多可遇到水源。

6）根据地表环境寻找水源

根据不同的地理环境特征，可以判断地下水位的高低。比如，山脚下通常会存在地下水，还有一些低洼处、雨水集中处，这些地方地下水位都比较高。

另外，在河道转弯处靠外侧的最低处，一般向下挖几米左右就会有水，不过泥浆会比较多，需要净化之后才可以饮用。

7）根据植物生长情况寻找水源

一般情况下，生长着马莲、沙柳、金针、木芥的地方，水位会较高且水质较好。

另外，还有一些植物也生长在水源上，但是水质不好，像长有灰菜、蓬蒿、沙里旺的地方，水会有苦味或涩味。

2 净化水源的方法

大多数情况下，从湖泊、池塘、沼泽、泉眼、溪流、雪水、露水等地区获得的水，最好经过渗透、过滤、沉淀、消毒处理之后再饮用。因为露天的水源往往会存在矿物质污染、金属污染的情况，如果不加以净化直接饮用，后果不堪设想。常用的净水方式有以下几种。

1）净水药片

这种方法很简单，在净化水的时候，只要将药片放入，然后进行充分的搅拌摇晃，静置几分钟后即可饮用。

净水药片的药效较为显著，一般一片净水药片可对 1 升水进行消毒，一些水质浑浊的水也可以用其进行消毒。

2）医用碘酒

我们也可以用提前准备好的医用碘酒对水进行消毒。在每升水中滴入三四滴的碘酒，假如水质较浑浊，那么水中加入的碘酒量就要适当增加。同时，在搅拌摇晃之后，静置的时间也应增长，一般需要 20 ~ 30 分钟。

3）漂白剂

漂白剂也是用于消毒的好工具。在经过简单净化的水中，每升水加漂白剂三四滴，假如水质浑浊就要适当增加漂白剂的剂量。在摇匀后静置 30 分钟，即可饮用。但经过漂白剂消毒过的水会有一定的沉淀物，注意不要饮用这些沉淀物。

4）简易过滤器

我们还可以动手来制作一个简易的过滤器。

①准备好容器，常见可用的有比较结实的塑料袋、竹筒、手套、衣袖或者瓶子；

②在容器中装上干净的碎石、细沙、木炭、干草或枯枝；

③将上述材料压紧按实就可做成简易过滤器了。

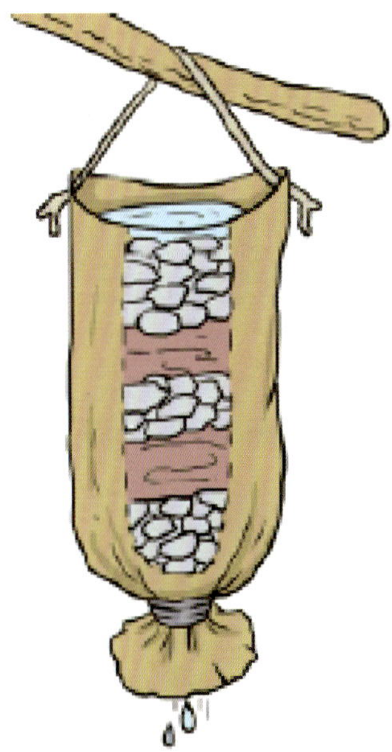

将一些不太洁净的水慢慢倒入自制的过滤器中，收集从中滤出的水。水质可经过反复过滤，直到认为纯净之后即可饮用或备用。

5）将水煮沸

在海拔高度较低且有火种的情况下，可以将水煮沸5分钟左右，这种方法也可对水进行消毒。

求生小贴士

假如我们想要去除水中的异味，可以在水中放入一些烧火的木炭，静置四五分钟以上再饮用。当我们发现的水是咸水时，可将地椒草与水一起煮，这可能不会去掉太多的咸味，但可在一定程度上避免腹痛、腹胀、腹泻等一系列不良的身体反应。假如发现水中含有重金属盐或有毒矿物质，那么可以将浓茶与水一起煮，注意出现的沉淀物不可饮用的。

寻找可食动植物的技巧

野外获取食物的途径主要有猎捕野生动物、捕鱼果腹和采集野生植物3种。

1 捕获两栖小动物

青蛙、蛇类以及蜥蜴是比较常见的两栖小动物，捕捉方法如下。

1）青蛙

在捕捉青蛙的时候，我们可以根据它们的叫声找到它们，并直接用棍棒追击。一些体形较大的青蛙，可以用钩子进行捕捉。

2）蛇

捕捉蛇的最佳时段是气温适宜的清晨和傍晚。在捕捉时，要先用棍棒将它们打死，或者将其捉住，手指紧紧捏住其头部。

在捕捉蛇的时候，要谨防被蛇咬到，它们的毒液危害性是很大的。

3）蜥蜴

蜥蜴的生存范围极广，且大都可以食用，在捕捉时可以先用绳子将它们套住，然后用棍棒击打。

2 捕鱼技巧

常用的捕鱼方法有钓鱼、空手抓鱼和叉鱼 3 种。

1）钓鱼

鱼钩：可以用缝衣针、金属线、小钉子等金属品来简单地制作鱼钩。如果这些工具都没有，我们可以从环境中寻找能利用的天然工具，比如，木头、骨头、燧石、海贝、椰子壳等，这些物品经过简单的加工都可以制成简易的鱼钩。

鱼线：可以用来制作鱼线的工具有很多，比如，吊绳、韧性大的植物纤维或者衣服中的纤维。一些植物纤维，例如，马利筋、丝兰以及芦苇等植物中获取的纤维就是很好的鱼线材料。

鱼饵：在寻找鱼饵的时候，我们可以先找寻一些水源附近鱼类喜欢的“小食物”，比如，螃蟹、蠕虫或者一些小昆虫。当我们捕到一条鱼之后，先不要急于下口，应先将它们解剖，

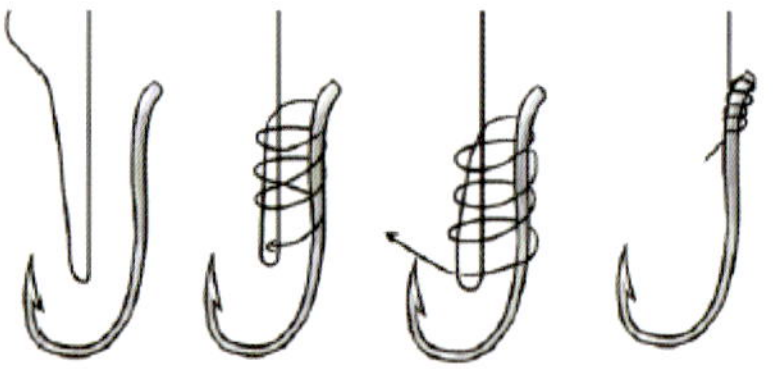

观察一下它们平时吃的东西，据此就可以找到与之相对应的诱饵，钓到更多的鱼。

2）空手抓鱼

在一些浅滩凹陷处，将双手慢慢地放到尽可能贴近水底处，手指轻轻地向鱼的腹部移动，一直到手移到鱼鳃部位时，紧紧地抓住鱼的身体，这时要十分小心身上带刺的鱼类。

还有一招就是“浑水摸鱼”，这种方法适用于河水退却的小水沟。用棍子之类的东西搅动水底的泥土，直到水浑浊不堪。这时鱼便会跑到水面上来，我们就可以利用这个机会将它们捉住。

3）叉鱼

假如我们发现所处的水域不深，并且里边的鱼数量多且个头大，就可以用刀子削一根叉竿，进行叉鱼。

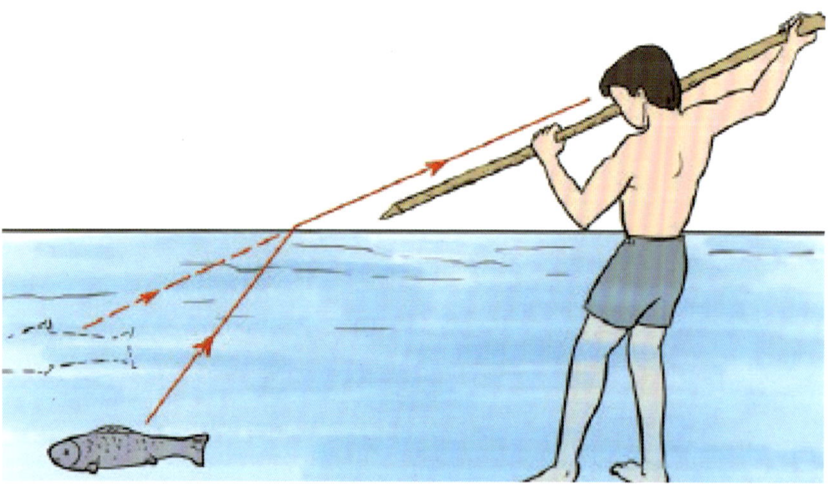

3 寻找可食植物

相较于捕捉动物来获取食物，食用植物就显得容易得多。那么，哪些植物是可以拿来食用的呢？这就需要了解不同类型植物的食用价值及获取方法。

1）选择新鲜的食物

在选择可食性植物时，要尽量收集新鲜的果实、叶子或者是种子。不要拾取那些已经掉落在地上很久的植物，有的植物会因脱离母体时间过久，会发生霉变，食入后会对人体造成伤害。

2）学会辨别可食性植物

野外植物的种类繁多，并不是每一种植物都可以食用，有的植物有毒。有毒植物大多兼备以下特点：形状怪异，呈瘤状、倒卵圆形或卵状披针形；颜色发亮、太过鲜艳并伴有色斑和色纹；散发着刺鼻气味（辛辣呛人或闷臭）；涂抹到肘部、腋下 、前上臂等敏感部位时，会出现长疱、起疹子或者肿胀等不适感；唇舔、口嚼或舌尝后，喉咙出现痛痒、红肿、灼烧感、刺激性疼痛等不适症状；食用后会出现口部痛痒、恶心呕吐、腹胀胃痛、不停打嗝、下腹绞痛等不适症状。

4 户外饮食原则

在日常生活中，我们都建立了独特的饮食习惯，很少遵循饮食原则和技巧，以自己的喜好为主。户外探险的过程中，必须结合探险活动的种类以及所准备的食物特点，严格遵循适用于户外的饮食原则。

1）不宜过多食用的肉类食品

①天气过热时，肉类食物很容易变质，误食后极易造成腹泻。

②人体本身是呈弱碱性的，在大量运动后，会产生大量乳酸，使人感到疲劳。如果这时继续食用酸性的肉类食品，就会加重疲劳感，不利于身体的恢复。

2）适量食用盐类食物

适量食用一些咸菜或盐渍类食物，可以补充人体所需的微量元素。但如果食用过量，易产生口渴感，需要大量饮水解渴，既浪费水源，也会造成心脏和肠胃的负担。

3）忌用餐过饱

在户外探险过程中，不建议食用过饱，尤其是午餐。食用过饱除了会给肠胃造成负担外，还容易使身体产生疲倦感，最好以八分饱为宜。

4）忌餐后立刻继续行程

千万不要在吃完饭后，立即起身继续行程，应休息至少40分钟。如果餐后立即运动，除了会影响食物消化外，还容易出现岔气的情况。

5）忌喝冰水

人在正常情况下的体温为37度左右，经过剧烈运动后，可上升到39度左右。如果立即饮用冰水，会强烈刺激肠胃道，造成肠胃功能紊乱，消化不良。尤其是遇到一些山泉水时，不要马上喝，可等体温逐渐下降或将冷水放置一段时间再饮用。

6）忌饮酒、食用辛辣食品、油炸食品和高糖零食

刺激性较强的食物会加重肠胃的负担，容易出现消化不良或腹泻。

求生小贴士

有些鱼类由于体内含有生物碱，或者因为它们所吃的食物有毒性，它们自身也具有毒性，这种鱼是不可以食用的。像河豚、刺海猪、角鱼、刺鱼等都是具有毒性的鱼，有些毒鱼具有较为明显的特征，比如，其表面无真正意义上的鱼鳞，而具有数量颇多的脊刺，还有些毒鱼在遇到外界侵扰时身体会出现膨胀。此外，一些在岩石、圆木或礁石上发现的呈丛状或簇状的鱼卵也不可食用。

扎营的基本技巧

在野外活动中，“安营扎寨”必不可少。但扎营绝不是随随便便搭建一个帐篷，选择扎营地、搭拆帐篷以及营地分区等，都需要遵循一定的技巧。扎营的基本技巧详细介绍如下。

1 找寻适宜的营地

找寻适宜的营地时，应参照以下方面。

1）地势

一般情况下，较为理想的驻扎点是可以防风遮雨，不会被意外洪水淹没的较高地点，但位置较高，极易受到落石或者雪崩的威胁，所以具体位置的选择还应该参照当地实情进行考量。

2）天气因素

（1）空气

热空气会上升，冷空气则会下降，所以谷底是冷空气聚集的地方，并且在天气寒冷时，它们容易形成湿雾和霜雪，因而尽量不要在谷底建营。

（2）降雨量

降雨过后，那些地势较低、大量蓄积雨水的地方尽量不要选择。

（3）风向

一般来说，营地应尽量选择在背风处，像一些小山丘的背风处，林边空地、山洞、山脊的侧面和岩石下面等处，都是不错的选择。

（4）日照

营地要尽可能选在日照时间较长的地方，这样会使营地比较干燥、清洁，便于晾晒衣服、物品等装备。

3）水源

理想的露营场地要选择在距离水源近且长有大片可用林木的区域。但是需要注意的是，临近并不代表直接将营地建于河岸上。一般来说，营地离河岸过近，极易出现下述情况。

①水源附近大多蚊虫横生且潮湿，在此处选址很容易招来蚊虫的攻击；

②水流声会干扰人的听觉，容易忽视一些危险的动静，如山洪暴发；

③在山里，一般一条很浅的河流在经过暴雨之后，往往会在顷刻间变成决堤洪水或山洪洪水。

为了保险起见，我们要选择临近水源、地势平坦并且石块较少的地点，这样的条件还能帮助我们在遭遇突发事件时，有足够的时间和空间来发送求救信号，从而获得较大的求生机会。

4）地势

在降雨季节，可沿着山坡寻找一些平台，这些平台地质平坦湿润，较易搭建营地。

2 营地分区

营地选择好后，就要开始着手建设营地。而在建设营地之前，需对所处的营地进行分区。通常情况下，一个齐备的营地应分帐篷宿营区、用火区、就餐区、取水区、卫生区。

营地分区的特点及要求	
帐篷宿营区	建于整个营区最佳地段，清除石块、矮灌木等各种不平整、带刺、带尖物的潜在威胁，最好与其他区域保持适当距离
用火区	建于下风处，距离帐篷宿营区应至少 15 米左右，以免飞溅的火星烧毁帐篷
就餐区	就餐区最好与用火区挨着，在有土坎、石坎的地方，以便挖灶建灶。与帐篷区有一定的距离，以防火星烧着帐篷
取水区	用水、取水处，应与洗漱区分开，使用水地方上游处、洗漱等生火用水地方下游处
卫生区	厕所应建在树木较密的地方，尽量远离上述所有区域

3 搭建帐篷

①将帐篷底面朝下，整张摊在地面上。摊开时，可用力甩几下，把帐篷表面的褶皱弄平整；

②将支架悉数取出（市面上支架大多是折叠的，将其逐根伸展开）；

③将支架以十字形交叉的方式穿入帐篷口中，用这种组装方式形成帐篷的支架雏形；

④将每个支架卡在帐篷四角的带子边的第一个孔中。只要将 4 个支架按步骤撑好，帐篷就基本成形了；

⑤帐篷基本成形后，开始着手搭建外帐，钉地钉进行固定。钉地钉时，可根据实际使用地来确定地钉的个数。通常来说，在地势险峻或气候恶劣的情况下，可在钉完地钉后，再覆盖一些石块进行二次加固；

⑥固定帐篷。在帐篷的顶部有一个十字交叉的位置，用绳子进行固定后才会更加牢靠。尤其是在有风雨的天气，使用这种固定方法帐篷不易被风吹烂或吹垮。

4 拆帐篷

①在拆帐篷前先将随身物品收好，避免将贵重或重要物品卷入帐篷；

②小心拔起用于固定外帐和内帐的所有地钉；

③拉开外帐拉链，卸下前方的营柱。小心将营柱拔起，擦干净营柱上的泥巴和水汽等污渍，然后将其收进袋子中。另一边重复上述动作；

④内帐和外帐分开打包；

⑤将营绳收起，并小心地塞入折叠好的帐篷中（一定要确认其没有打结或缠住的情形）；

⑥收起地钉；

⑦在拉紧帐篷袋的束口绳前，检查所有组件是否都已收妥，有没有遗漏地钉或营柱；

⑧确定无任何遗漏后，将所有物品放入帐篷包内。

5 保管帐篷

将帐篷收纳完毕后，就到了将其保管安置的阶段。正确地保管还可以延长帐篷的使用期限。那么，该如何正确地保管帐篷呢？

1）去除帐面污渍

在使用完帐篷后，要及时将帐面上的灰尘、附着物以及水汽全都擦拭掉，待帐面完全干燥后，将其折叠存放。

注意，一定要在整个帐篷完全干燥后再存放。如果未完全干燥就存放，很容易使面料霉变或发生粘连，会严重减少帐篷的使用寿命！

2）不要用其他物品压放

折叠存放时，尽量不要将其他物品压放在帐篷上面。重物的压放，很容易造成帐篷的防水胶条材料折弯处因永久性疲劳而产生脱胶现象。所以在存放帐篷时，最好能单独将其存放在一个纸箱中。

3）定期晾晒

即使将帐篷收纳进纸箱中，也不能避免帐篷会在保管过程中，因为存储环境的变化而受到影响。所以最好能定期将存放好的帐篷拿出来晾晒（但切忌将其放在阳光下直晒），使帐篷始终处于一种干燥的状态下，从而延长帐篷整体使用寿命。

6 营建简易厕所

假如我们准备在一个地方扎营，那么我们就可以在营地的下风向建造一个简易厕所。简易厕所的位置应选在尽量远离河流，水源的下游。选好位置之后，挖一个坑，可以在里边放一些树叶，以便于除臭。然后将坑的周边建造屏障，留有一个背风面当作开口。在排便之后将挖坑时的沙土把排泄物以及厕纸覆盖，尽可能防止臭味扩散，招致虫蝇。

当离开营地的时候，注意将厕所彻底填埋，并在周围做上标记，以提示他人。

7 垃圾处理

在野外，由于生存需要，难免会产生一些垃圾。这些生活垃圾如果处理不当，将会对环境产生严重危害。所以为了避免破坏生态环境，我们应该将垃圾进行合理处理。

1）减少垃圾携带

（1）尽量减少垃圾的产生

在山中吃东西总会产生垃圾，我们应尽量减少垃圾。自备的食物分量不要太多，种类也不要过杂。

（2）将食品包装处理为实用性包装

在出发前，最好将一些不使用的包装去掉，如纸盒、纸杯、玻璃罐、铁罐子、真空包装盒等。用夹链袋、保鲜盒（可折叠最好）等实用性的包装将其重新包装，就可以降低废物率，减少垃圾的产生。

2）垃圾的正确处理方法

（1）无法带回的垃圾埋入土中

无法带回的菜渣埋入土中，不可随意丢弃，这种做法可以避免动物们将垃圾当作食物，影响生态平衡。

（2）可燃性垃圾可就近烧毁

在生火时可将可燃性垃圾焚烧，如纸类的垃圾可以焚烧后就地掩埋，而塑料瓶、易拉罐等要装入垃圾袋带走，带回途中经过垃圾站时再丢弃，万不可随处抛弃。

（3）不可降解的垃圾及其他

除上述几种垃圾外，塑料、金属、玻璃等不可降解的垃圾请完全带走，带至生活区丢弃。这类难进行降解的垃圾，无论土埋或者焚烧都会对生态环境产生一定的影响。

求生小贴士

在某些恶劣气候的条件下，如狂风、暴风雨雪等，仅依靠木桩或定位索可能不足以将帐篷牢牢地固定在地面上，非常容易导致帐篷被风刮跑。这就需要采取额外措施（比如，用岩石或粗木头）来固定我们的帐篷。

生火的技巧

野外生存时，火是必不可少的。如火释放热量可以取暖，同时达到节省体内热量散失的作用；火可以烘干衣服、将食物煮熟、吓跑危险的野兽……火是保证野外生存者前行的一大因素。但是生火堆并没有想象的那么容易，还需要遵循一定的技巧。

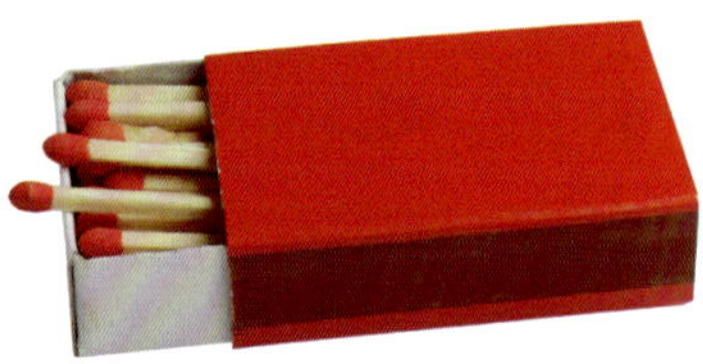

1 火柴取火

火柴是最便利的点火工具。传统的火柴用纸盒包装，所以防潮性特别差。在传统火柴的基础上，又演变出了很多适用于不同场合的火柴。其中，一种用白杨木做成的火柴杆，以及用 PVC 吸塑封闭包装做成的火柴盒更适合在野外环境中使用。这种火柴具有质感轻、易携带、干燥、易于保存的优点。

2 击石取火

用刀背或者小片钢铁用力敲击石块，使石块上散发出的火花落到提前准备好的火种上。当火种开始冒烟时，缓缓地吹气或扇风，即可使其燃起明火。

3 藤条取火

把一根干燥的树干劈开后，在裂缝中塞上火种。双脚踩紧树干，用一根长约两尺的藤条，穿在火种后面，然后迅速地抽动藤条，使其因摩擦发热而将火种点燃。

4 打火石（镁棒）取火

打火石（镁棒）操作方法非常简单，只需用刀子或小片钢铁在打火石（镁棒）上快速地刮几下，便会产生热量非常高的火星。

5 凸透镜（放大镜）取火

用凸透镜（放大镜）透过阳光聚焦照射在易燃的引火物上，干枯的腐木、撕成薄片的干树皮、干木屑或

布中抽出的纱线都是凸透镜取火的最佳引火物。直线照射，通常几秒内即可点燃引火物。

如果没有现成的放大镜，可从望远镜和瞄准镜或照相机上取下一块凸透镜来代替。

6 常用火堆的搭建方法

一般情况下，较常用的快速生火的方法有以下几种。

1）锥形

①将火绒和一些可以作为引火物的树枝堆成锥形状，然后在中间部位点燃火堆；

②随着中心部位的燃料燃烧殆尽，外围的木材将倒向中间部位，这时再往火堆上添加新的木材。

2）单坡形

①将一根未干枯的树枝迎风斜置，并插入与地面呈 30° 角的位置；

②把火绒放到倾斜的树枝里面，同时拿一些引火用的树枝放在倾斜树枝的两侧；

③将火绒点燃，并逐步添加燃料。

3）交叉沟渠形

①在生火之前，需要先在地上挖两道交叉形的沟渠，大小以实际需求

而定；

②在交叉中心部位放上足够的火绒；

③在火绒旁边将引火物摆成金字塔形，最后点燃火绒。

4）金字塔形

①将两段树枝平行放在地上，然后在树枝上面加放上 3~4 层树枝或木头，并将其摆实（这些层面之间的树枝都要垂直放置，上边的树枝层面积要稍短于底下的）；

②在堆积完的树枝堆上（塔尖位置）加放火绒及引火物，并将其点燃。

5）生火坑

①先挖一个宽为 10 ~ 12 厘米、25 ~ 30 厘米深的主洞；然后在洞旁边再挖一个副洞，当作烟囱，大小不限；

②挖通道，将两个洞连接；

③在主洞内添加树枝、树叶、枯草等；

④在上述材料上加放一些火绒，将其点燃。

如果火势烧不旺，多半可能是柴潮湿，在添加木柴后，对火源根部持续缓慢地吹气，可以让火烧旺。

求生小贴士

如果我们处在一个灌木丛生的地方，那么在生火之前，要将选定处的灌木丛清理干净。至少清理出直径为1米的区域，这样可以尽可能地避免火灾的发生。假如不急于赶路，可以用圆木或者岩石搭一个火墙，这样可有效将我们所需要的温度经过火墙反射过来，还可有效减少火星飞溅。

保存食物的方法

在野外环境中，如何保存食物也是一件非常让人头疼的事。如饼干、面包等大多是不需要经过特殊方式处理也可以保质的食物，但如果在野外猎获了一些新鲜的鱼类或者动物，尤其是一些体积比较大的动物，往往不能一次吃完。野外没有冰箱、冰柜等冷藏设备，剩下的食物如果不加以处理，肯定会变质。为了避免浪费，就需要因地制宜地采取一些切实可行的土办法来加工和保存食物。

1 熏晒法

熏制可以使食品的保存时间延长，随食随取，特别方便。

在野外活动时，最常用熏晒法处理的食物就是鱼了，如果钓到了很多条鱼一时吃不完，丢掉又很浪费，就可以用简易的熏晒法将鱼晒成鱼干保存，方法如下。

①把鱼脊骨连头部切开成一片，在切的过程中，不要将鱼腹部切断；

②切开后，去掉内脏洗净，然后在鱼肉的两面抹上盐，如果在沿海附近，也可直接用海水清洗鱼肉；

③用木棍或竹片在鱼头部位将其撑开，挂起或平摊在阳光下暴晒，一般来说，在高温有风的环境下，4 ~ 5 日后即可晒制成鱼干。

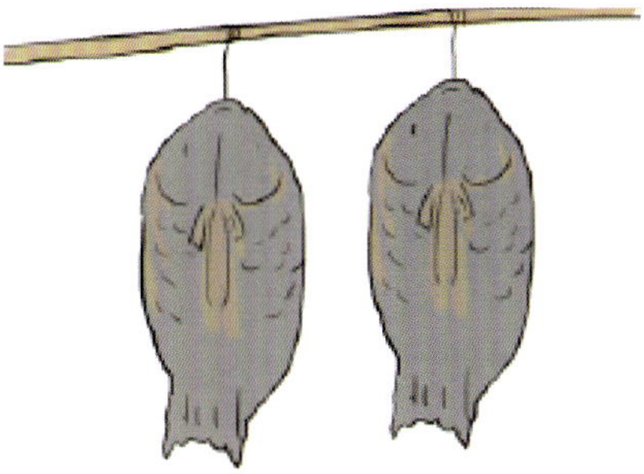

如果在做完熏晒鱼后，需继续前行，切忌因害怕鱼腥味而将鱼密封在塑料袋中，那样很容易造成腐败，尤其是夏天高温的环境下。可拿一根绳子把熏晒鱼挂在背包后面，既减少了异味，也能继续蒸发鱼肉内的水分。

2 风干法

所谓风干，顾名思义就是靠风来吹干。风干肉通常集中在气温低、无蚊蝇的冷季进行，这样可保证优良的肉质。通常来说，风干法有两种操作方式。

1）简便风干法

在肉上，撒上盐或其他腌制调味品，然后将肉吊在风口处靠风吹至肉硬化后即可。

2）常用风干法

①将净肉分割成长条状小块肉，肉块重2斤左右。每块肉从正中部位切成“U”形，以便晾挂风干；

②将“U”形肉条用绳子或直接悬挂在阴凉通风的环境下，每条肉条间最好留有空隙，通常2厘米左右为最佳。通常40 ~ 60天就成为风干肉。

在行进过程中，可能没有充足的时间将肉进行风干，一般来说，在良好的通风环境下进行风干的肉条，外表呈干瘪状时，即可将其收藏在布袋内，然后挂在通风、阴凉处进行储藏。

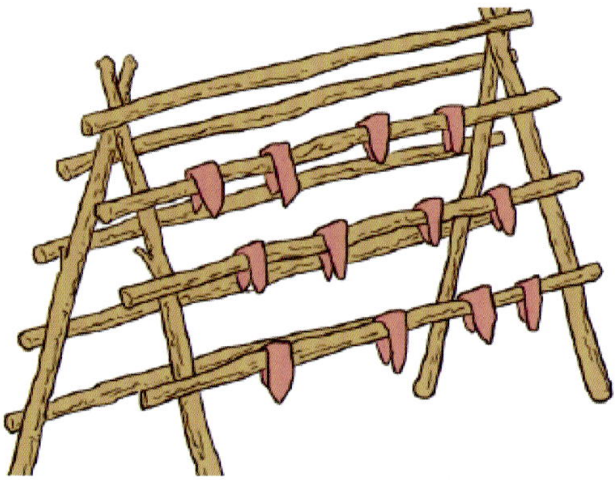

求生小贴士

在野外活动中，除了将肉质食物进行风干和熏晒外，也可将易坏的食物用塑料袋密封，用石块压好，放在流动的河水中进行保存。一般情况下，这种方法可保持20天肉不变色、不变味。

绳结的使用技巧

不管是户外探险活动，还是日常生活当中，都会频繁地使用绳结。尤其在野外环境中，绳子更是一种神奇的工具，它可以被用作晾衣架、捆绑行李和木柴、搭建避身所、借势攀岩等。当然单一的绳索很难发挥众多作用，还需要我们将绳索进行反复的打结整合。那么，野外环境中常用的结绳方法有哪些呢？

1 常用绳结法

1）滑结

①将绳子静止的一端放在活动的一端上边，使其成为一个环扣；

②将活动的一端弯曲成环状，并且插入环扣之中；

③把绳子末端抓住，将环扣拉紧。

2）反手结

①绳子的一端缠绕在另一端上，形成一个环扣；

②将活动的一端穿入环扣中，然后将两端拉紧。

3）双绳锁扣

①用左手抓住静止的一端，右手抓住活动的一端，绕过固定物一圈后，活动的一端从静止端上方绕过来，这时左手要握住这两根线的交点处；

②活动端继续伸入绕树的环内，并从先前的环中绕出，形成一个反手结；

③两手拉紧绳子，将这个反手结系紧；

④在活动的绳子上再打一个反手结，两个结尽可能靠近，用力拉静止端，使两个结锁结合在一起。

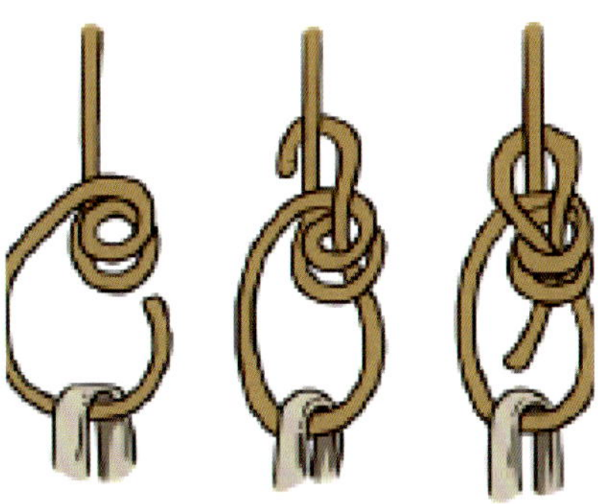

4）双重结绳结

①取两根绳子，其中一根绳子弯成环状，另一根绳子从其中穿过去；

②将另一根绳子的活动端从环状绳子下方绕过来，并穿过新生成的环圈；

③用力拉两根绳子的静止端，使绳结拉紧。

5）西伯利亚结

①左手握住绳子的静止端，右手握住活动端，并绕过固定物一圈；

②将绳了的活动端放在左手掌上，活动端在左手四指上缠绕一圈半；

③将左手放在静止端绳子的下方，再将左手翻转过来，这样两个环扣将会扭在一起；

④用右手捏住活动端，并将左手上方形成的环圈移到静止端的上方；

⑤将活动端折起，左手捏住弯曲处，使其穿入环扣，拉紧绳结；

⑥拉动活动端，以拉紧绳结，拉动静止端，即可解开绳结。

6）拉绳结

①将绳子一端系在一个帐篷类的固定物上，活动端绕树一圈，并在静止端上系一个半结；

②紧接第一个半结再系一个半结，将两个半结排在一起，不要拉紧；

③将活动端从静止端下方穿过，并从新生成的环扣中穿过；

④将绳子两端拉紧，固定绳结。

7）半结

①将绳子绕过固定物，活动端从静止端后方绕过，并穿过来，使其形成一个环扣；

②在环扣上形成半结，将半结适当拉紧，环扣不用太紧。利用同样的方法，在下边打出另一个半结；

③将两个半结推近，以增加牢固程度，将其用力打结后即可。

2 救生绳结法

绳结是户外爱好者一定要学会的技巧之一。在行进过程中，如果能灵活地将一条普通的绳索打成各种绳结，除了方便了野外生活外，还能使我们的行动更加安全。接下来向大家介绍几款救生绳结的操作方法。

1）称人结

①在绳索的中间打一个绳环；

②将绳头自绳环中间穿过；

③绕过主绳，再次穿过绳环；

④将打结处拉紧。

2）“8”字结

①取一根主绳，并将绳子的末端折向主绳的方向；

②将绳子的末端自主绳的后方绕过；

③将另一段绳子自绳圈中穿过；

④将绳结收紧。

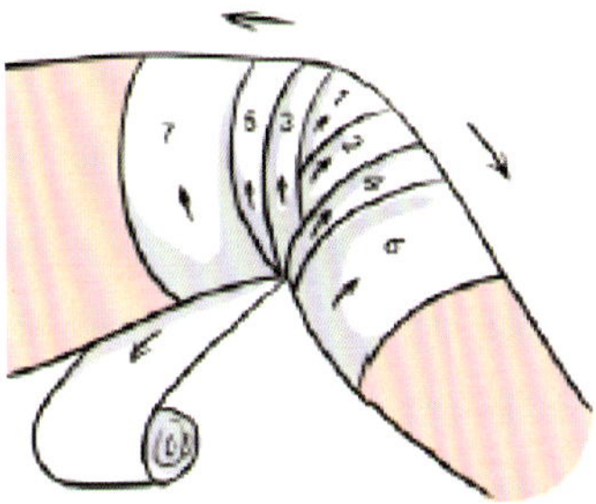

3）渔人结

①将右手边的绳子折向左手边，并打一个单结；

②将左手边的绳子折向右手边，打一个一模一样的单结；

③用力将整条绳结收紧即可。

4）套索

①打一个反手结；

②在离绳端 1/2 处弯曲一个绳环；

③将反手结与绳环之间的绳索折成半环；

④将半环穿过先曲成的绳环；

⑤绕着半环将绳环系紧；

⑥将绳索的长端穿过新的绳环。

求生小贴士

在使用绳子时一定不能在地上随意拖曳，还要避免汽油、酒精等化学物质的污染，还要注意避免火星喷溅和火烤。使用后，将绳子进行仔细的包装和处理，最好将其缠成圆圈状，并用专用的包装好。如果绳子湿了，要将其晾晒干再收起来，但晾干时要注意不要将其放在太阳下暴晒。发现有断线、包皮破裂、膨胀等现象应当停止使用。

不同探险环境下的安全防护措施

登山活动的防护措施

向上攀登不同于平地行走，危险性相对较高，为了避免意外的发生，就需要在临行前掌握一些登山的技巧和安全防护措施。

1 做好登山准备

了解所要面临的环境以及登山路线，切勿盲目地在山中乱闯。

2 关注天气变化

对山上的气候特点应有所了解，并时刻关注天气预报，做好防寒、防雨、防意外等准备。

3 做好热身准备

在准备行进前，最好做一些简单的热身运动，尽量使全身的肌肉放松。

4 尽可能地多带水

登山时会大量出汗，如果不能及时补充足够水分，容易引发脱水、中暑等症状。

5 随身携带急救药品

随身携带云南白药、止血绷带等，以便在发生摔伤、碰伤、扭伤时派上用场。

6 按已有道路行走

在山区行进时，最好按已有的道路行走。如果实在无路可走，可选择在纵向的山梁、山脊，以及树高、林稀、草丛低疏的地形上行进。尽量避开草丛茂盛的地方，因为草丛中往往会隐藏着一些危险的动物和害虫。

7 匀速行进

匀速行进是最省体力、最适合在山区中行进的方式。千万不要“三步并作两步”，或者小跑着前进，这些不正确的行进方式会加重膝盖和脚踝的负担，容易造成扭伤。

8 集中注意力

在行进的途中，尽量集中精力，不要边走边嬉笑打闹，也不要边走边东张西望（尤其是在下坡的时候），以防脚步落空。

9 下山要放松

下山速度要适宜，不要过快，以免给腿部关节造成较大压力。

10 不要擅自更改路线

不要擅自改变登山路线和时间，不按计划行事往往会引发更多的意外。

11 登山时节省体力的方法

登山时很容易会感到体力透支、疲惫不堪。这大多是由于体力耗费过量引起的。其实在登山的过程中，有一些可以节省体力的技巧。

1）保持自己的节奏

在行进时，要根据自身的体力行事。尤其是在山地行进时，不要高估自己的体力，盲目疾步前进。要以最适合自己的速度匀速行进，以不会感觉到吃力为宜。

2）少讲话

讲话所耗费的体力是非常大的，当我们边走边讲话的时候，几乎所有肺部吸入的氧气都被用来供应讲话，血液中的氧含量就会迅速下降。所以，在攀登途中尽量少讲话。

3）调整呼吸

要努力使自己的呼吸节奏与运动节奏达成一致。简单地说，就是几乎每走一步便呼吸一次。假如我们还不适应这种方式，那么可以强迫自己呼吸，只要大口地吹气就可以了。调匀呼吸可以有效地保持我们体内的能源。

4）掌握好步伐节奏

一般情况下，小步可节省部分体力，大步行走反而会增加体力的消耗。尤其是在上山的时候，不要把脚抬很高，甚至在不影响安全行走的情况下，可以稍微有些拖地行走，这种方法可节省更多体力。

5）随时补充能量

在前进过程中，要适当安排休息时间。在休息时应摄取一些容易吸收且快速转换为自身能源的糖类和水分，以使体能得到及时的补充和恢复。不过一定要注意不要一次性进食太多，适量进食避免给肠胃造成负担。

在天气比较热、流汗多的情况下，可以在饮用水中加点盐。

6）不要在休息之后立即进入海拔高的地方

不要在休息之后立即进入海拔高的地方。因为休息之后，心肺和肌肉都处于平静状态，突然进入海拔较高的地方，极易引发身体不适。

求生小贴士

在准备登山工具时，可根据自己的消费水平和身体承受能力，有针对性地添加一些装备，如氧气瓶，专业防紫、红外线的防风雪眼镜，测量仪器等。

遭遇野生动物的侵袭

1 老虎

老虎是一种凶猛的大型哺乳动物，虽然现在老虎的数量已经不多，但是在一些复杂的丛林环境中，老虎的踪影还是有可能出现的。在遇到老虎时，切勿将身体上较软弱的部位，比如，背部展露给老虎。正确的做法是，缓慢后退，以拉远与老虎之间的距离。假如我们不幸与老虎迎面相遇或者老虎向我们扑来，那么我们只能双臂抱头，并且着重保护住喉咙，尽最大可能减轻老虎对我们身体造成的伤害，而且进行大声呼救，以寻求救援。

2 毒蛇

毒蛇最可怕的地方就是身体中分泌的毒液，一旦被毒蛇咬中，身体会受到很大的伤害。在丛林中行进时（尤其是草丛中），尽量穿上长裤及长靴，不要露出脚踝等部位，以免被蛇咬伤。

遇到毒蛇追人时，不宜沿直线逃跑，采取“之”字形路线跑开是不错

的方法，因为蛇的肺活量较小，爬行一段路程后，就会觉得力不从心；也可以站在原地不动，保持安静，面向毒蛇，注视蛇的来势，向左右躲避，因为蛇的椎体活动受到一定角度的限制，不能转折掉头，设法躲到蛇的后面。可能的情况下，用登山杖或木棍向毒蛇头部猛击。

3 鳄鱼

丛林中如果突遭鳄鱼的侵袭该怎么应对呢？

迎面遇到鳄鱼时，要立即转身跑开。鳄鱼很少追捕人类，但如果侵占了它们的“领地”就另当别论了，最好不要在丛林中的水塘、湖泊旁停留太长时间。

如果遭到了鳄鱼的攻击，要尽可能地抓住身边一切可用的物体反击它。攻击鳄鱼时，最好直攻它的口、鼻、眼部，这些部位最为敏感，一旦遭遇了外力袭击都会放开猎物。

迷路后的穿行技巧

1 最好结伴而行

丛林中的危险很多，应尽量避免单独行动，最好与他人结伴而行。

2 沿着溪流走

一般来说，阻碍最少的路线是水路。在可能的情况下，找到一条溪流，沿着溪流行进可以为我们提供一条明确的路线，是逃离迷路最好的方法之一，而且河流边通常会有人居住，也会增加我们被救的可能性。

3 沿着兽道走

如果你沿着兽道行进，要定时检查方位，留意任何蛛丝马迹，确保这条道路能安全通向你所要到达的地方。

在丛林中行走时，最好备用一条手杖，既可以减轻膝盖的压力，也可以充当防卫武器。

4 途中落单的对策

如果在行进过程中不幸与大部队走散，落单荒野该怎么办呢？

1）准确判断当前位置

发现自己迷路落单时，先尽可能地平复心情。拿出地图对照附近地形、地物，以了解所在的位置。然后试图通过手机与其他队友取得联系，告知对方你所处的位置，等待救援。如果手机不可用，可通过大声呼救或吹响求生口哨的方式引起其他人的注意。

2）随身物品不离身

不要随便离开随身的背包，即使摘下，也要把包放在自己手可触碰到的地方，以防发生意外时，没有任何可用的工具。

3）有独自过夜的打算

如果无法联络上同伴，就要有独自过夜的最坏打算，并趁天亮提前选好安全的过夜地点，也可寻找一些遮避处。

4）搭建火堆

过夜地点确定后，最好建起一个火堆，一可用来烹煮热食以增加热能；二借助火堆吓走一些动物。

5）做好保温措施

如果是冬季上山，保温将是最重要的。保温的基本原则：保持身体干爽；利用保暖物保温；补充食物热源；避免无谓的体力耗损。

6）查看应急装备

查看包中的应急装备，清楚每种装备的功效，并在需要时利用。常见应急装备如下。

（1）火源

防水火柴、蜡烛、火种。

（2）坚韧的大塑料袋

可充当背包内部防水袋，在紧急时可罩于全身防风、保暖。

（3）自卫工具

瑞士刀或一般水果刀。刀具可用来自卫，也可用作搭设简易遮避处时的切割工具。

（4）高热量食物

高热量食物是保持体力的重要来源。

（5）指南针或 GPS 导航

这些工具可以在迷失方向后用来找回方向感。

发现落单后迷路时，尽量不要试图靠自己去找大部队。正确的做法是按原路返回，在相对熟悉的环境中，等待队友回来找寻。

求生小贴士

假如我们在发现了一些野兽的足迹、排泄物之后，应该尽量绕开附近区域，避免与那些野兽相遇。同时应准备好一些具有威慑力的刀子或棍棒等，在关键时刻用以防身。

身陷沼泽的自救措施

长期受积水浸泡，水草茂密的泥泞地区通常都存有沼泽地。如果我们不小心掉入了沼泽地中，处理不当，很容易被泥沙吸入沼泽深处而丧命。那么怎样做才可以成功穿越沼泽地呢？

1 防止身陷沼泽的方法

1）识别泥潭

要想成功穿越沼泽，最重要的一点就是学会识别危险的泥潭。通常来说，以下两个方法就可以辨别泥潭的位置。

①在沼泽或潮湿松软泥泞的荒野地带，突然看见寸草不生的黑色平地，通常就是泥潭的所在地；

②在一些沼泽中，密密麻麻的水苔藓布满泥沼表面，像一层地毯。大多数情况下，这些“地毯”底下就存在泥潭。

2）过沼泽地的技巧

除了识别泥潭的方法外，还应该掌握一些过沼泽地的技巧，也可以减少被陷入沼泽的危险。

①行走时，手中应持有一根探杖，用以探寻坚实的地面或泥水较浅的地方。如果没有探杖，也可以找一根质地硬实的树枝代替；

②通过沼泽时，最好自己探查路线。尤其是在看见其他人通过后的脚印时，如果不经探索而盲目重复前人的脚印，也会有深陷泥潭的可能。因为总踩在同一个地方，就会使重量叠加在同一点上，极易发生危险；

③穿越沼泽地时，除了沿着有树木生长的高地外，也可踩着草丛走。因为树木和草丛往往生长在硬地上。

2 陷入沼泽地的自救方法

一不小心陷入危险的沼泽，有可能会丧命，陷入沼泽地的自救方法如下。

①若发觉双脚下陷，应立即把身体后倾，以仰卧状下跌，跌下时尽量张开双臂以分散体重，这种方法通常可以使身体浮于沼泽表面，减缓下陷速度；

②在确定身体不再下陷后，缓慢地将身体挪到安全的地方。如果已经无法靠自己移动身体，也不要惊慌，采取上面的自救姿势，然后向他人大声呼救或吹响救生口哨等；

③下陷速度被控制住后，可以利用翻滚的姿势，使自己从沼泽中"滚"出来。

求生小贴士

陷入沼泽与陷入流沙中的自救方法基本一致，除了必要的求生技巧外，积极健康的心态也是非常重要的一个方面。只有具备足够的耐心和正确的施救方法，才可以将自己从危险中脱离出来。

掉入冰窟的自救措施

在野外活动时，尤其在一些寒冷地区，在不了解复杂的艰难路况的情况下，要想全面了解所要穿越冰层的厚度几乎是不可能的。而冰的薄厚程度不一，这就在一定程度上加大了我们失足掉入冰窟的概率。一旦遭受到这种意外，人体几乎难以承受冰水的寒冷，很容易就造成肢体麻木，甚至死亡。为了避免意外伤害的发生，就需要在临行前掌握一些掉入冰窟的自救方法。

1 保持镇定，并大声呼救

在落入冰窟时，首先要保持镇定，千万不要奋力挣扎或者乱抓周围冰层试图站起来，这样会使冰面的裂缝增大，更加危险。正确的做法是要尽量张开双臂，分别架在身体两边的冰面上，来防止身体下沉，然后大声地呼喊求救。

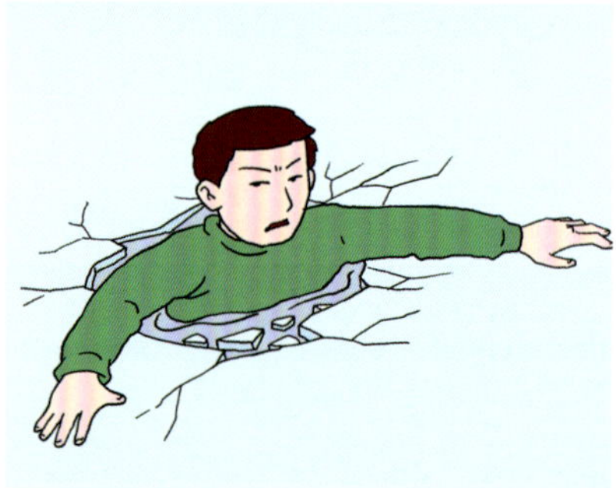

2 身体应尽量靠近裂缝边缘，缓慢爬出冰层

应注意寻找一些冰面厚、裂纹少的冰块，借以脱险。身体应该尽量靠近裂缝边缘，然后双手伸出并牢牢地扒在冰面上。等到身体平稳之后，尽量使下半身浮起。这样一来，人在水中成为一条直线，双手所扒的冰面承受量减轻，可有效避免断面继续断裂的危险。然后张开双臂，以增大身体接触冰面的受力面积，看准最厚的冰层，用手肘支撑身体慢慢爬动，直到身体完全离水。

假如发现有人掉入冰窟窿中，但是我们并不会游泳，千万不要冒险去营救。这时我们应该大声呼喊，引起其他人注意，让有能力的人施救。同时，我们可以利用周围环境中的绳子、木棍等物体，慢慢接近冰窟窿并且递给落水者。这时要十分小心，找到比较结实的冰面以趴着的姿势前行。这种施救方式可以确保施救者自身所在的冰层不会出现断裂，以防止在营救他人时冰面破裂致使自身落水。

求生小贴士

在掉入冰窟后，应尽量使身体上浮，最起码保持头部露出水面，以免溺水窒息。

过沙漠的技巧与防护措施

大多数人对沙漠的认知是极度干燥的天气和稀缺的水源。不同的沙漠地区，气候表现也会有所差异，最常见的就是“炎热＋干燥”，但也有地区会呈现“寒冷＋干燥”的情况。沙漠地区气候极端、自然资源匮乏，如果不进行充足的准备就贸然行进，会给自己带来致命的危险。

1 过沙漠的技巧

1）“外浅内暗”的穿衣方法

沙漠行进时，最好可以采用“外浅内暗”的穿衣方法，即暗色内衣＋浅色外套。这种组合除了具有防晒功能外，还能保证空气的流通，避免汗液在短时间内迅速蒸发而脱水。

2）尽量不要外露头部皮肤

沙漠气候比较干燥，应尽量避免将脸和头部直接暴露在空气中。可用打湿的毛巾或头巾包在头上，既能有效降温，又能减少汗液蒸发。

3）躲避高温

为了避免长时间的暴晒，我们可以在行进一段时间后，停下来休息。休息地点最好选择在灌木、石头、露出地面的岩层等投射的阴影下。这些地区一般比周围温度低一些。

4）合理负重

根据自己的生理情况以及路程情况合理负重。沙漠中的水非常重要，但也不能因此负重超出自己的能力范围，去背负一大包水，增大了体力的消耗。一般情况下，40 千克左右较为适宜。

5）使用正确的呼吸方法

在穿越沙漠过程中，控制好行进节奏，不要走得太急促。呼吸时，要尽量用鼻子呼吸而不是嘴巴，因为用鼻子呼吸可以有效减少呼吸所造成的体液蒸发流失。

6）掌握正确的饮水方法

在穿越沙漠的过程中，不要用大口牛饮的方式去饮水。最好在嘴巴中含一小口水，一口一口慢慢地喝。因为在口中含着水，可以使吸进来的空气经过水的降温再进入肺部，减少肺部的水分流失。

7）不靠目光衡量距离

在空旷的沙漠地区，大多数人都会低估实际距离。因为人们习惯在行进过程中通过目测来估量距离有多远。大多数情况下，估量的距离往往只有实际距离的一小半，所以进行时不要盲目地通过目测估量距离，错误地认为“我马上就要到终点了”，而更改行动计划或提前处理完粮食与水，这种错误认知很容易引发意外。

2 流沙自救法

流沙是沙漠徒步中最常遇到的危险之一。它隐蔽在一望无际的沙漠中，人很难通过肉眼判定出哪里是流沙区。在行进过程中，稍不小心，人就会陷入流沙之中。在遭遇流沙时，掌握正确的自救方法，才更有希望将自己从危险中脱离出来。

①一旦发现双脚陷入流沙中，千万不要惊慌失措。盲目地试图通过大幅度动作来逃离流沙的“陷阱”，这是非常错误的做法，这样只会使受困者越陷越深。正确的做法是发现双脚陷入流沙中时，轻柔地移动两脚，让空气和流沙接触，形成一个“真空

区域”，这种方法可以缓解受困者身体所受的压力，同时让沙子慢慢变得松散；

②如果不小心陷入流沙中，受困者要让四肢尽量分开。与沼泽逃生技巧理论相通，受困者接触到沙子的表面积越大，得到的浮力就会越大。只要受困者在遭遇流沙陷阱时，能够保持冷静，动作轻柔缓慢，慢慢就会脱离流沙的危险区。

3 脱水治疗方法

变化无常也是沙漠地区气候的显著特征，有可能刚刚还在同烈日高温做斗争，下一秒就切换成大风席卷着黄沙袭来。除此之外，沙漠中还隐藏着众多“杀手”，如狼、大沙鼠、狐、金雕等。但其实对于大多数探险者来说，来自沙漠最大的危险不是这些食肉动物，而是脱水等生理“疾病”。如果不幸出现脱水症状，需采取正确的救治方法。

①将患者移至阴凉通风处，避免被阳光直晒；

②迅速为脱水患者补充水分。对于已经出现明显脱水症状的患者来说，最好补充一些葡萄糖水或其他含糖的热饮料。症状过于严重时，还可采用静脉补液的方式来补充水分；

③可给伤者喂食一些热流质或半流质的食物，来补充其机体的能量；

④观察患者的反应，如果患者口渴症状已得到缓解，并出现排尿等正常的生理反应，则证明脱水症状已经得到有效缓解；

⑤如果经过上述的救治措施后，脱水症状持续不减，或同时诱发了如呕吐、腹泻等并发症，则意味着脱水症状更加严重了，此时应立即将伤者送往医院进行救治。

求生小贴士

沙漠地区阳光毒辣，为了保护自己的皮肤，很多人都会在准备物品时，特意带上一盒防晒油。其实防晒油在沙漠中很不适用，因为沙漠中的沙和海滩上的沙可能有所不同，沙漠中的沙多是细沙，轻轻的风和行走的脚步就会把它扬起，假如你擦了防晒油，这些沙尘会让你的皮肤变成“吸沙纸”。

海滨地区的安全防护措施

仲夏时节是去海滨地区玩耍的最佳时间。去海滨地区以消暑度假为主，所以在准备装备和制订行动计划时，无须特别烦琐苛刻。但还是应提前做好安全防护措施。

1 行前准备

1）必备装备准备

（1）墨镜

海边烈日炎炎，墨镜可以保护眼睛不受强光的伤害。市面上墨镜的款式、颜色非常丰富。建议选择那些质量轻、防摔材质、颜色较深的墨镜，不仅便于携带，还能更好地保护双眼。

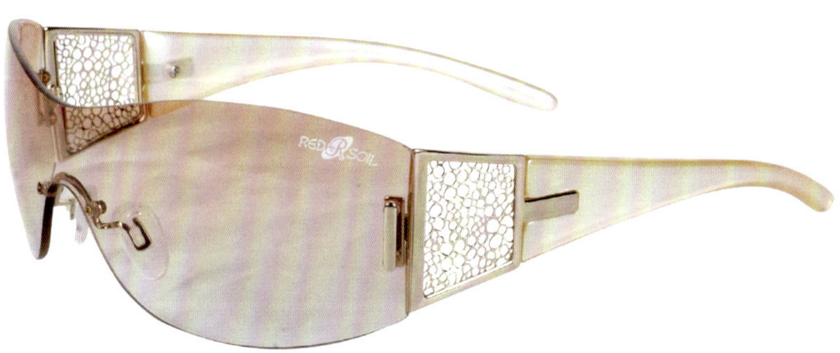

（2）防晒霜

防晒霜是户外活动中比较常用的一款护肤品，尤其是在海边、沙漠等紫外线指数极高的区域。使用防晒霜可以减少紫外线对我们肌肤产生的伤害，如晒黑、晒伤、眼睛损伤、光老化、皮肤癌等。

防晒霜涂抹后需要经过一些时间的挥发，才会被皮肤吸收。所以建议在外出前 10 分钟涂抹防晒霜；在长期暴晒的太阳下，就需要每隔 3 ～ 5 小时涂一次防晒霜。出汗比较多或者游泳时，可每隔 2 ～ 3 小时涂一次。

（3）游泳用具

常用的游泳用具有泳衣、泳裤、泳帽、水镜、浴巾、拖鞋等，可根据自己的实际所需进行添置。

（4）露营装备

如果有露营的打算，还可购买一些帐篷、睡袋、防潮垫、遮阳篷、沙滩椅、炉具、炊具、餐具等自己需要的装备。

2）关注天气预报

通常情况下，气象部门会提前对台风、海啸等多发于海滨的灾害做出预警，为了避免意外的发生，应尽量避开这些极端恶劣天气。

3）了解海鲜食用禁忌

海边食物以海鲜为主，鲜香味美，却同样蕴涵食物中毒和腹泻的可能。这就需要我们在临行前掌握一些海鲜的基本食用禁忌。

一些死蟹和贝类海鲜，烹饪时间过短和烹饪方式不当就会引发食物中毒；关节炎患者和肠道免疫功能差的人不建议食用海鲜，很容易加重病情或造成腹泻；吃海鲜的同时如果大量饮用啤酒，很容易引发痛风；海鲜不宜与含有鞣酸的葡萄、石榴、山楂、柿子等水果同食，以防出现头晕、恶心、呕吐和腹痛、腹泻等症状。

2 应对海洋危害的技巧

1）应对水母蜇伤

在海边活动，尤其是在海中游泳时，裸露的皮肤很容易被水母蜇伤。在遭受到水母的袭击后，第一时间应该查看伤口。仔细观察水母的触手是否依然挂在皮肤上。如果还在，要立即试着将其弄下来；随后用海水冲洗被蜇伤的部位，让蜇伤部位自然干燥；上岸后可以用牙膏、肥皂、尿液等涂抹在伤口上；同时口服一些抗过敏药物，如马来酸氯苯那敏片（原名：扑尔敏）、维生素 C 片、苯海拉明，或者涂抹一些抗过敏药膏，以缓解瘙痒感和肿胀感。

求生小贴士

被水母蜇到后，很多人都喜欢在第一时间用清水冲洗，试图冲洗掉皮肤上的触手。这是非常错误的做法，千万不要马上用淡水冲洗，因为淡水会促使刺胞释放毒液，加重伤情。

2）应对鲨鱼

鲨鱼是一种凶猛的海洋生物，具有非常强大的攻击性。这对于那些喜欢在海边探险的人来说的确是一种不小的威胁，因而必须做好各种防范工作，以防遭到这种凶猛海洋动物的攻击。

假如不慎落入海水中，那么很可能会遭到鲨鱼的进攻，应该时刻保持警惕；鲨鱼通常会首先攻击人类裸露在水中的身体部位，所以在水中不要脱掉衣物。同时，这些衣物也将保护到我们的皮肤，不被周围经过的鲨鱼擦伤；假如在水中发现鲨鱼正在逼近，一定要采取一些防范措施。我们可以通过制造一些声响或者通过尖叫来惊走鲨鱼，还可利用身旁的利器对其进行攻击。

Part 1

地震的逃生技巧

本章看点

认识地震

做好防震准备

地震逃生自救法

震后的自我救援

认识地震

地震的形成

如果把熟鸡蛋比作地球，那么“蛋黄”是中心层地核；“蛋清”是中间层地幔；“蛋壳”是外层地壳。随着地球的自转和公转，地壳内部也在不断发生变化，并借此产生力的作用，使地壳岩层出现变形、断裂和错动，从而引发地震。地震一般发生在地壳之中，多源于地下的某一点，该点又被称为震源。地震发生时，震动感从震源处传出，并在地球中传播。地面上接收振动最早的部位为震中，其离震源最近，接收到的震感也最强烈。

根据地震的成因，可以把地震分为以下几种：

1 构造地震

构造地震也叫断裂地震，是指岩层突然断裂，造成地质结构发生变动错位等巨大变化，从而形成地震。

2 火山地震

火山地震多由火山爆发时引起的巨大能量冲击而产生的地壳震动。火山爆发引发的地震发生次数较少，震源波及仅限于火山附近的十几千米，所造成的危害较轻。

3 陷落地震

陷落地震是由地层陷落引发的地壳震动。这种地震震级很小，影响范围有限，且发生次数较少。

4 诱发地震

诱发地震多是由陨石坠落、水库蓄水、深井注水等特定情况下诱发的地壳异常。

5 人工地震

顾名思义，人工地震就是由人为活动所引发的地震，如工业爆破、地下核爆炸、炸药爆破等危害力比较大的活动。

求生小贴士

地震是一种可怕的自然现象，常常给人类带来毁灭性的灾难。尤其是在野外环境中，地震往往还可引发山崩、滚石、泥石流、地裂等一系列灾害；在海边和湖边则很可能发生海啸和洪水等灾难。

地震的危害

大地震动是地震最直观、最普遍的表现。地震发生的大小用震级来表示（我国一般采用里氏震级），震级的大小、强弱由震源发出的地震波能量来决定。震级主要分为以下 3 个等级。

震级的 3 个等级	
小地震	小于 2.5 级的地震
有感地震	2.5 ~ 4.7 级的地震
破坏性地震	大于 4.7 级的地震

但需要特别注意的是，震级每相差 0.1 级，地震所释放的能量平均相差 1.4 倍；震级每相差 1 级，地震所释放的能量相差约 30 倍。举例来说，一个 7 级地震相当于 30 个 6 级地震，或 900 个 5 级地震。

震级大于 5 级的地震会造成大量建筑物破坏和造成一定人员的伤亡。这种极具破坏力的自然灾害严重威胁到人类安全的生存环境。一般来说，地震造成的伤害包括直接灾害破坏和次生灾害两种。

1 直接灾害破坏

地震所造成的直接灾害破坏主要有地面下陷、建筑物破坏、山体等自然物破坏，以及大量人类和动物伤亡。

2 次生灾害

次生灾害是指火灾、水灾（海啸、水库垮坝等）、文化和教育事业停产、滑坡和泥石流等其他自然灾害以及传染性疾病等。

地震发生时，人们可根据地震所造成的自然环境变化和建筑物的破坏程度将地震强烈程度进行区分和判别，这个判据即是地震烈度。地震烈度与震级不同，发生在同一次地震中，因自然环境和人为条件的影响，地震烈度也会不同。一般来说，震级相同的地震，震源越浅，震中距越短，则地震烈度就越高；反之亦然。我国将地震烈度分为 12 度，具体介绍如下。

地震烈度分类	
无感地震（1 ~ 5 度）	通常为无感（或微感），且只能通过仪器来记录
微感地震（6 度）	小震感，且造成地表轻微损坏
有感地震（7 度）	震感强烈
破坏地震（9 度以上）	房屋严重破坏以致倒塌，同时还伴有地表自然环境的破坏，甚至造成人员伤亡
毁坏地震（11 度以上）	造成大面积地表环境损害和人员伤亡

此外还应注意的是，对一些程度比较严重的地震来说，一段时间内，往往会同时引发多次地震。其中最大的地震叫作主震，发生在主震前的地震叫前震，发生在主震后的地震叫余震。前震和余震同样会造成不同程度的损害，所以在避震和应对地震时也要提高警惕。

求生小贴士

发生地震时，尽量不要躲到各种地窖、隧道内，因为地震产生的各种残碎的东西很可能会填满或堵塞出口。

做好防震准备

认识震前预兆

岩体在地应力的作用下，会出现累积加强的过程，引起震源及附近物质发生异常现象，也就是我们常说的地震前兆。学会识别地震前兆可以尽可能地减少损失。那么，地震在发生前会有哪些前兆呢？

1 水异常

井水、泉水等地下水会出现冒泡、泛花、变色、发浑、升温、变味、突升、突降、泉源突然枯竭或涌出等异常现象。

2 动植物异常

地震来临前的几天或来临前的几个小时，大多数动物会出现非常明显的反常现象。

震前动植物的异常表现	
牛、马、驴、骡	惊慌不安、挣断缰绳逃跑、蹬地、刨地、乱叫乱闹、不进食等
狗	狂吠不止、乱跑乱闹、咬人、叼着狗崽搬家等
猫	惊慌不安、叫着猫崽搬家等
老鼠	白大成群出洞，不怕人、惊恐乱窜、叼着幼崽搬家等
鱼	成群漂浮、狂游、跳出水面；缸养的鱼跳出缸外、头尾碰出血甚至死亡

除此之外，一些植物也会在震前出现异常反应。如不适季节的发芽、开花、结果或大面积枯萎等异常现象；如竹子突然大量开花衰败，松树叶也大量掉落，含羞草出现白天叶片闭合晚上舒展等异常情况。

3 气象异常

地震之前气象也常常出现反常，除了闷热外，还会出现预示地震灾情的“地震云”。

1）射线云

云彩呈现出极长的射线形状，射线中心所指的方向多为震中心。

2）地震云

地震云是非气象学中云体分类的一种预示地震的云体。目前，地震云的形成没有统一的理论，只有一些假说。地震前如果天空中出现波状云朵，云彩呈现白色、灰色、橙色或橘红色等异常颜色，与天空间有明显的分界线，且大风不易改变云体形态。这些都可作为气象异常的依据。

4 异常响声

地震前会出现如炮响雷鸣，或重车行驶、大风鼓荡等异常响声，这些声音多来自地下。

求生小贴士

在出现异常状况后，要时刻警惕地震的突然发生。在察觉到地面微微震动的时候要立刻往室外宽敞的空地上跑，或者就地寻找“三角避震带”进行躲避。

重视防震细节

防震减灾，应从平时生活细节做起。时刻保持防震意识，就可以提高我们的应急避险能力。

1 不可破坏房屋结构

在家庭装修房屋时，要将地震安全和豪华美观放到同等重要的位置。切不可为了追求装修效果而擅自破坏房屋的结构，尤其是承重墙。

此外，在安装完家具和电器后，尽量对高大家具和电器予以加固，以防整体或部分坠落。家中家具和电器倾倒是地震造成人员伤亡的主要原因之一。

2 制订应急预案

根据住所附近的特点，设计撤离路线和躲避位置。同时将一些贵重物品和重要文件做好必要的保护措施，在发生灾害后能够心无旁骛地迅速逃生。

3 备齐应急逃生物品

平时可储备一些应急物品，如照明用品、逃生工具、药品、急救用品等。把这些物品打包后放到如遇紧急情况可以随手拿到的地方。

4 避震演练

避震演练的重点是熟练掌握撤离和躲避动作。此外，还应了解掌握一些救护常识，如伤口消毒、止血、包扎、固定等技能，提高自救、互救能力，养成主动应对、安全避震的良好习惯。

求生小贴士

那些按照防震标准设计的住房一般可承受7级以上的地震，即使发生了7级地震，符合设计标准的房屋也会震而不坏、裂而不倒。

应急避震常识

地震发生后，如何在第一时间逃生？不同场合该采取什么样的避震措施？若不幸被埋，该如何自救？面对突如其来的灾难，人们时常惊慌失措，其实如果在地震前了解掌握一些地震常识，就可以预先准备逃生方案及行动计划，以自己的力量做好预防灾害的准备。

1 平和心态

人在避震时必须做到：冷静理智，沉着应对。从意识到地震发生，到地震形成灾害之间一般有十几秒钟，在意识到将要发生地震时，应把握紧急避险的宝贵时机，果断行动，在最短的时间内按照预案采取最佳的措施。

如果盲目地逃窜，只会使自己的处境变得越来越糟。

2 寻找安全避震地区

地震时是即刻蹲下还是躲逃，要视具体情况而定。一般避震时遵循的原则是，就近躲避，震后撤离到安全地区。

3 寻找“三角避震带”

在室内遭遇地震时，要立即寻找形成三角空间的地方，如内墙墙根、墙角、厨房、厕所、坚固家具附近等。三角形有非常稳固的支撑力，可大幅减小房屋坍塌后砸伤的情况。通常来说，形成“救命三角”的物体越大越坚固，它被挤压的“余地”就会非常小；而那些被挤压得变小的物体，空间反而会越大，利用这个空间就可以使人免予受伤的可能性变得越大。

4 避开易碎、易坍塌的区域

如果突发地震时在商场、书店、展览馆或地铁等公共场合中，一定要立即避开玻璃门窗、玻璃橱窗、玻璃柜台、易碎品的货架、广告牌、吊灯，以及高大不稳或摆放重物等区域，尤其要避开有玻璃幕墙的高大建筑。

求生小贴士

如果突发地震时正在教室里上课，应立即躲到课桌下面，并用书包保护好头部，千万不要乱跑或者跳楼。地震过后，在老师的安排下有序撤离。

地震逃生自救法

选择避震空间的方法

虽然目前人类无法避免和控制地震的发生，但只要掌握一些逃生技巧，就可以将地震中的伤害降到最低。

大量震例研究结果表明，地震时就近选择空间躲避，震后迅速撤离到安全的地方，是应急防护的最佳办法。

地震从开始到振动过程结束，时间不过十几秒到几十秒，因此抓紧时间进行避震最为关键。室内较安全的避震空间有：承重墙墙根、墙角、水管和暖气管道等处。如果实在来不及寻找这些地点，也可抓住桌腿等身边牢固的物体，以免震时摔倒或因身体失控移位而受伤。

在影剧院、体育馆等场所中突遭地震，应就地蹲下或趴在排椅下，用书包等保护头部，注意避开吊灯、电扇等悬挂物。

在商场、展览馆、地铁等处突遭地震，要立即选择结实的柜台、商品（如低矮家具等）或柱子边作为避震空间，也可在内墙角等处就地蹲下，用手或其他东西护住头部。

就近避震是地震逃生时的第一选择，但并不是绝对的，还需根据实际情况进行变通。

求生小贴士

地震突发时，如果正在室内向外逃跑已经来不及了，权宜之计是躲在坚固的床底或桌下。倘若没有坚实的家具，也可站在门口，门框也可起到必要的保护作用。

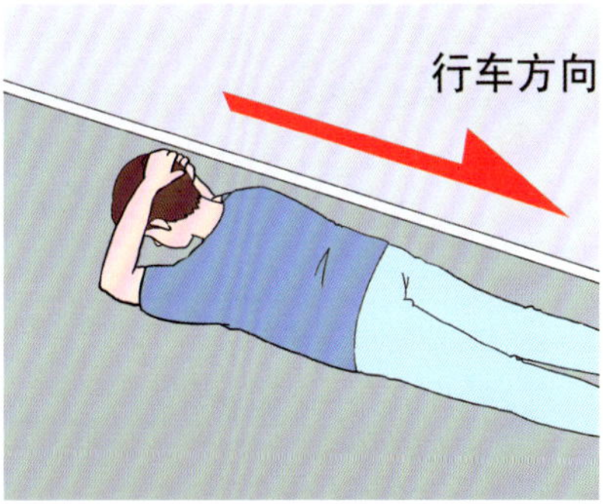

户外避震

如果突发地震时身在户外，该采取哪些正确的避震方法呢？

1 就地选择开阔地避震

尽量避开人多的地方，以免发生踩踏事件；不要乱跑，更不要随便返回室内。如果附近有化工厂时，要注意背朝风向，以免吸进有毒气体。

2 正确的避震姿势

正确的避震姿势是蹲下或趴下，以免摔倒；头部低下，用手护住头部或后颈位置，有可能时，最好用湿毛巾捂住口鼻，避免吸入过多粉尘。

3 避开高大建筑物或构筑物

要避开楼房（特别是有玻璃幕墙的建筑）、过街桥、立交桥、高烟囱、水塔等高大的建筑物，同时要注意避开狭窄街道和危旧房屋等，以免被埋于废墟之下。

4 避开高耸或悬挂的危险物

地震时，避开变压器、电线杆、路灯、吊车、广告牌等高耸或悬挂物，以免被砸伤。

求生小贴士

地震时如果被埋压在废墟下，漆黑狭小的空间，难免会让人惊慌失措，一定要消除这些负面情绪，使自己沉着冷静下来，努力寻找脱离险境的通道或者充分保护好自己等待救援。

野外避震

地震是一种可怕的自然现象，常常会给人类带来毁灭性的灾难。在野外环境中，地震的危害往往来势更加凶猛。在一些山体面前，地震可引发山崩、滚石、泥石流、地裂等一系列灾害，在海边和湖边则很有可能发生海啸和洪水等灾难。这些自然现象一旦发生，其破坏程度可想而知。那么，在野外遭遇地震时，该如何正确地进行紧急避震呢？

1 避开水边的危险环境

地震发生时，如果在河边、湖边或海边，要立即远离水边逃往开阔、稳定的地方就地避震。因为河边、湖边或海边在地震的作用下，极易引发河岸坍塌、海啸等危险的次生灾害。

2 避开山边的危险环境

在野外突遇地震时，要注意避开陡峭的山坡和山崖，以防山崩、地裂、滚石、滑坡和泥石流等次生灾害带来的威胁。

如果来不及逃离，也可就地躲在结实的障碍物下，或蹲在地沟、坎下，着重保护好头部。

3 避开其他危险场所

变压器、高压线等也是极为危险的场所。地震的巨大破坏力很容易造成电力、电路毁坏，稍有不慎，就会引发触电危险。

求生小贴士

在有桥的河边遭遇了地震，千万不要往桥上跑，误以为那是安全的避身场所。虽然桥的周围可能障碍物比较少，但是地震往往会导致桥梁坍塌，因此要尽量远离桥面或桥下，以防发生意外。

避震自救误区

地震很容易造成外伤、骨折等意外情况，很多人在发生意外后，会下意识地自救，但一些急救、自救方式很可能存在非常严重错误，反而加重了身体的受伤程度。那么地震灾害中常发生的自救误区有哪些呢？

1 盲目地大喊大叫

尤其是被掩埋在废墟下时，很多人会持续性大喊大叫向外呼救，其实这种方法是不正确的。盲目地大喊大叫会过多地消耗体力，易引发休克后昏厥。正确的做法是在确保救援人员或其他人能听见的情况下，抓住求救时机进行有效呼救，也可敲击手边的金属物或用反射发光的亮片来吸引救援人员的注意。

2 骨折后“轻举妄动”

被重物砸伤后，很容易给身体造成骨折伤害。很多人在被砸伤后，通常会下意识地拖着受伤的身体逃离“灾祸现场”，盲目地乱动极易加大血管和神经的损伤，引发二次伤害。正确的做法是，找两根小木棍之类的坚固物体越过关节夹住骨折部位，再用绳缠绕。

3 堵塞颅脑

地震中的剧烈晃动、挤压和砸跌很容易造成颅脑损伤，严重时会经耳朵和鼻子流出脑脊液。在这种情况下，很多人会下意识地仰起头或堵住这些流出的液体。其实这是非常错误的行为，这种做法会升高颅内压，加重颅内损伤，而且回流至颅内的液体，也极易导致颅内感染。正确的做法是平躺在地上，尽量保持呼吸畅通，同时向外求救。

4 拔出伤口的刺入物

建筑物坍塌很容易导致锐利的器物或不规则的断层面刺入人体中。很多伤者会试图将刺入物拔出，这是非常错误的做法，拔出刺入物会致使伤口大量出血，严重时会直接导致休克。正确的做法是用手稳固刺入物，避免剧烈活动，等待或向外求救。

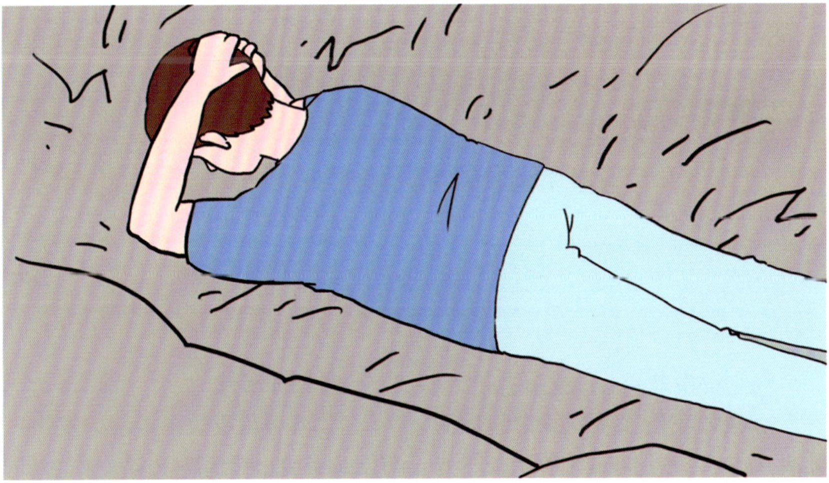

求生小贴士

被困在相对封闭的空间里时，要试图搬开身边可移动的碎砖瓦等杂物，扩大活动空间。但需要注意的是，尽量不要搬动周围比较大件的物体，以防止周围物体进一步倒塌。

震后的自我救援

被埋压后的自救

地震发生后，如果被埋压，应该如何进行正确的自救呢？

1 树立生存的信心

假如自己被地震倒落的物体包围，空间极小，一定要先树立起生存的信心，这点很重要。一旦精神松懈，陷入绝望的困境中，那么我们的处境往往也会更糟。

2 保护自己

如果被压在了废墟或其他东西下，一定要保护自己。首先要挪开头部、胸部的杂物，以保持呼吸畅通。

3 保存体力

假如我们找不到脱离险境的办法，就要尽量保存自身体力。千万不要因为紧张急躁而大声哭喊和盲目地行动，这样会大量地消耗身体能量，降低自身体力，同时吸入大量灰尘，容易导致窒息。

4 向外求救

可利用石块敲击物体发出声响，向外发出呼救信号。

5 包扎伤口

假如受伤了，一定不要盲目等待，先进行适当的自救。如果因为身体受伤而流血，那么就要想办法简单包扎伤口，以避免流血过多。

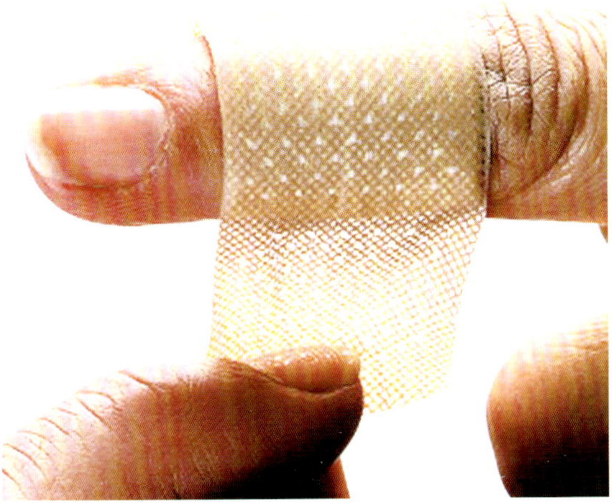

6 设法维持生命

如果被埋时间比较长，而救援人员未到，或者没有听到呼救信号，那么千万要设法维持住自己的生命，必要时自己的尿液也能起到解渴作用。一定要记住这时精神上的支撑往往很重要，很可能决定着你能否存活下去。

求生小贴士

地震发生时，尽量不要躲到地窖或隧道内。若它们不够坚固，也会被震塌。

受伤后的紧急处理

地震引起大量成片的房屋倒塌、山体滑坡等，导致无数的受害者死亡，而即使幸存者也会因剧烈的外力作用造成严重伤情。地震灾害中，伤情多以砸伤和挤压伤最多、最常见。那么，该如何科学正确地应对“地震伤”呢？

1 保持镇静

通过观察发现，很多在地震中伤亡的人并不是死于房屋倒塌的砸伤或挤压伤，而是由于精神崩溃，丧失了生存的意志。面对地震的伤害时，很多人会因为生理上的剧痛和精神上的恐惧，而“扼杀”掉自己。正确的应对方法是，无论在何等恶劣的环境下，都要保持镇静，分析所处环境的特点，根据实际情况寻找出路或等待救援。

2 按“优先级”处理各类创伤

1）立即处理

如果伤者口腔中有泥土、血块和呕吐物等异物，要立即疏通气道，避免窒息。

2）优先处理

如果伤者胸腹部有脏器伤、严重的挤压伤以及开放性骨折和严重的软组织伤害等，要第一时间查看伤情，

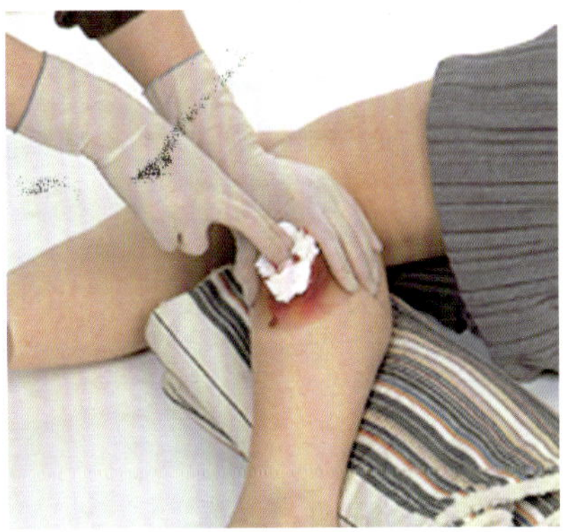

并清理伤口。处理这类伤害时应注意，刺入型伤口，不要盲目将刺入物拔出；严重挤压伤和开放性骨折不要随意移动伤者，尤其是拦腰抱起或一人抬胳膊一人抬脚等方式，这很可能给骨折伤者造成更严重的损伤，甚至致使伤者截瘫。

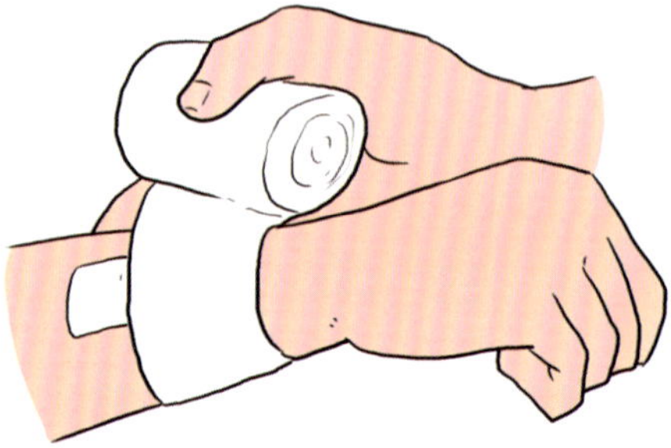

3 正确对待挤压伤

救治“地震伤”的过程中，除了搬运方式一定要正确外，还应对一些挤压伤及时识别和适当处理，避免挤压伤综合征的发生。出现挤压伤综合征的原因主要是持续挤压造成肌肉组织坏死。在发现重物挤压后，要立即设法解除重物的压迫，减少肢体受压的时间。遇到大面积创伤者，要用干净的纱布包扎创面，保持创面清洁。将创口进行清洁处理后，应立即送医治疗。

此外，为了预防休克发生，可口服一些糖盐水。

4 正确对待砸伤

砸伤最常引发的就是开放性创伤和骨折伤。对于这类伤口最重要的就是止血和固定伤肢。对于开放性骨折，为了避免组织再度受伤，通常不建议现场复位。一般用清洁纱布覆盖创面，并用竹竿、木棍等做简单固定。不同部位骨折，按不同要求进行固定。

将伤肢进行简单的固定处理后，需立即送医治疗。

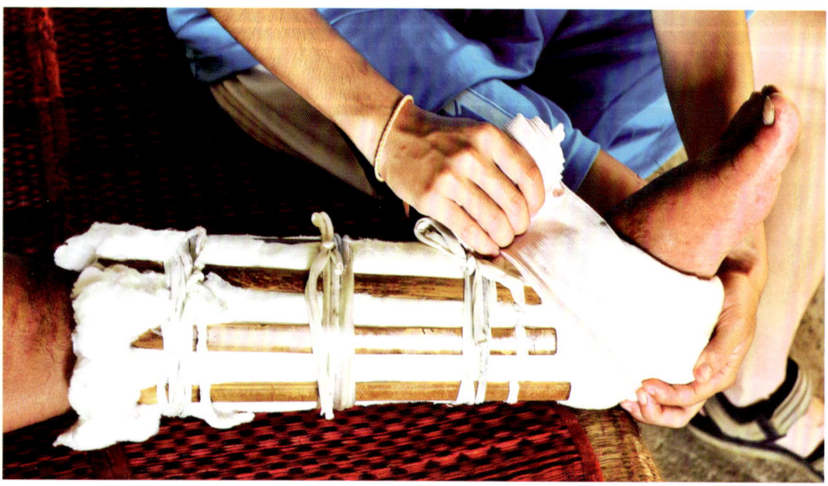

求生小贴士

地震后，那些被埋压在室内的人员要尽可能地向有空气和水的方向靠近，保持镇静，留存体力，等待救援。

应对余震及次生灾害

余震是指在主震发生后的一段时间里继续发生的“小地震”，余震一般在主震的同一地方发生。通常情况下，余震的强度要比主震小得多，但持续时间甚至可达几天到几个月。为了减少意外伤害的发生，余震时需到空旷的地方去避震，也可随时关注预警信息进行防震。

次生灾害是指直接灾害发生后，破坏了社会环境和自然环境下原有的平衡或稳定状态。通常情况下，地震会引发火灾、水灾、山体滑坡和崩塌、瘟疫等次生灾害。

1 火灾

地震引发的火灾多是由炉具倾倒和损坏、电气设施损坏、烟囱严重损坏、易燃易爆物体爆炸或燃烧等造成的。当发生火灾时，要第一时间组织抢救，同时迅速向安全地带转移。

2 水灾

地震引发的破坏力最强的水灾就属海啸了。地震时海底地层发生断裂，出现猛烈上升或下沉的现象，造成大幅度的海水异常运动，即形成地震海啸。

平时做好防震检查，及时加固堤坝。突发险情时，迅速转移至安全处。

3 山体滑坡和崩塌

这类灾害多发于山区或塬区。由于地震的强烈振动，山崖或塬坡发生崩塌或滑坡。地震引发的山体滑坡和崩塌虽然是局部的，但其具有极强大的毁灭性。

在遭遇山体滑坡和崩塌时，要迅速远离水道，避免被石块砸伤。

4 瘟疫

由于地震的强烈振动，水源、供水系统等遭到破坏或受到污染。重灾过后呈现一片废墟，各类生活措施都被摧毁，生活环境严重恶化，所以极易形成流行疫病。

此外，地震造成的人畜死亡，如果尸体不能及时被处理，就会滋生病菌，甚至形成瘟疫。

求生小贴士

如果发生第一次地震后已被埋压在地下，随着余震的发生，处境可能会持续恶化。为了免予更多的伤害，要尽可能地改善自己所处的环境，将头、胸部的杂物移开，保持呼吸畅通，同时避开身体上方不结实的倒塌物易落的部分。

Part 2

暴雨天气的逃生技巧

本章看点

认识暴雨天气

暴雨天气到来的前兆

暴雨天气的防御及逃生

认识暴雨天气

暴雨天气的形成

暴雨是气象灾害中经常发生的灾害之一。暴雨往往导致洪涝灾害和严重的水土流失。暴雨的形成原因非常复杂，从宏观的物理条件来说，兼备源源不断的水汽、强盛持久的气流上升运动以及大气结构的不稳定 3 个条件。

一般情况下，暴雨自积雨云中落下。积雨云的体积庞大，虽然单块的积雨云单位平均水平范围只有 1~20 千米，但多个积雨云组合排列起来，就会形成 100~200 千米宽的雨带。积雨云中上升气流非常强烈，垂直速度可达 20 ~ 30 米 / 秒（最大可达 60 米 / 秒），比台风的风速还要快。在强烈的上升气流中，云内的水滴不断增大，当上升气流托不住水滴时，水滴就会急剧地降落到地面上。

我国暴雨的水汽大多来自偏南方向的南海或孟加拉湾、偏东方向的东海或黄海。暴雨出现的时间相对集中，华南地区 4~6 月是暴雨多发季节；长江中下游地区 6~7 月间是暴雨多发季节；7 ~ 8 月是北方各省的主要暴雨季节；8 ~ 10 月雨带又逐渐南回。由于受夏季风的影响，我国暴雨出现的时间及雨量的分布从东南向西北内陆递减，且山地多于平原。

求生小贴士

日常生活中可多注意收听天气预报，尤其是在暴雨多发的地区。当得知暴雨即将来临时，一定要提前做好防范措施，避免意外发生。

暴雨天气的危害

暴雨天气的危害主要有渍涝危害和洪涝灾害两种。

1 渍涝危害

大范围集中性的暴雨雨量大而急，排水不及时很容易造成积水成涝。如造成城市积水，尤其是一些道路冲断等现象。此外，暴雨还会给农作物带来毁灭性的伤害。土壤的孔隙会被水充满，使一些陆生植物根系的生理活动受到限制，农作物新陈代谢难以正常进行，从而导致农作物减产或死亡。

2 洪涝灾害

暴雨除了会将农作物淹没外，巨大的雨量可能还会引起山洪暴发、河流泛滥等洪涝灾害。

尤其是连续降雨（大暴雨甚至特大暴雨）数天的区域，累计雨量达到400~500 毫米，往往会造成更为严重的洪涝灾害，并衍生出山泥倾泻、山体滑坡等次生地质灾害。

求生小贴士

暴雨期间尽量不要外出，如果必须外出时，一定要绕过积水严重的地段，避免滑倒溺水或误踩入下水井中。

暴雨天气到来的前兆

人体的反应

暴雨之前人体也会出现异常反应。

（1）呼吸系统功能不好（哮喘）的人会出现胸闷、气短等症状。这是因为夏季暴雨前通常气压会降低、空气中水汽含量高，致使空气中的含氧量降低。

（2）身上有大面积疤痕的人会在暴雨前夕，在疤痕处滋生发痒、麻痛之感。

（3）暴雨之前，受过伤的关节会出现疼痛感，一些患有风湿的患者也会出现关节酸痛感。

（4）暴雨前夕，空气湿度大、气压多变，人体的植物神经和内分泌系统的调节功能可能会出现异常，引起胃酸分泌不正常，出现功能性肠胃炎、夏季急性肠道传染、腹泻等。

求生小贴士

暴雨天气温差较大，很容易诱发感冒、发烧等疾病，所以暴雨天气一定要记得添加衣服，做好保暖工作有助于提高身体免疫力和抵抗病毒的能力。

动物的反应

在自然界中，很多动物和昆虫为了生存而不断适应环境变化。在不断进化的过程中，它们对天气变化形成了非常敏感的反应能力。所以在暴雨来临前，通过观察动物们的反常行为也是辨别天气的一个好方法。

暴雨天气前动物的反常表现	
燕子	燕子低飞，代表会下雨
蜻蜓	大雨来临前，蜻蜓会低飞，甚至会贴于地（水）面飞行
蚯蚓	蚯蚓跑到地面爬行，代表会下雨
青蛙	青蛙叫鸣不停，代表会下雨
鱼	鱼儿跃出水面，通常代表会下雨
蛇	蛇会在下雨前从低洼地点转移到高处

求生小贴士

除了观察自然现象和动物习性辨别天气外，最好应该在临行前多关注一下天气预报，大多危害性比较大的自然灾害都会提前发出预警。

看云识雨

天上的云姿态万千，变化无常。不同形态的云代表了不同的气象现象，通过观察云可以识别阴晴风雨，预知天气变化。俗话说："天上无云不下雨，雨多降自于云中。"但是，并不是所有的云都预示着要下雨。人们在长期的分析观察中，掌握了一些云和雨的关系，通过观云来预测识雨。

看云识雨的预测方法	
积云	蓬松、洁白，形似棉花。积云如果是朵朵分开的，代表好天气；如果成片出现，代表着即将下暴雨
高层云	云彩颜色灰蒙、模糊可见，如果云朵越来越厚越暗，代表着要下雨
积雨云	云彩颜色暗沉，多由低空出现，代表着将出现大雨、强风、雷鸣和闪电
雨层云	颜色灰暗，如果在天空中迟迟不动，就代表着不超过 5 个小时会下雨
卷层云	像是白云的纹路，如果卷层云扩展，那么是晴天；如果卷层云变小，代表着要下雨

求生小贴士

通常情况下，当积雨云变得浓厚时，就要做好防雨、防山洪、防雷击等灾害的准备。

关注牢记气象预报

渍涝、洪涝灾害的发生大多是因为防御工作做得不够，气象预报是暴雨预警的最常用方式。

暴雨预警分为蓝色、黄色、橙色、红色信号 4 级。根据气象预报发出的预警等级进行相应的防御准备，就可以降低山洪、滑坡等意外的发生。

暴雨预警的形成标准	
蓝色预警	12 小时内降雨量将达 50 毫米以上；或降雨量达 50 毫米以上，同时伴有持续性降雨的可能
黄色预警	6 小时内降雨量将达 50 毫米以上；或降雨量达 50 毫米以上，同时伴有持续性降雨的可能
橙色预警	3 小时内降雨量将达 50 毫米以上；或降雨量达 50 毫米以上，同时伴有持续性降雨的可能
红色预警	3 小时内降雨量将达 100 毫米以上；或降雨量达 100 毫米以上，同时伴有持续性降雨的可能

求生小贴士

天气突变时，要注意观察停留周围的情况，一旦发现有涨水、突发泥石流等迹象，要立即逃到安全地方。

暴雨天气的防御与逃生

山洪暴发时的逃生法

山洪暴发是最常见的雨后灾害之一。暴雨过后水势上涨，水流积累到一定量便会决堤崩塌。洪水暴发后不仅会淹没沿途（地势较低）的房屋、道路交通等，还可能造成大量人员伤亡。那么山洪暴发时要如何自救呢？

1 做好山洪暴发前的防御工作

1）观察周围的环境

即使采取了相对完备的预警措施，山洪依然可能会爆发，这就需要我们通过观察附近的反常事物和现象来时刻保持警觉，保护自己。

（1）气味

注意观察空气中气味的变化，泥浆和雨水都有可辨别的“土腥味”，一旦出现这个味道，就要警觉起来。

（2）水面

仔细观察水面有无异常，如水位是否突然增长或流速加快；水面上的漂浮物是否突然增加，且多是松果、松针、树叶或树枝。

如果河面突然出现上述变化，通常就意味着上流流域已经爆发了洪水。

（3）声音

规模较大的山洪在爆发前，会发出像雷声一样的巨吼声，尤其峡谷具有一定的回声性，所以靠声音也可判断出山洪是否已经来临。

2）提前制定撤离路线

最好事先设计好撤离路线，明确某一个地区一旦有洪水，应往何处撤离。以避免突遭意外时盲目逃生。

3）去高处等待救援

在野外遇到洪水来势比较凶猛，无法及时撤离时，要尽快转移到高地或者山坡等高处，等待救援。

4）准备一些饮用水

在遇到洪水暴发时，需要准备一些饮用水，将其装在密闭性较好的容器中，以避免在逃生的过程中水漏掉或被污染。

5）制作求生宝箱

在野外活动时，最好提前做一个求生宝箱，应在工具箱内准备手电筒、口哨、镜子等物品，这些将有利于在必要时紧急发送求救信号。

2 掌握正确的逃生方法

1）向上逃跑

不要顺泥石流沟向上游或向下游跑，也不要停留在凹坡处。如果已被洪水包围，那么就应该发送紧急求救信号，以报告自己的方位和险情，积极寻求救援。

假如已陷入洪水之中，并且离无水处较远，周围又没有可以进行援助的他人或者船舶，那么首先要保持镇定。尽量抓住水中漂流的木板、箱子、衣柜、树木等体积比较大的依附物，来寻找逃生机会，不要盲目游动，以免体力消耗殆尽。

2）不要轻易涉水过河

千万不要轻易涉水过河，这是很危险的。假如只有过河是最佳的逃生方法，那么尽可能找到桥，从桥上通过。假如没有桥必须涉水才可以通过时，尽量寻找到一些宽广的水域通过。通常情况下，溪面宽的地方水深最浅。在未涉水之前，要先选择一个最佳落脚点，站稳后，用竹竿或木棍试探将要出发的前路，在走之前一定要先扶稳竹竿，然后向反水流方向前进。

3）制作简易救生筏

在没有救生船的情况下，可以用一些木板之类的物品做一个简易救生筏。但需要注意的是，乘木筏也是有一定危险的，一遇上汹涌洪水，很容易翻船，这对于水性不好的人往往是很危险的。所以在爬上木筏之前一定要试验好木筏的浮力。假如实在是难以制作木筏，也可以临时爬上大树避洪。不管是哪种方法，都要尽可能地利用周边任何可以逃生的工具。

4）借用绳子

如果处于树木密集的地区，洪水还没有完全将身体淹没前，可考虑用绳子逃生。首先需要找到一根比较结实且足够长的绳子（还可利用身边的床单或衣物，将其撕成布条代替）。先把绳子的一端拴在一个较牢固的地方，然后牵着绳子走向最近的一棵树，将绳子在树上缠紧，再继续走向下一棵地势较高的树上，就这样一直到将自己转移到地势较高的地方。

求生小贴士

山洪流速急、涨势快，所以在遭遇山洪时，尽量不要轻易游水转移，以防被猛烈的山洪冲走。

被卷入洪水中的自救法

如果突然爆发了山洪，还未来得及提前撤退就被卷入洪水中，也不要惊慌，掌握正确的自救方法，也可以最低限度地降低山洪带给我们的危害。

（1）如果已经被卷入水中，要尽可能地抓住相对固定或漂浮力比较强的物品，避免被洪水冲走或下沉。

（2）如果不幸被洪水冲走了，也不要惊慌，尽量使自己采用保护性的泳姿。即仰卧在水中，背部向下，脚底朝向下游方向，头上最好可以戴着头盔，这可以保护头部不受到水中其他漂浮物的伤害，这个姿势可以增加生还的机会。

（3）如果与他人同落入水中，最好能聚集到一起，可以相互鼓励和帮忙，切勿只身游水转移，以免发生意外。

（4）如果已经被洪水包围，要设法向外发出求救信号，如拨打 110 或 119，准确报告自己的位置，积极寻求救援。

求生小贴士

突发山洪时，如果正处于溪岸、土坎等低洼处，要第一时间与外界取得联系，发出呼救信号。同时要尽可能利用船只、木排、门板、木床等漂流物，保存体力，等待救援。

逃离泥石流

在山区如果连降大雨，很容易引发山洪和泥石流。相较于洪水而言，泥石流的搬运能力强、浮托能力大，更具侵害性。为了减少意外的发生，必须做好切实的防范工作以及各种应对措施，做到险中求生。

1 预防泥石流的方法

1）尽量远离泥石流多发地

在野外选择住所时，必须找到一个远离山谷、峭崖和沟壑的地方，尽量选择一些高且平坦的地理位置。在建造之前还要仔细观察，营地上方是否有滚石、滚木等物，也不要在泥石流多发地建营。

2）阴雨天气不要贸然上山

在一些阴雨天气，尽量不要贸然上山。如果在山上的时候突然下雨，要尽可能地以最快速度下山。

3）关注天气预报

临行前最好实时掌握、了解当地的气象趋势及灾害预警信息，提前做好防范。一旦发出暴雨预警，尽量取消行程。

4）保持警惕

如果在暴雨过后（或暴雨过程中），突闻类似连续雷声的异常响动，同时看到石块、杂物纷纷飞落，通常说明泥石流要马上发生了，要尽快逃生。

求生小贴士

携带的服装不妨略有剩余以求有备无患。

2 遭遇泥石流时的求生方法

1）避开水道，往两侧跑

一旦发现有泥石流迹象，应立即跑至沟谷两侧的山坡上或高地上，避开水道，千万不能顺沟向上或向下跑动。

2）寻找最近的庇护物

如果已经来不及躲避水道，要立刻找到周围坚硬的大岩石块，并蹲下。一些体积较大的大岩石块能挡住快速滚落的碎石，我们可以利用这些岩石进行庇护，以免被砸伤。另外，也可以迅速跑到一些树林密集的地方，这些树木将会阻碍碎石滚落，从而将其减速，这样会大大减少受伤害的程度和可能性。

3）保持呼吸畅通

如果不幸被卷入泥石流中，也不要惊慌失措。身处于泥石流中时，要尽量划动自己的四肢，时刻保持头部露在外边以保证顺畅呼吸，一定要注意保护好头部，以免受伤。

4）保持体能

如果因泥石流而受伤，暂时脱离不掉险境的，也不要因为急躁而盲目行动，应该尽可能地控制好自己的情绪，降低身体能量的消耗。可以利用石块敲击一些能发出声响的物体，以此向外发出求救信号，等待救援人员到来。

5）抢救伤者

如果同行的人被卷入泥石流中被受伤，要采取正确的救治方法。

①将陷入泥石流危害的人救出后，应立即清除其口、鼻、咽喉内的各种异物，排净其体内的污水；

②将伤者受伤部位固定包扎起来，避免伤口流血过多；

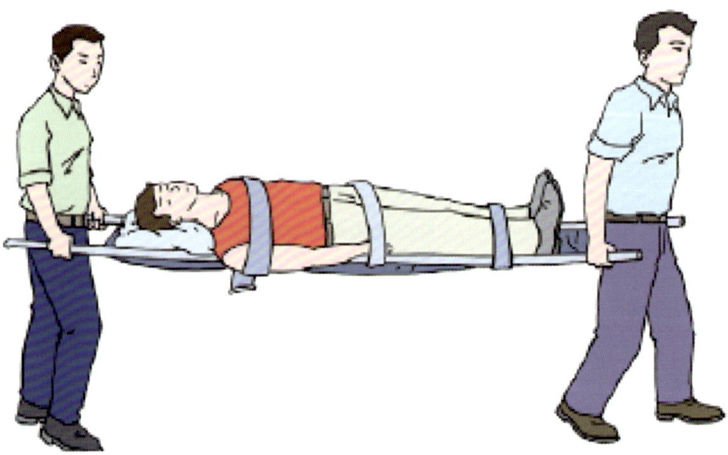

③对于已经陷入昏迷的伤员，让其仰卧在平地上。头部微微后仰，将其舌头牵出，尽量保持呼吸道的畅通，然后对伤口进行适当的包扎处理。

伤情严重时，不主张自主对伤者进行救治，而是在仔细查看伤情后，第一时间拨打求救电话。

求生小贴士

如果在行进途中，突遭大雨，需立即停止前行，估计下雨量。如果已经有爆发泥石流的迹象，要即刻就近寻找适合的路径逃生。

远离山体滑坡

山体滑坡也是雨后灾情的一种，属于泥石流的“加强版”。山体滑坡会造成一定范围内的财产损失和人员伤亡。那么如果突遇了山体滑坡，要采用哪些应急方法呢?

1 保持冷静

当遭遇灾害时，理智的处理态度非常重要。茫然无措或者慌乱无章不仅浪费时间，而且还可能做出错误的决定，让事态恶化。

2 向安全地段撤离

与泥石流和山洪的逃跑方向一样，突遇山体滑坡时，要向两侧跑。向下或者向上跑都是非常危险的。

当遇到无法跑出的滑坡灾害时（高速滑坡），如果滑坡呈整体滑动的迹象，要立即停止前进和活动，抱住大树等稳固物，也算是一种有效的自救方法。

3 向外求救

一旦发现了可疑的滑坡活动，即使还未发生，也应立即拨打 110 或 120 求救。因为山体滑坡极易造成人员伤亡，第一时间寻求急救中心的援助也是非常重要的自救方法。

求生小贴士

为了避免意外的发生，雨季（特别是雨季的夜晚）尽量不要在滑坡多发区逗留。

溺水时的救护

溺水最主要的表现是窒息。程度轻的会面色苍白、头痛、咳嗽、咳粉红色泡沫痰、呼吸急促以及胸痛。严重者伴有昏迷、面色青紫、口腔和鼻腔充斥着血性泡沫样液体或泥污、四肢冰冷、烦躁不安或抽搐。溺水会严重危害到生命安全。为了避免意外的发生，就需要掌握一些溺水的救助技巧。

1 溺水的自救与救护技巧

1）不熟悉水性时的自救法

对于不熟悉水性的人来说，在落水后千万不要惊慌。切勿将手臂上举、腿脚在水中乱扑动，这种方法只会使身体下沉得更快。

正确的做法除了大声呼救外，还应采取正确的自救姿势。即取仰卧位，头部向后仰，使面部（口、鼻）尽可能大面积地露出水面呼吸。在水中呼吸的方式与陆地上不同，呼气要浅，吸气要深。因为深吸气时，人体大多情况下身体会浮出水面。

2）救助他人

发现同伴落水后，应迅速游到溺水者附近，观察清楚当前情势，最好在溺水者后方出手救援。面对面救援时，很多溺水者会本能地用力向下拉拽施救者，使救援难度剧增。也可向水中投入木板、救生圈、长杆等物品让落水者攀扶上岸。

2 溺水者急救方法及步骤

1）清除口、鼻中的杂物

上岸后，应迅速将溺水者的衣服和腰带解开，擦干身体，清除口、鼻中的淤泥、杂草、泡沫和呕吐物，使上呼吸道保持畅通。如有活动假牙，应取出，以免坠入气管内。

2）清理喉部异物

如果发现溺水者喉部有阻塞物，可将溺水者脸部转向下方，在其后背用力一拍，将阻塞物拍出气管。

如果溺水者牙关紧闭，口难张开，施救者可在其身后，用两手拇指顶住溺水者的下颌关节用力前推，同时用两手食指和中指向下掰其下颌骨，将口掰开。为防止已张开的口再次闭上，可将小木棒放在溺水者上下牙床之间。

3）控水

在进行上述处理后，应着手将进入溺水者的呼吸道、肺部和腹中的水排出，这一过程就是“控水”。常用的方法有膝顶法、肩顶法以及抱腹法。

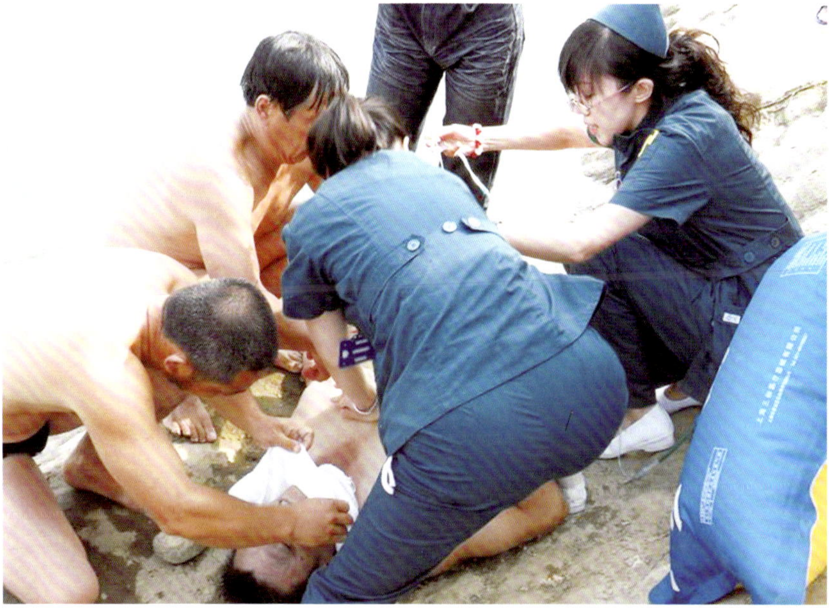

控水的操作步骤	
膝顶法	让溺水者取俯卧状，把腹部垫高或者横放在急救人员屈曲的膝盖上，让溺水者头部下垂，使胃内与肺内的积水排出
肩顶法	施救者紧抱住溺水者的双腿，把溺水者的腹部放在施救者的肩膀处，使其头胸部下垂。施救者快步抖动溺水者身体，使积水排出
抱腹法	施救者从后面双手抱住溺水者的腰腹部，使溺水者背部向上，头胸部下垂，用力挤压腹部，使积水排出

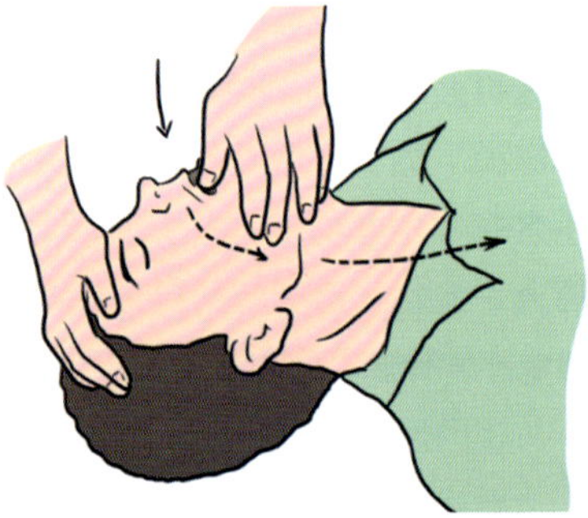

4）人工呼吸

人工呼吸是使溺水者恢复呼吸的关键步骤，应不失时机尽快施行，且不要轻易放弃努力，应坚持做到溺水者完全恢复正常呼吸为止。对呼吸已经很微弱或者已经停止呼吸的溺水者，要马上进行人工呼吸（具体操作方法此处不再赘述，可参照 Part7 险境急救技巧　人工呼吸法）。

5）心肺复苏

将溺水者救上岸后，如发现溺水者的心跳已停止或极其微弱，则应立即施行胸外心脏按压。胸外心脏按压与人工呼吸的配合施行，是对尚未出现真死现象的溺水者做最后的生命挽救，使其恢复自主心跳与呼吸的重要手段（具体操作方法此处不再赘述，可参照 Part7 险境急救技巧　心肺复苏法）。

6）寻求专业救治

现场只是简单处理，做完简单救治后不管效果如何，都应立刻将溺水者送往医院，交给专业人士进行后续治疗。如果是自主将伤员送往医院，在途中也要持续对溺水者进行心脏按压和人工呼吸等抢救措施。

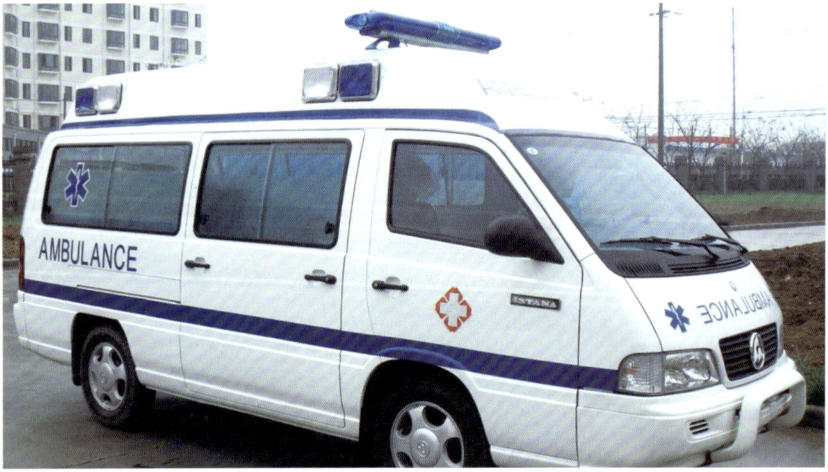

求生小贴士

人工呼吸吹气力量的大小，要根据不同伤者的具体情况而定。一般吹气后，伤者的胸廓出现微微的隆起最为适宜。

暴雨雷电天气的逃生法

在野外行进过程中，一旦突遇了暴雨雷电天气，就需要具有应对山洪、泥石流、雷击等灾害的技巧和逃生方法，只有这样才能保障自身的生命安全。那么，在暴雨雷电天气该如何进行防护与逃生呢？

1 远离容易引雷的物体

在遇到雷雨天气时，远离电线、树木等容易引雷的物体。如果来不及躲避这些物体，应立刻找些干燥的绝缘物放在地上，并将双脚合拢坐在上面。

切记不要将脚放在有雨水的地上，因为雨水也可以导电。

2 不要在水面和水边停留

看到乌云密布，雷雨天气即将来临时，要迅速离开湖泊、河流等开阔水域。立即停止游泳、冲锋舟等水上活动。因为水面易遭雷击，如果在水中若受到了雷击的伤害，很容易增加溺水的危险。

3 除去身上的金属饰品和项链

如果在雷雨天气，头发竖起，身体部位有蚂蚁在爬动的触感，就说明雷击即将发生。这时需要立刻将身上的项链、手表、发卡等金属饰品除去，降低这些物品传电的危险。然后立即蹲下来，身体前倾，缩成一团，尽量减少在雷雨中的身体面积，注意千万不要平躺在地上。

4 做出保护性姿势

在发现闪电后很快就能听见雷声，说明雷雨即将来临。这时应停止行走，两脚并拢并立即下蹲，双手环膝，胸口紧贴膝盖，并且尽量低下头部，注意保护好头部，因为头部是最易遭到雷击的身体部位。

5 雷击后的处理方法

被雷电击伤后，有可能会发生起火、烧伤或者晕死等情况，了解掌握雷击后第一时间的应急处置办法，对挽救生命至关重要。

（1）昏厥

雷击发生后，伤者丧失意识、呼吸心跳骤停，这时应首先呼叫 120，并抓紧时间对其进行现场心肺复苏（操作步骤详见 Part7）。一般抢救时间不得少于 60 ~ 90 分钟。直到使伤者恢复呼吸、心跳，或确诊已无生还希望时为止。

（2）着火

假如因为雷击导致衣物着火，千万不要因惊慌到处奔跑，这样会使火烧得更加旺盛。此时应该立刻躺下，并且就地打滚，或跳到水洼或水池中，及时熄灭身上的火。

（3）烧伤

烧伤后要及时将烧伤的部位放在流动的水里冲洗或放在大盆凉水里浸泡。用冷水来降低局部温度，减轻创面疼痛，一般为 1 小时左右。如果手上被烧出水疱，不要弄破，也不要撕掉疱皮，以减少创面受感染的概率。用干净的被单或者布料包裹保护创面，然后尽快送医。

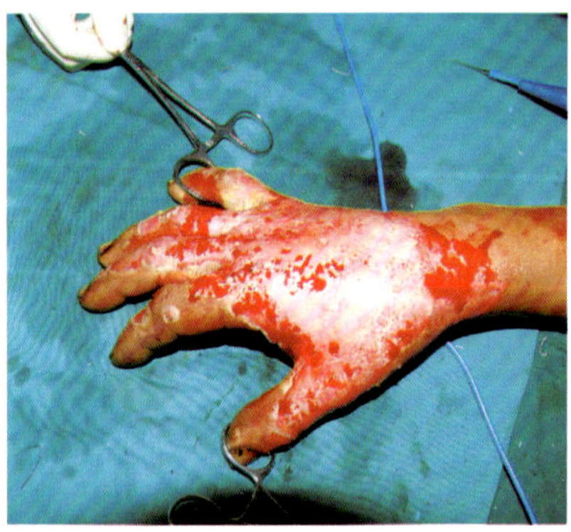

求生小贴士

遭遇暴雨雷电天气时，切勿在雨中狂奔，因为身体移动幅度越大，电压就越大，也更容易受到雷击伤害。

暴雨冰雹天气的逃生法

极端的暴雨天气有时还会引发冰雹。暴雨夹杂着冰雹，其危害性可想而知。为了降低暴雨冰雹造成的伤害，可以在临行前掌握了解躲避冰雹的方法，详细介绍如下。

1 预防暴雨冰雹的方法

1）关注天气预报

临行前最好实时掌握、了解当地的气象趋势及灾害预警信息，提前做好防范。一旦发出暴雨预警时，尽量取消行程。

2）通过天气变化提前做好预防

一般情况下，在冰雹来临之前，可以通过天气变化得出预警。只要及时了解天气发出的预警，就可以采取措施，预防冰雹。

冰雹来临前的异常气候表现	
空气湿度	一般要下冰雹天气，清晨时空气湿度相对比较大，感觉凉爽
风向	一般要下冰雹天气，会出现大风的迹象，并且风向变化尤为剧烈
观察云的状态	一般要下冰雹天气，云将会出现白、黑、红混乱的状态，变化多端。云块变化极快，云层上下翻滚
听雷声	一般要下冰雹天气，都会具有沉闷且连续不断的雷声
看闪电	一般要下冰雹天气，都会出现横闪现象，通常出现在云块之间

2 暴雨冰雹的防御方法

1）寻找安全庇护地点

突遇冰雹时，应马上寻找就近可以躲藏的地方，但需是坚固的建筑物。冰雹的高强度破坏力很容易将一些简易帐篷等毁坏。

2）用衣服遮挡头部

当冰雹来临时，如果没有适合的安全庇护场所，需以最快的速度将衣服脱下，顶在头上，保护好头部和颈部等重要的身体部位。

3）避免大幅度的活动

在冰雹发生时，尽量不要再大幅度地活动。尤其要禁止弓背弯腰直接跑，这样冰雹很可能会砸伤背、颈等重要身体部位。

4）警惕其他灾害

大多数情况下，冰雹会伴有狂风暴雨等极端天气，在躲避冰雹的同时还需特别注意预防及躲避其他险情。

求生小贴士

尽量不要使用棉被来躲避冰雹。虽然棉被很厚，但这也恰恰是棉被的不利之处。因为在下冰雹时，通常会伴随着雷雨，棉被被雨水浸湿，重量就会增加很多，往往在很大程度上不利于逃生。假如只有棉被可以使用，那么尽量将它叠好再放在头上紧紧顶住。

雨后浓雾的应对方法

暴雨后很容易出现大雾，尤其是在热带雨林或者山区中。大雾虽然不像海啸、泥石流等自然灾害一样具有杀伤力，但同样会给出行带来不便。那么，遭遇大雾时，我们该做些什么呢？

1 捂住口鼻

大雾具有非常强的吸附能力，空气中的粉尘会刺激人的敏感部位，从而诱发一些疾病。所以遇到大雾时，首先要用围巾、毛巾等物品捂住口鼻。

2 中断计划

大雾天的能见度非常低，因为看不清路况，易使自己失足落入危险之中。为了避免意外发生，最好中断行动计划。

3 找一个安全的地方“等雾走”

停止行动后，尽量观察周围的地形地貌，寻找一个相对安全的地方停下来。既可以保存体力，也能避免意外。

4 迷路求救

大雾天气的能见度低，所以身在野外很容易陷入迷失方向的困境。可以利用无线电波传播信号的方法求救。因为无线电波的频谱非常宽广，一般情况下在中波、短波等常用的频谱内，雾天不会产生影响。

求生小贴士

遇到大雾迷路又与外界无法联系时，最好不要乱跑，原地等待救援，或等雾散去一些后，爬到相对较高的位置来观察当前的地势，如果实在无法辨别方向，就通过高空观察找一个有路的地方作为行走方向。

Part 3

火场的逃生技巧

本章看点

- 认识火灾
- 火场逃生自救法
- 灾后救治

认识火灾

火灾的形成

在各种灾害中，火灾是最常见、最易威胁公共安全的灾害之一。

1 火灾的分类

2008 年推出的《火灾分类》将火灾根据可燃物的类型和燃烧特性分为了以下六大类。

1）A 类火灾

特指如木材、棉、毛、麻、纸张（及其制品）等固体物质燃烧的火灾。

2）B 类火灾

特指如汽油、煤油、柴油、原油、甲醇、乙醇、沥青、石蜡等液体火灾或可熔化固体物质燃烧的火灾。

3）C 类火灾

特指如煤气、天然气、甲烷、乙烷、丙烷、氢气等气体燃烧的火灾。

4）D 类火灾

特指如钾、钠、镁、钛、锆、锂、铝镁合金等金属燃烧的火灾。

5）E 类（带电）火灾

特指带电物体燃烧的火灾。

6）F 类火灾

特指烹饪器具内的烹饪物（如动植物油脂）燃烧的火灾。

2 引发火灾的常见原因

引发火灾的原因有很多，除了雷击、物质自燃等自然因素外，人为引发的火灾同样是发生火灾的一大诱因。为了避免火灾的发生，就应该提高消防意识，做好安全用火防范措施。通常来说，引发火灾的原因有以下几大类。

1）用火不慎

大多数人为引发的火灾都是由用火不慎引发的。人们在日常生活中缺乏对用火安全制度的遵守和重视，尤其一些不良生活习惯极易引发火灾。

此外，儿童、老年痴呆症患者、智障以及精神疾病患者等缺乏认知能力的人群，在使用火柴、打火机等引燃物时，操作不慎，也极易引发火灾。

2）电器火灾

随着家用电器的品类越来越多，在方便了人们生活的同时，也增加了引发电器火灾的危险。尤其是一些违规产品，或电线老化和超负荷用电等不正确操作方法，都在无形中加大电器引发火灾的隐患。

3）违反安全操作规定

不恰当使用电气焊、烘烤装备、化工生产等，同样会引发极其严重的火灾。所以在使用这类设备时，要时刻谨记远离易燃物、2人（或以上）进行监管。尤其是化工生产时，一定要避免投料差错和混入杂质而产生剧烈反应，在这类相对危险的操作环境下，小小的失误都可能会带来极其严重的后果，除了人力难以扑灭的火情外，往往还伴随剧烈爆炸。

4）放火

多指人为纵火、蓄意制造火灾的行为。

5）吸烟

一些具有吸烟习惯的人，没能合理地处理未熄灭的烟头，或吸烟者直接卧床吸烟而引发火灾。

求生小贴士

为了减少火灾的发生，一定要遵循以下几点：不在建筑物内和易燃易爆物品旁焚烧杂物；不乱接电源超负荷用电；不躺在床上吸烟或用灯泡取暖；不将氧气、氢气等易燃易爆气体混放在一起等。

火灾的危害

火灾属于一种破坏性强的灾害，任何原发性的灾害到最后可能都会引发成火灾，如地址、龙卷风等。失去控制的蔓延大火会烧掉人类经过辛勤劳动创造的工厂、仓库、房屋、各类建筑以及大量生产生活资料等物质财富，一定程度上影响着人们的正常生活和社会经济的发展。

除了给人们带来麻烦外，火灾还会严重污染大气层，破坏生态环境，夺去许多人的生命和健康，造成难以消除的身心痛苦。

根据2007年公安部下发的《关于调整火灾等级标准的通知》，火灾灾情等级分为以下几类。

1 一般火灾

一般火灾是指造成3人以下死亡，或者10人以下重伤；同时造成1000万元以下直接财产损失的火灾。（注：“以上”包括本数，“以下”不包括本数。下同。）

2 较大火灾

较大火灾是指造成 3 人以上 10 人以下死亡，或者 10 人以上 50 人以下重伤；同时造成 1000 万元以上 5000 万元以下直接财产损失的火灾。

3 重大火灾

重大火灾是指造成 10 人以上 30 人以下死亡，或者 50 人以上 100 人以下重伤；同时造成 5000 万元以上 1 亿元以下直接财产损失的火灾。

4 特别重大火灾

特别重大火灾是指造成30人以上死亡，或者 100 人以上重伤；同时造成 1 亿元以上直接财产损失的火灾。

求生小贴士

在面对火灾时，被困人员一定要保持镇静，不盲目地胡乱逃窜，应根据实际情况选择正确的逃生方法。

火场逃生自救法

火场逃生的应急自救法

如果在野外不幸遭遇了火灾，该如何进行有效的自救呢？

1 冷静面对

发生火灾时，努力使自己冷静下来，分析当前火势，做出正确的应对决定。

2 扑灭火源

判明火势，如果火势较小，且离水源较近，可立即取水灭火。如果周围没有水源，也可以用衣服和沙土等将燃烧物盖住，将氧气隔离灭火。如果火势已不能控制，就不要再试图救火，而是选择正确的逃生路线开始逃生。

3 选择正确的逃生路线

如果发生火灾时处于半山腰，切忌往山上跑，而是要快速地向山下跑。因为火势向上蔓延的速度要比人跑的速度快得多。

如果不幸被火包围，不要慌不择路、四处乱跑，注意观察周围地形以及风向。通常来说，最好选择顶风路线，因为顺风时，大火会随风向而动。在穿越火场时要尽量用水把全身弄湿，遮住口鼻。

4 寻找天然防火带

逃跑出火圈后，最好去寻找一条天然防火带进行躲避。一般来说，开阔的平地和河流都是不错的选择。

5 正确灭掉身上的火

假如因为雷击导致衣物着火时，千万不要到处奔跑，会使火烧得更加旺盛。此时应该立刻躺下并且就地打滚，或趴到水洼或水池中，及时灭掉上身的火，使火焰不致烧伤面部，或因呼吸道被烧伤而窒息死亡。

求生小贴士

在察觉到发生火灾时，可通过触碰房门来判断火势的大小。通常来说，如果房门已经变热，一定不要贸然将门打开，这种做法很容易招致火苗和浓烟。如果房门还不算热，证明火势很可能还不是很大，完全可以通过正常的途径逃离房间。

烟雾弥漫中的逃生法

火灾伴随着滚滚浓烟，浓烟会阻隔我们的视野和判断逃生的方位。那么在烟雾弥漫的情况下，该如何进行正确的逃生呢？

1 冷静面对

发生火灾的第一时间一定要让自己冷静下来，尽快判断火灾起源在

哪儿、燃烧的是什么、蔓延速度快慢、有没有可能灭火、有没有可能逃生等关键问题。

2 及时撤离

研判完火情后，能逃跑，要立即逃跑。逃跑时，防烟是第一位的，最好用湿毛巾捂住口鼻，半蹲着跑出。如果身上有易燃物品，要尽量将其脱掉，减少被粘连燃烧的可能。

3 借助绳索

如果被困地烟雾太浓，无法准确判断逃跑方位。可在火势还不够猛烈时，迅速撤离到窗边，想办法借用绳索等，转移到临时安全地点。

4 向外界求助

在被困时，要积极主动地与外界联系，告知当前火情及被困的准确位置，以便尽早获救。

求生小贴士

在浓烟中逃生，眼睛会因烟的刺激，导致刺痛而睁不开，还可能会吸入大量浓烟导致昏厥或窒息。为了应对这种情况，可以就近寻找一个塑料袋，用其将整个头部罩住，伺机逃离火海。但注意这种方法不适用于离火源近的情况，火势较大时，还需借助湿毛巾等物品捂住口鼻。

身上着火的逃生策略

突发火灾逃生时，如果身上不幸着火该怎么办呢？

1 正确做法

①立即将着火的衣物脱掉，将其浸入水中或用脚将火踩灭；

②如果已经来不及将衣物脱掉，需立即卧倒在地上，来回滚动，将身上的火苗压灭；

③如果着火时身在野外，可立即跳入附近的水沟或水塘。

2 错误做法

1）快速逃跑

很多人在发现自己身上着火后，会下意识地奔跑，这种做法是错误且非常危险的。因为人一旦开始跑动，会加快空气对流而使火势燃烧得更加猛烈。而且这种做法还会将火种带到别的地方，扩大火势。

2）灭火器直接灭火

灭火器具有强大的灭火功能，但它绝不适合喷灭人身上的火。因为灭火器中的药剂成分会引起烧伤的创口感染。

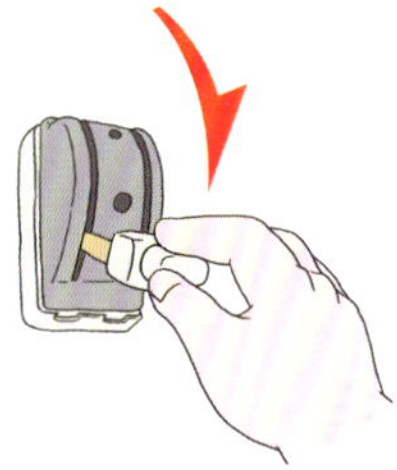

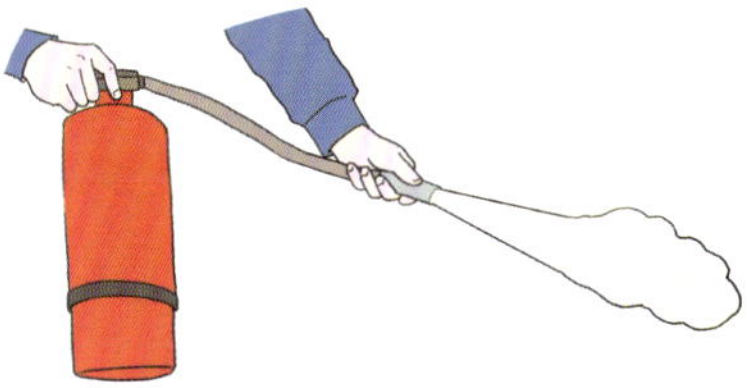

求生小贴士

如果身上不幸着火，可在火场周围寻找水池、水缸等蓄水较多的地方，直接跳入其中将火熄灭。

车内着火的逃生策略

每年的夏季时分都是汽车着火的高发季节，因为室外的温度较高，促使车内和轮胎温度升高并膨胀燃烧。那么车内发生火灾时该怎么办呢？

车内发生火灾时，一般有普通汽车和客车两大类，下面分别进行介绍。

1 汽车内逃生方法

（1）如果汽车在行驶过程中突发火灾，应迅速停车，切断电源，取下随车灭火器，对准着火的部位进行正面猛喷，扑灭火焰。

（2）如果汽车在加油过程中突发火灾，应立即停止加油，迅速将车开出加油站后停车，用随车的灭火器或湿衣服、毛巾等将油箱上的火焰扑灭。

一般来说，汽车着火后的 3 分钟之内，引发的火灾均可自行扑灭，如果超过 3 分钟，灭火的危险性会大大加剧。尤其是汽车的周身已经开始起火时，凭借一己之力很难有效地灭火。正确的做法是，赶紧下车，并及时拨打 119 求救电话，避免造成更大的伤害。

2 公共汽车内逃生方法

1）利用安全锤

公共汽车内一般都会配有安全锤，紧急情况下，可利用安全锤迅速击碎侧窗玻璃逃生。如果实在找不到安全锤，也可以找一些如女性高跟鞋后跟、男性腰带扣等比较尖锐的硬物，将玻璃击碎逃生。

2）利用车载灭火器

公共汽车内一般都配有颜色醒目的灭火器，紧急情况下，可立即取出车载灭火器将火扑灭。但车载灭火器容量有限，适用于火势较小的火情，遇到难以控制的火情时，还应在试图灭火或及时撤离的同时拨打 119 电话求救。

3）利用放气阀

公共汽车上通常都会安有放气阀。放气阀的形状大多呈扳手状，其主要用途是切断气路。放气阀的打开方式各不相同，有旋转的、伸拉的、手推的等。所面临的放气阀属于哪种打开方式还应根据实际情况进行研判。

放气阀打开后，车门就能打开，直接逃出着火的公共汽车也是积极逃生的一种方法。

4）利用逃生通道

大部分的公共汽车在车厢后部设置了逃生门和逃生气窗，只要将开关阀打开，就可迅速通过这两个通道逃生。

5）保持呼吸畅通

公共汽车突发火情时，车内乘客往往很多，大家情绪激动，会导致呼吸急促，从而加快吸入浓烟的速度。正确的做法是，在遇到类似险情时，应设法用湿毛巾捂住口鼻，或短时间内屏住呼吸。同时应迅速找寻通风口或砸开玻璃加快空气流通，提高存活概率。

求生小贴士

为了减少意外情况的发生，很多公共汽车内除了配备安全锤外，还在侧窗的位置添加了一个名为“侧窗自爆系统”的红色小盒子，专业上称为“触发器”。当遭遇紧急情况时，公交车司机可直接按下触发器，自爆装置会在0.1秒内，产生可击碎应急窗玻璃的气压，车窗玻璃会在瞬间被击碎成散射的颗粒状，只要轻轻一推，即可破窗逃生。

无路可逃时的自救法

突发火灾实在无路可逃时，该采取哪些正确的求生方法呢？

1 寻找避难场所

在无路可逃的情况下，应积极寻找避难场所，择机而逃。如果是在室内遭遇火情，卫生间是最理想的避难场所。因为卫生间的湿度较大，可在门窗缝或其他孔洞有浓烟侵入时，用毛巾、床单、衣服等物品将进烟处堵住。或在进烟处挂上湿棉被、湿毛毯、湿衣物等难燃物品，并不断向迎火的门窗及遮挡物上泼洒水，同时淋湿房间内一切可燃物，一直坚持到将火熄灭。

也可直接将地面淋湿，然后整个人浸入放满冷水的浴缸中。

2 挖坑自救

如果在野外突然遭遇火灾无路可逃时，尽可能就地挖一个凹形坑，越深越好。然后在随身携带的大衣或隔热的布料上铺上泥土，并迅速将其盖在身上，手弯曲成环状放在口鼻处，以利呼吸。当火焰在头顶通过时，尽量屏住呼吸。

求生小贴士

遭遇火灾时，要根据风向确定自己的逃生方向。通常来说，在火势完全蔓延之前，朝着逆风的方向快速离开火灾区域。

火场逃生误区

要想在大火中安全逃离，除了平时要学习一些自防自救常识之外，还要掌握一些火场逃生时的常见误区。只有杜绝逃生误区，才可以大大提高安全逃离火灾的可能性。那么，火场逃生的常见误区有哪些呢?

1 原路逃生

原路逃生是人们最本能的逃生行为。一旦发生火灾时，人们总是习惯沿着房间的出入口或楼道逃生，而发现这些通道被火“封死”后，才会试图寻找其他的逃生通道。其实这是错误的做法，原路返回失败后，往往就代表着失去了逃生的最佳时间。所以在进入一幢新的大楼或者其他场所时，一定要第一时间对周围的环境和安全出口的位置有所了解与知悉，以防万一。

2 向光亮处逃生

人和动物一样，都具有向光的本能。所以在突遭危险时，人们总是会下意识地向着有明亮光芒的方向逃生。在发生火灾时，光亮之地就是火源燃烧最旺的地方，所以一味地向光逃跑，反而会将自己置于离危险越来越近的地方。

3 盲目跟着他人逃

突遇险情时，人们极易因惊慌失措而失去正常判断的思维能力。本能的反应就是跟随别人的逃生步伐，如果缺乏必要的消防自救和逃生知识，一味地跟随，很容易将自己也陷入无路可走的境地。甚至还可能会因为混乱的逃生行为，发生踩踏、高坠等恶性事件。

4 从高处向低处逃生

一些高层建筑突发火灾后，人们总是会习惯地认为，尽快跑到一层逃出楼外才是最正确的逃生方法。其实这样的做法未必正确，盲目地跑向楼下逃生，可能会自投火海。可以登上开阔的楼顶或在房间内采取有效的防火、防烟等措施后等待救援。

5 冒险跳楼逃生

当火势越来越大，选择的逃生路线被大火封死时，人们很容易失去理智和正常判断的能力，而采取跳楼、跳窗等危险行为。这是非常危险的做法，很容易造成骨折、内脏破裂等高坠伤，严重时还可能会成为植物人甚至死亡。

求生小贴士

发生火灾时，人应该以比较低的“姿态”逃出火海，这个理论是正确的。但注意，在烟气不大的情况下，完全不需要用匍匐前进的低姿态逃生，如果逃生的人很多，后面的人很容易踩到匍匐前进的逃生者，从而引发踩踏事件。

灾后救治

救治步骤

根据烧伤的不同类型，需按照以下步骤采取相关的急救措施。

1 保护创面

火灾后如果出现了烧伤创面，为了避免创面继续感染，应立即对创面用三角巾或大块纱布等进行简单的包扎。一般无须对烧伤创面进行特殊处理，切勿将水疱挑破或在创面处涂抹龙胆紫等有色的外用药，以免影响烧伤深度的判断。

此外需要注意的是，如果手足被烧伤，应将各个手指、脚趾分开包扎，以防粘连。

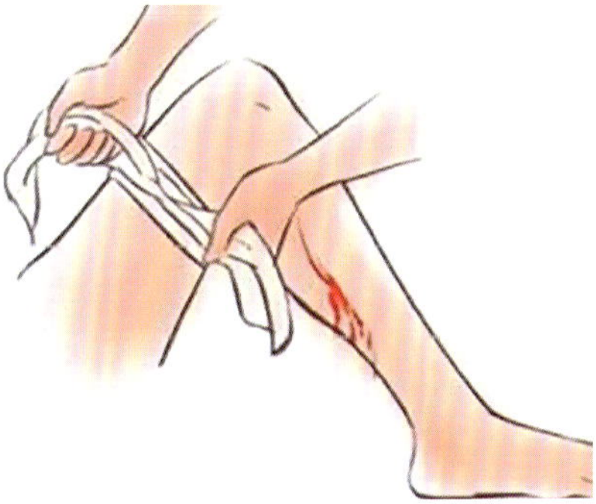

2 合并伤处理

如果出现了骨折伤情，应立即对骨折处加以固定；大量出血时，应立即采用三角巾或止血带止血法止血。

其他伤情如颅脑损伤、腹部损伤等情况，可根据实际伤情予以相应的处理。

3 防止休克、感染

为了防止一些烧伤情况比较严重的伤者出现创面感染和休克的症状，可给伤者口服止痛片（吗啡成分）和磺胺类药。注意，有颅脑或重度呼吸道烧伤时，禁用吗啡成分的药物。

也可少量多次地给伤者口服一些盐茶水或淡盐水，但若出现呕吐、腹胀等不良反应时，应立即停止口服。

烧伤休克大多数为继发性休克，通常发生在烧伤后的数小时内。造成烧伤休克的主要原因是受伤局部有大量血液自毛细血管中渗入创面和组织间隙中，影响有效循环。

4 迅速送往医院救治

在火场对伤员进行简易的急救、抢救措施后，需立即将伤者送往临近的医院进行专业救治。运送途中一定要注意搬运方式的合理性和正确性，尽量减少伤员的痛苦，同时提防休克的发生。

求生小贴士

在发生火灾伤害后，要第一时间对伤者的伤势进行判断。通常情况下，烧伤面积越大，人体受到的伤害就越大；烧伤程度越深，就代表对局部组织破坏得越严重。

烧烫伤自救措施

遭遇火灾时，难免会出现烧烫伤。那么面对烧烫伤，该如何进行正确的自救呢？

烧伤程度不同，处理伤口的方法也不同。烧伤按伤情可划分为以下 3 个等级。

1 一级烧伤

1）伤情表现

皮肤红肿、有灼热感、没有水疱、微痛感。

2）应对措施

立即将烧烫处浸泡在冷水中，以 20~30 分钟为宜，也可将烧烫处放在冷水下冲洗，以降低伤处表面温度。

在将烧烫处进行低温处理后，可在伤处涂抹鸡蛋清或新鲜的芦荟汁，一日 3~5 次，3 日左右即能治愈。

2 二级烧伤

1）伤情表现

局部皮肤红肿、疼痛剧烈、出现水疱。

2）应对措施

水疱未破者可先用冷水对创面进行冲洗降温，然后取一根针用酒精消过毒后，将水疱皮挑破，放出疱中的

水。然后在创面处涂抹烫伤膏。再用纱布将其进行简单的固定。通常情况下，2~3 日更换一次，一周左右就能治愈。

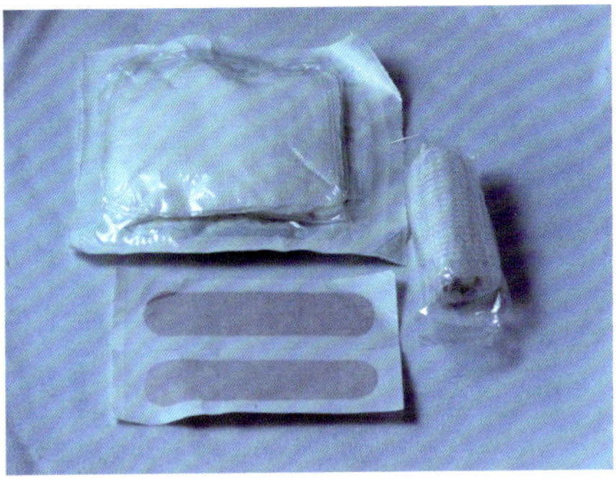

3 三级烧伤

1）伤情表现

局部皮肤焦黑、坏死、骨骼和血管暴露在外、部分肢体萎缩、畸形。头面部、手、脚、会阴部烧烫伤面积超过全身体表面积的 1%。

2）应对措施

用干净的床单或三角巾覆盖住创面，尽快送医治疗。

求生小贴士

对于比较严重的烧烫伤，一般不主张自行处理创面，尤其是三级烧烫伤者。为了避免伤口感染和再次损伤，只需保持创面清洁，无须在创面处涂抹药物，将伤创处进行简单处理后，立即送往医院治疗。

救治禁忌

烧烫伤发生后，通过正确的处理方法能够减轻痛楚，加速伤口愈合。而错误的处理方法不仅不能让创口愈合，还可能会诱发感染，最终结疤。那么，烧烫伤在处理时有哪些误区和禁忌呢?

1 急于脱掉衣物

火灾时身上如果不幸着火，很容易透过衣物烧灼肌肤。很多人在感到身上被烧伤后，会下意识地将身上的衣物脱掉，这是非常错误的做法。急于脱掉衣物会撕裂烫伤后的水疱或其他创面。正确的做法是应先用水对创面进行冲洗降温后，根据实际情况，再考虑是否要小心地去除衣物。

2 过量冲洗、浸泡和冰敷伤口

局部被烫伤后，将创面放于冷水下冲洗可以使伤口降温。但如果超时冲洗、浸泡或冰敷伤口，不仅不能有效降温，反而会因冷热相冲，导致伤口内的热毒内侵，致使大量热毒残留在伤口处，延缓伤口的恢复，影响伤口愈合。越严重的烧烫伤更不宜长时间接触生冷水。

3 盲目地挑破水疱

烧伤出现水疱后，很多人都想立即将其弄破。一般来说，如果盲目地将水疱挑破很容易留下疤痕，最好带着水疱去医院就医寻求专业的救治方法。如果水疱创面较小或者创面较大，且位于关节等易破损处，可用消毒后的针将水疱挑破。

如果水疱已经破掉，就需要用消过毒的棉签在水疱的创面处轻轻吸附流出的液体。

4 用消毒液反复清理伤口

烧烫伤会造成大量皮肤细胞损伤甚至死亡。而碘伏、酒精、双氧水等常用的消毒液会对伤口的产生更加强烈的刺激作用，致使更多的细胞坏死。所以如果在烧伤后，在创面上反复使用消毒液，不仅起不到应有的消炎作用，反而会加大伤势。

5 包扎伤口

一般情况下，普通的烫伤是不应该包扎处理的。因为包扎会使伤口愈合的速度放慢，而且包扎还会使伤者承受更多的“额外之苦”。每一次的换药都需要解开包扎的绷带，在这一过程中会反复损伤伤口，极易留疤。

所以对于那些创面不是很大，而且不存在任何感染风险的烧伤创口来说，尽量不要进行包扎。

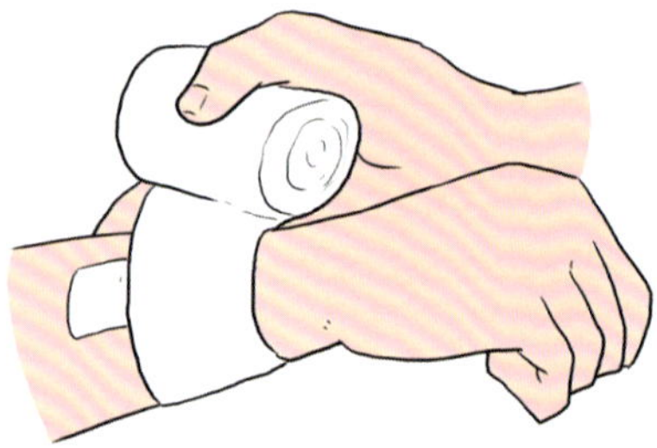

求生小贴士

在日常生活中，人们会习惯性地在烧烫伤的伤口处涂抹上牙膏、鸡蛋清、食盐、酱油等“消炎神药”，其实这是不正确的。这些物品不会对烧烫伤起到治疗作用，有时还会遮盖住创面，使医生无法立即准确地判断出创面的大小和深度。

Part 4

风灾的逃生技巧

本章看点

认识风灾

风灾到来的前兆

风灾的防御及逃生

灾后救治

认识风灾

风的形成

风是由空气流动引起的一种自然现象，通常情况下，地表冷热不均，致使同一水平面的气压出现差异。气流从高气压区向低气压区流动，这就形成了风。

根据风对地面上物体所引起的现象将风的大小分为 13 个等级。

13 个风力等级及表现形式

风级	名称	风速（千米 / 时）	表现形式
0	无风	小于 1	无明显风感，烟向上直走，海面上平静如镜
1	软风	1 ~ 5	烟在风向的作用下会出现轻微偏移，风向标不能转动，海面上出现微浪
2	轻风	6 ~ 11	面部能感受到风，树叶发出微响，风向标能转动，海面上出现小浪
3	微风	12 ~ 19	树叶或树枝摆动不息，旗帜完全伸展开，海面上出现小浪
4	和风	20 ~ 28	树枝摆动，吹起地面上的灰尘、纸张和树叶等，海面上出现轻浪
5	劲风	29 ~ 38	小树枝摆动不息，内陆水面出现小波浪，海面上出现中浪
6	强风	39 ~ 49	大树枝开始摆动，电线发出呼呼声，举伞行走困难，海面上出现大浪
7	疾风	50 ~ 61	全树摇动，迎风行走吃力，海面上出现巨浪
8	大风	62 ~ 74	微小树枝被毁，人向前行走时感到有巨大阻力，海面上出现猛浪
9	烈风	75 ~ 88	烟囱顶部及屋顶瓦片移动，建筑物出现不同程度的毁坏，海面上出现狂涛
10	狂风	89 ~ 102	使树木拔起，建筑物严重损坏，海面上出现狂涛
11	暴风	103 ~ 117	陆上很少，有则必有重大损毁，海面上出现风暴潮
12	台风	118 ~ 203	陆上绝少，其摧毁力极大，海面上出现风暴潮或海啸，风速超过 203 千米 / 时，为特大海啸

求生小贴士

风灾的形成除了自然原因外，还与人类对自然环境的大肆破坏息息相关。如滥采地下水，破坏地表植被，过量释放汽车尾气等。在日常生活中，保护生存环境能降低风灾发生的频次和灾害程度。

常见的风灾及危害

风对人类的生活具有极其重要的影响。风速和风力适宜的风可以用来进行风力发电、帮助植物传授花粉。但是，当风速和风力超过正常限度后，就会形成“风灾”，给我们的生产生活带来巨大的伤害。目前，已知的风灾主要有暴风、台风、龙卷风和飓风4种。

1 暴风

暴风指大而急的风，平均风速为28.5 ~ 32.6米/秒。暴风往往与大雨相伴，暴风雨会造成一定程度的洪涝灾害和农作物倾倒。暴风的持续时间较短。

2 台风

台风是一种极其猛烈的风暴，风力常达到10级以上，多伴有暴雨，夏秋两季是我国台风的高发时节。台风过境时会引起海面出现巨浪，严重威胁航海安全；台风伴随着暴雨登陆后会摧毁庄稼、建筑物等，造成严重的人民生命财产安全损失。

3 龙卷风

龙卷风具有超强烈的风速，往往可达到100米/秒，破坏力巨大。陆地上的龙卷风会将大树连根拔起，将各类建筑物和农作物毁坏，甚至会把人畜卷至空中。海面上的龙卷风会将海水吸入空中，形成巨大水柱，引发海啸等次生灾害。

4 飓风

与台风一样，飓风也是风速在33米/秒以上的热带气旋。飓风中心有一个“风眼”，“风眼”越小，代表其破坏力越大。飓风一般伴随强风、暴雨，对于民生、农业、经济等造成极大的冲击，严重威胁人们的生命财产安全。

求生小贴士

发生狂风后，有时会出现暂时性的风势停止，这未必代表风灾已经过去。大多数情况下，这是处于大风眼的象征，千万不可贸然外出。

风灾到来的前兆

台风来临的预兆

台风绝不是说来就来的，一定会在来临前出现一些预兆。学会辨别预示着台风将至的特殊天气现象，可以在台风来临前做好防范准备。

台风来临前的异常表现	
能见度转好	台风来临前的 2 ~ 3 天，能见度会突然转好，尤其是眺望远处的高山和树木时，视野变得异常清晰
海、陆风不明显	正常情况下，日间的风由海上吹向陆地；而夜间的风则由陆地吹向海上。但在台风来临的数日前，这种风向变化会变得非常不明显
“反暮光”晚霞	台风来临前的 1~2 日在日落后，会在西方地平线的位置出现数条红蓝相间的放射状光芒，其发射方向直至天顶，逐渐消失于东方与太阳对称的方位。通常情况下，“反暮光”晚霞会映红整个天空
高云出现	卷云是高云族的一种，它的宏观特征为：白色羽毛状、丝条状、马尾状、片状和钩状。这种云初现后，会渐渐增厚，变为卷层云，呈透明或乳白色，可以部分或全部遮蔽整个天空。出现这种云变即显示可能有一股台风正在接近
雨水忽停忽降	当高云出现后，云层会变得越来越密，越来越低。云层的异常变化会使天气骤降大雨，或者突然停止

续表

台风来临前的异常表现	
海鸣	随着台风的接近，海浪会变得渐高渐大，不停地撞击海岸山崖发出怒吼声。这种情况出现后的 3 个小时左右，台风即会来临
风向转变	风向如果发生突然的转变，就代表已经受到了台风边缘的影响，随着风力的逐渐增强，就代表台风越来越近

求生小贴士

通常来说，台风之前会觉得非常闷热，这是因为热带气旋是中心气压低、四周气压高的“暖心结构”。

龙卷风来临的预兆

面对自然灾害时，如果知悉它来临前的预兆，并做好防御措施，就可以将危险降到最低。那么对于比较少见又难以预测的龙卷风，通常有哪些前兆呢?

1 闻声

在野外时，如果听到由远而近、沉闷逼人的巨大呼哨声时，要立即开始警惕。显现出的声音初听起来像瀑布爆发，而后又会像火车或喷气飞机的轰鸣声。这种声音往往是龙卷风来临前的预兆。

2 观云

天空中会出现比较明显的漏斗云（漏斗云是在水龙卷或陆龙卷的旋涡中心形成的一种云，因其外形结构酷似漏斗形而得名）。同时伴有强烈的、连续旋转乌黑的滚轴状云。

3 天气异常

龙卷风来临前，在云层下的地面上，会出现旋风，而且还有旋转的沙子和一些碎物，如树叶、纸片等。大多时候还会伴有冰雹和雷雨（持久不断的隆隆雷声）天气，风向不停地变化。

4 关注天气预报

龙卷风来临前相关机构多会提前发布预警信息。尤其是在一些龙卷风高发地区，电视媒体、广播以及报纸等都会发布相关龙卷风的等级信息。

求生小贴士

突发龙卷风时，一定不要贸然钻入电梯，因为一旦停电，很可能会被困在电梯内。相较而言，内部楼梯是更理想的避难所，因为在紧急情况下，楼梯是通往外界的道路。

飓风来临的预兆

与其他风灾一样，飓风在来临前也会出现预兆。学会辨别那些预示着飓风将至的特殊天气现象，就可以在飓风来临前做好防范准备。那么飓风来临前会有哪些反常的情况呢?

1 飓风来临前的清晨和黄昏时分，浪潮突然增加，同时伴有极其炫目的落日与初升太阳。

2 飓风来临前天空中会出现浓浓的旗状叶卷云，并缓慢向风暴中心聚集。

3 飓风来临前，气旋发生异常。大气压快速下落然后又上升，天气会出现明显的冷热异常。

求生小贴士

飓风和台风均是指风速达到33米/秒以上的热带气旋，因发生的地域不同就有了不同的称谓。通常来说，生成于西北太平洋和我国南海区域的强烈热带气旋被称为“台风”，而生成于大西洋、加勒比海以及北太平洋东部区域的则被称为“飓风”。

沙尘暴来临的预兆

沙尘暴主要有两方面的危害，一是强风；二是沙埋。它会污染自然环境，破坏农作物生长，给国民经济建设和人民生命财产安全造成严重的损失与极大的危害。与其他风灾一样，沙尘暴在濒发前也是“有迹可循”的，那么沙尘暴在来临前会有哪些预兆呢?

①沙尘暴来临前，地面会裸露出干燥疏松的沙尘和粉尘；

②沙尘暴来临前通常会出现连续强劲持久的大风。肉眼可以观察到风刮来的方向上有黑色的风沙墙快速移动着；

③沙尘暴来临前因巨大的风力将石头和沙土卷入空中，致使浓密的沙尘和石头铺天盖地地遮住了阳光，天色阴暗，就像在夜晚；

④沙尘暴来临前的几天会出现持续降温的现象。

求生小贴士

沙尘暴的形成原因除了地球温室效应、厄尔尼诺现象、森林锐减、气候异常等因素外，人口极速膨胀导致的自然资源开发过度、砍伐过量、开垦土地过度等也是诱发沙尘暴的重要原因。

风灾的防御及逃生

大风时遇到船难的逃生法

1 沉船自救措施

1）做好逃生的准备

尽快穿好救生衣、救生圈，或者寻找一个其他能浮动的物体作为救生用具。

2）保持冷静

保持冷静，在船员的指挥下逃生。

3）寻找救生船

跑到甲板上，尽量找到可以坐的救生船，同时要注意不要被坠落的物体砸中。

4）跑向高处

如果来不及乘坐救生船，要在第一时间跑向船身高处，绝不能跑进船舱。

5）避免船只失衡

当船有翻沉倾向时，最好不要挤在一起，以免船只失衡。

6）避开漂浮物

不得不跳船时，尽量选择较低的位置，同时要避开水面上的漂浮物。

2 落水后自救法

1）保持体力

尽量减少在水中的活动，特别是水温较低的情况下，尽可能地保存体力，延长在水中的待救时间。

2）团身屈腿姿势

落水后，最好与其他落水者聚在

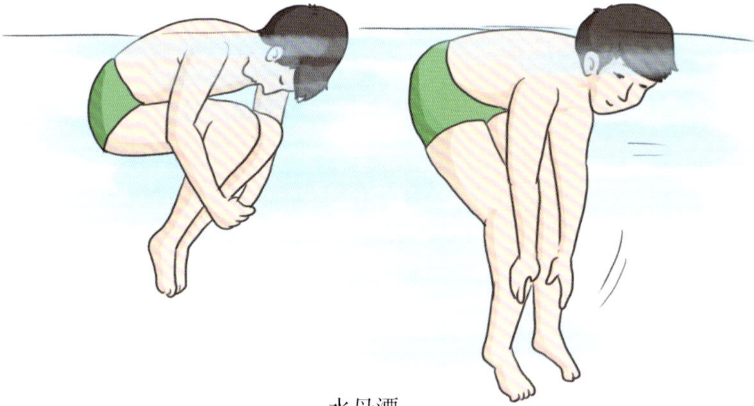

水母漂

一起，每3人一组，相互肩搭肩围成圈，每个人蜷缩双腿、双膝、双脚贴近至腹部，以减少体温扩散。

3）向外求救

设法发出求救信号，可借助以下几种方式。

释放求救信号的操作方法	
SOS国际求救法	通过船上装备的甚高频、中频或高频数字传呼设备及国际海事通信卫星，向附近船只或岸站发出SOS求救信号
声音法	奋力吹响救生衣上配备的哨笛，吸引他人的注意
向水中投掷染料	向海水中投放海水染色剂，这种颜色鲜亮的剂液能够作为视觉搜救标志

4）树立求生信心

与其他遇险人员间进行相互鼓励，树立求生信心。

求生小贴士

若在海上遇难，尽量不要喝海水，因为海水中含有大量盐分，海水进入体内，促使多余的盐分经由肾脏以尿的形式排出。水分排出过多，就有可能造成严重脱水。

大风时被卷入海里的逃生法

在海边行走或在船上时，如果突遇狂风，很可能在巨大风力的作用下，被风卷入海中。那么，一旦被卷入海里，该如何做呢？

1 保持冷静的心态

被风吹入海中，千万不要惊慌绝望。冷静下来，考虑一下自己当前面临的情况。如巨大的风力将我们抛入海中时是否造成了高坠伤等伤害，以及自己所处的位置、离海岸线有多远。

2 游回岸边

如果落水的位置离海岸很近，可在仔细判别风势后，自行游回岸上。

3 不要远离事发地，等待救援

如果突遭大风翻船落水，尽量不要离开事发地。因为一般船上都会安装有紧急无线电示位标，人一旦落水后，静水压力释放器就会自动释放，发出船的位置和坐标等信息给卫星，卫星再转发给周围50海里的船舶。这些距离较近的船舶会在收到急救信号后，立即展开搜寻、救援活动。所以在落水地离海岸线较远，且风势较大，无法自行游回岸边的情况下，可采取国际上常用的“HELP”保温姿势进行自救，即两腿弯曲并拢，两肘紧贴身旁，两臂交叉抱在胸前。

4 做求救标识

如果突遭落水，很难提前做好防御准备。如果在船上被风吹落至海水中，除了发出求救信号和保持保温姿势外，也可将身上红色、白色、橙黄色等任何色彩鲜艳的衣服（或内衣）顶在头上，注意千万不要用蓝色。颜色较为醒目就可以在海波中显现，路过的船只或岸边的人（如果离海岸线较近）通过肉眼观察就可以发现异常。

求生小贴士

如果与他人共同被卷入海水中后，尽量不要试图游出深海区域。因为人的体力有限，高强度连续性的游泳活动会让人精疲力竭，甚至还会诱发失温的危险。应与身边的其他同伴相互挽着手臂，形成环状。这种姿势既可以减少体内温度流失，也可以形成相对较大的目标，而便于救援人员搜寻。

风中行车的防护措施

大的风力作用，会对车辆的稳定行驶产生影响。如果风力过大还会导致车辆侧滑或侧翻，那么为了安全起见，在风中行车时，应采取哪些防护措施呢?

1 高度集中注意力

大风中开车时，一定要高度集中注意力。因为风沙会缩小可视范围，如果不能时刻掌握路面信息，很容易引发交通事故。尤其是自行车、三轮车、电动车、摩托车等受风力较差的交通工具，行进时应适当拉大安全距离。

2 放慢车速

遭遇大风时，一定要立即放慢车速。因为受风力风向的影响，方向盘和行驶路线会因外力而产生偏移，减缓车速可以有利于车辆保持稳定性。

3 快速闪避障碍物

巨大风力很可能会吹落前面行驶车辆上承载的货物，或将电线杆、枯树等固定力较差的物品吹倒。如果我们不能对这些“从天而降”的障碍物采取积极的躲避方法，就很容易发生交通事故。

为了避免意外的发生，就需要在行进前掌握在风中快速躲避障碍物的方法，例如，面对突然出现的危险，要立即制动或刹车。如果已经来不及制动或无法刹住车子，必须学会及时躲闪。由慢到快转动方向盘（逐步进行），且方向盘转动幅度不应大于半圈。已经躲避掉障碍物后，立即将方向盘回正，这样汽车很快就会从左右摇摆的状态中恢复平稳。

为了防止高坠物砸车等意外的发生，大风中停车时最好远离楼房、电线杆、枯树、阳台、窗户等易发生危害的场所。

4 掌握安全的行车技巧

适用于大风天的行车技巧主要有以下方面。

1）逆风行驶

逆风行驶时，一定要注意观察道路是否出现较大弯度以及风向是否发生突然改变。通常情况下，逆风行驶的风阻会突然减少，致使车速猛然增大。为了避免意外的发生，在行驶过程中要有意识地降低行车速度。

2）转弯行驶

风沙天转弯时，要提前打开前小灯，同时勤鸣喇叭对过往行人和车辆发出警示。到转弯处，要降低车速，并随时做好制动停车的准备。

3）夜间行驶

在大风天夜间行驶时，不宜使用远光灯，因为远光灯很容易产生炫目的光幕而影响视线。所以大风天夜间行进时，最好使用近光灯照明。

求生小贴士

大风天行车时，尽量不要打开汽车的外循环空调，因为外循环会将车外的粉尘通过空调系统带入车内。这些粉尘不仅会污染车内环境，而且还极难清洗。

风暴中遭遇雷电的防护技巧

雷电狂风是比较常见的自然现象，常常伴随着暴雨。如果不加以防范，会形成严重灾害，导致人员伤亡和财产损失的事故。那么，该如何做好风暴中的雷电防护工作呢？

1 远离容易引雷的物体

在遇到雷雨天气时，要远离电线、树木等容易引雷的物体，如果来不及躲避一些高大的物体，应立刻找些干燥的绝缘物放在地上，并将双脚合拢坐在上面，切记不要将脚放在有雨水的地上，因为雨水也能导电。

2 除去身上的金属饰品和项链

如果在雷雨天气，头发竖起，身体部位有蚂蚁在爬动的触感，就说明雷击即将发生。这时需要立刻将身上的项链、手表、发卡等金属饰品除去，降低这些物品传电的危险。

3 不要在水面和水边停留

看到乌云密布，雷雨天气即将来临时，要迅速离开湖泊、河流等开阔水域。立即停止游泳、冲锋舟等水上活动。因为水面易遭雷击，如果在水中若受到了雷击的伤害，很容易增加溺水的危险。

4 保护自己

在发现闪电后很快就听见雷声，说明雷雨即将来临。这时应停止行走，立即蹲下来，身体前倾，缩成一团，尽量减少在雷雨中的身体面积。注意千万不要平躺在地上，电压越大，就越容易受到伤害。

5 寻找安全的庇护场所

不要待在空旷处的孤立棚屋里躲避雷雨，而应去寻找有宽大金属构架、有防雷设施的建筑物或金属壳的汽车、火车等交通工具作为适宜的庇护场所。但是需要注意的是，帆布篷车和摩托车等在雷电发生时是比较危险的，应尽快离开。

求生小贴士

雷击发生时，伤者突然倒下，口唇青紫，叹息样呼吸或者不喘气，大声呼唤也没有反应，表明伤者已丧失意识、呼吸心跳骤停。这时应首先呼叫120，然后抓紧时间进行现场心肺复苏。伤者心跳骤停的6分钟内若能有效进行心肺复苏，抢救成活率可达40%以上，若延误时间，成活率会明显下降。

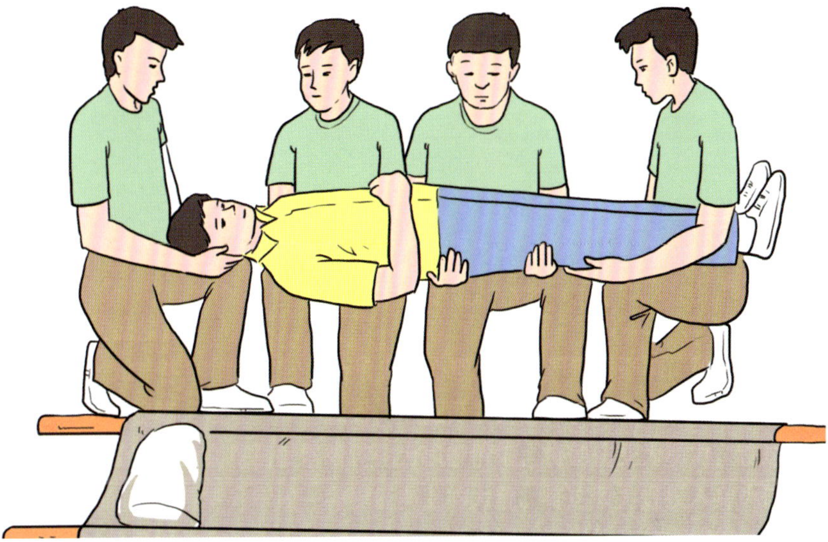

台风中的防护技巧

台风的风速极快，风力可达 12 级以上，常伴有大暴雨，破坏力极大。台风巨大的破坏力是非常危险的，那么在台风侵袭期间我们该怎么做呢？

1 做好防范工作

在野外活动前，最好关注当地的天气状况（尤其是在一些台风高发地区）。在台风来临前，备足应急物品，如手电筒、收音机、食物、饮用水及常用药品等。做好防范工作就可以将灾害的程度降到最低。

2 远离海岸线

如果是在海边和一些河口低洼处遭遇台风，应尽可能远离海岸线，找到一些隐蔽的地方躲避台风。因为台风到来时，海边将受到严重的破坏，还会有危险的大浪潮。

3 迅速撤离山区

在一些山区发生台风时，应尽早撤离所处的山区，跑到空旷的地方。因为台风以及随台风而来的暴雨很容易引发山体滑坡、泥石流等地质灾害。

4 寻找坚固结实的避身场所

在野外遭遇台风时，应立即寻找适合的避身场所，如建在大树旁的屋子或洞穴中等。如果没有此类场所，可选择一些没有土崩、没有洪水侵袭的高地、岩石下或森林中。这些区域也是较安全的避身场所。

假如在自己搭建的帐篷中或一些避身场所中休息时，感觉到台风的降临，需要立即收起帐篷，到坚固结实的避身场所避风。

5 正确的行进方式

台风、暴雨高潮袭击期间，尽量避免或减少户外活动，以免带来不必要的伤亡。如果是在行进过程中突遇台风，就需要注意选择正确的行进方式。如行走时速度放慢走稳，切勿顺风快跑。而且尽量穿着雨衣，不要打伞，巨大的风力可能会使举伞的胳膊发生伤害。

6 台风期间的防范措施

台风会引发触电、骨折等一些急救事故。

1）外伤

外伤主要是头部外伤，一般指被刮倒的树木、高空坠落物等砸伤。

2）触电

触电主要是被刮倒的电线击中，或踩到不太明显的电线上。所以，发生台风时不要光脚行走，最好穿上雨靴，既可防雨又可起到绝缘的作用。

3）骨折

在发生骨折后，应及时请求救援，不要擅自搬动伤员，如搬动不当，可能对骨折患者会造成二次伤害，加重伤患伤势。

龙卷风中的防护技巧

龙卷风多发于春、夏、秋 3 季（傍晚时分尤其多）。龙卷风发生时往往伴有暴雨、雷电和冰雹，剧烈的天气变化很容易导致严重的自然灾害。遇到龙卷风时，一定要积极想办法去躲避，讲究正确的逃生方法和救治技巧。

1 寻找安全庇护地点

在野外遇到龙卷风时，应就近寻找低洼处并伏身于坑洼中。最好同时用手抓紧一些不易移动的物体，如灌木丛或深埋于地下的木桩等，防止被风卷走。但在寻找坑洼时一定要注意防水。

如果实在没有建筑物或坑洼可供躲避，在龙卷风来临的一刹那要立即平趴在地上，脸朝下，用手臂紧紧护住头部。

2 远离危险物体

遭遇龙卷风时，一定要注意远离大树、户外广告牌、电线杆、围墙、桥体、海岸附近、不牢固的房屋等。以免被风刮入水中或被砸、被压或触电。

3 保护头部

除了远离危险物体外，还应做好头部的防护措施。最好用手或衣物将头部保护好。因为龙卷风所过之处除最坚固的建筑物外，大多数物体都

将被其卷入空中，保护好头部可以大大有效地避免被空中坠落的物体砸到致伤。

4 正确的逃跑路线

遭遇龙卷风时，先观察龙卷风的移动方向。大多数情况下，龙卷风的行进路线呈直角方向，且不会突然转向。在试图逃跑时，应跑向与龙卷风路径相反的地方或寻找一处垂直的低洼区进行躲避。千万不要在龙卷风前进的方向迎风躲避。

5 远离车厢

突遇龙卷风时如果正在汽车中，需立即停车并下车寻找安全的庇护场所。龙卷风巨大的风力会将汽车卷走，引起爆炸等。

6 灾后处理

龙卷风过后，可根据灾后情况进行自救或与他人互救。如果出现骨折、外伤流血、休克等状况时，可参照本书其他部分的详细介绍进行救治。

求生小贴士

如果龙卷风逼近时，正在驾车或坐车行进中，应尽可能地沿着与龙卷风进行路线垂直的方向行驶，即可远离龙卷风。或直接将车弃于路边，下车寻找安全的建筑物进入躲藏。

飓风中的防护技巧

飓风与台风一样，都是指风速达到 33 米 / 秒以上的热带气旋，因发生的地域不同，才有了不同名称。飓风会严重危害人民群众的生命财产安全，那么，遭遇飓风后，要如何进行有效的自救与互救呢？

1 做好防范工作

飓风警报通常会在其来临前 24 小时就发布，如果可能，躲开飓风即将经过的路线。同时准备手电筒、收音机、食物、饮用水以及常用药品等必备装备，以备急需。

2 远离危险区域

飓风侵袭期间，尽量远离海滨、河岸，这些地方都会被破坏得很严重，很可能还伴有洪水和大浪，逗留在此会带来生命危险。

此外，还应远离高墙、高大树木、棚子、架子、高层施工现场、架空电线以及广告牌等，以免发生高空坠物或触电等意外。

3 选择合理的避难场所

飓风的破坏力极强，尽量寻找比较坚固的建筑物避难。不要躲藏在到处是易碎玻璃的房间中，巨大的风力很容易破坏玻璃或将人直接自高处吹落。通常来说，地下室和楼梯下都是较为适宜的避难场所。

如果飓风即将来临时正在海上，要立即放下船帆，将船板的工具全部收入船舱中，然后封住船舱。如有可能，尽快离开飓风经过的区域。

4 正确的行进方式

飓风、暴雨高潮袭击期间，尽量避免或减少户外活动。如果是在行进过程中突遇飓风，就需要注意选择正确的行进方式。如行走时速度放慢走稳，切勿顺风快跑，尽量穿着雨衣，而不要打伞，巨大的风力可能会使举伞的胳膊发生伤害。

5 远离承重轻的交通工具

飓风发生时，整个人体的受重风力能达到8级左右。自行车、电动车、摩托车等承重力比较轻的交通工具会使人体受到的冲击力更大。所以在飓风发生时，尽量远离这些交通工具，以“弓”字形的姿势步行至安全的庇护场所，行进过程中尽可能地抓住附近栏杆等固定物。

求生小贴士

飓风发生后，应尽量减少外出。如果迫不得已外出，一定要躲开飓风即将经过的路线。

沙尘暴中的防护技巧

沙尘暴天气会给人们的生活带来诸多不便，而且沙尘暴还会诱发一些眼部科、呼吸道疾病。只要采取适当的防御措施，就可以在沙尘暴天气中从容应对。那么在沙尘暴天气中该如何进行自我防护呢？

1 准备防御用品

如果提前知悉了沙尘暴的预警信息，可提前备好防尘效果较好的衣服、手套、面罩、眼镜等物品。

2 保护头面部

当沙尘暴发生时，最好用湿毛巾、纱巾等物品保护好眼睛和口部，防止呼吸道或鼻孔中吸入过量粉尘。

另外，近视眼的人在沙漠中，切勿佩戴隐形眼镜，这样容易对眼睛造成伤害。

还可以抓住身体附近牢固的物体，并用衣服等物品将头部裹严，从而减少灰尘的吸入，同时可避免一些小石头之类的东西将自己砸伤。

3 躲避沙尘

在野外遭遇沙尘暴时，不可瞎跑乱窜，以免被风沙卷走或者掩埋。这时要尽快就近蹲靠可以在背风沙的障碍物处，或趴在相对高坡的背风处。

4 减少户外活动

在沙尘暴到来时，应该立刻停止一切户外活动，尽可能地远离水渠、水沟等有水的地方，以避免发生溺水事故。

求生小贴士

在日常生活中，通过适度的锻炼来增加机体的抵抗力，既可以免受感冒着凉，也可以预防呼吸道疾病复发。但在沙尘较强的天气，要尽量避开室外锻炼，以免加重呼吸道系统的负担。

灾后救治

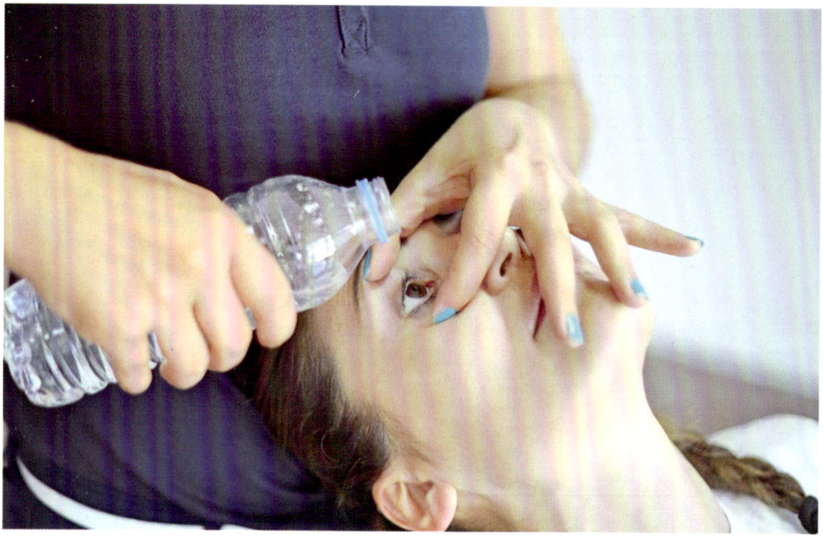

异物入眼的自救法

在沙尘满天飞的恶劣环境下，沙尘等异物会趁机“混入”眼内。一旦眼睛中的异物得不到及时的清理就会给我们的眼睛带来非常严重的伤害，严重时甚至会损伤眼角膜，导致失明。

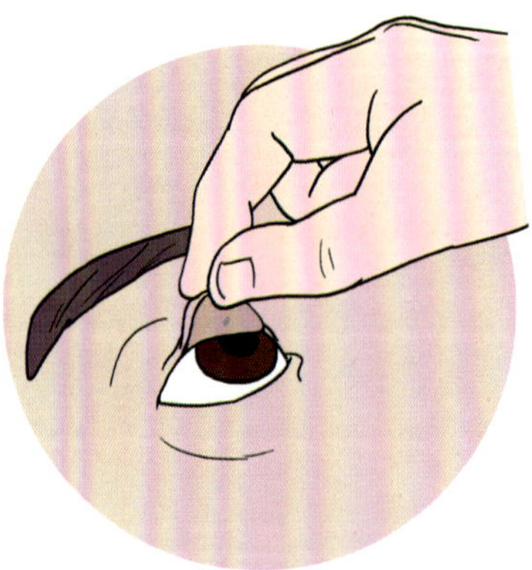

因而无论在风沙天气下还是日常生活中，掌握异物入眼的应急治疗方法就显得尤为重要。那么，异物入眼的自救方法有哪些呢？

1 巧用眼泪

当异物入眼时，我们可以用力眨眼睛以获取眼泪，利用眼泪将异物冲刷出来。

如果难以做到自行流泪，那么可以将眼皮轻轻地拉起，这时眼皮和眼球之间留有一道空隙，一般情况下泪水就会自行流出，异物也会随着眼泪被迅速排出来。

2 用水清洗

用清水洗患眼是一种比较简便、快捷的方法。找一条水质清澈的小河或从水壶中倒出干净的清水，闭上眼睛，将有异物的眼睛反复用水清洗，然后轻轻眨动几次眼睛，异物就可能被清水冲出来。

除了这个方法外，还可以将装满清水的杯子罩在患眼上，冲洗眼睛。

3 清除酸碱腐蚀性物质

假如进入眼睛中的是酸碱腐蚀性物质，应立即在自身所处的环境内找到清洁可利用的水，迅速冲洗眼睛 15 分钟以上。将异物清除干净之后，要适当往眼中滴入眼药水或挤入眼药膏，以预防异物感染。

异物入眼后，一定不要用力揉搓患眼，因为手上的细菌会被带入眼内。

求生小贴士

如果颗粒状异物不小心进入了眼睛的死角处，可用湿棉签、湿毛巾或借助小块透明胶将异物取出。

坠落物砸伤的处理

大风会将高层建筑、窗台上以及一些定力较弱的物品吹落，形成高空坠物。自高空坠落的物体会加大其本身所具有的伤害程度。如一颗重 70 克的鸡蛋自 8 楼坠下，其伤害程度可相当于一个 10 岁男孩的体重。那么，如果不幸被高空坠物砸伤，该如何处理伤情呢？

1 撤离危险区域

大风致使高坠损伤后，要第一时间将伤者移出危险区域，以免发生二次坠落，造成二次伤害。

2 判断伤势

发现被高坠物砸伤的人员，要在第一时间观察其受伤情况，如是否具有生命体征、是否还能自主活动等。如果伤者可自行站起或移动身体，可让其平躺在担架上等待救护车的到来。

如果伤者已经无法站立或丧失了生命体征，切勿随意搬动伤者。因为如果高坠造成了脊柱损伤，盲目移动会加重伤情，甚至导致伤者瘫痪。正确的做法是在保持伤者背部平整状态的情况下，将伤者平行搬到担架或木板上，并立即拨打 120 急救电话，等待专业救治。

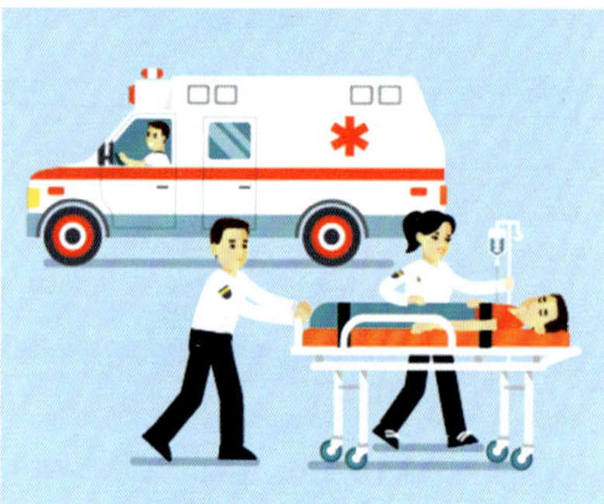

3 处理伤口异物

通过观察伤者的伤口处判断是否有异物插入伤者体内。如果有异物插入，切勿将其盲目拔出，以免造成伤口大量出血。如果插入伤者伤口中的异物体积较长，不便于移动伤者。可借用液压钳等专业破拆工具将其剪短，在确定异物不会影响搬运活动后，再选择适当的搬运体位将伤者送往医院治疗。

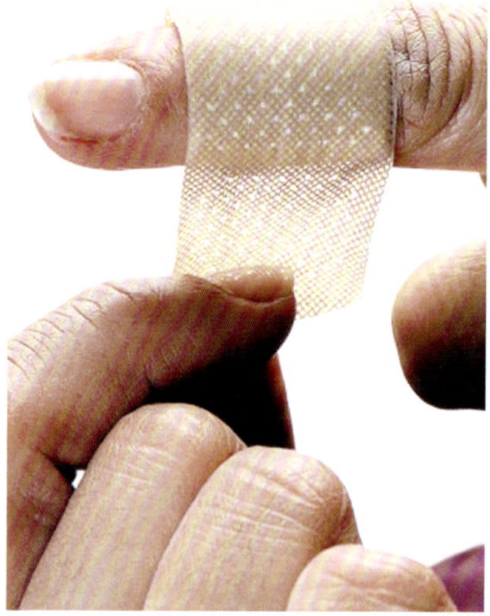

4 初步止血处理

如果损伤的位置是头部，要注意查看伤口处是否有明显的外伤，有外伤的要按具体伤情进行处理。如被高坠物击伤后，如果造成创口大面积出血，应第一时间保护伤口，并借用毛巾、绷带等工具按压止血。

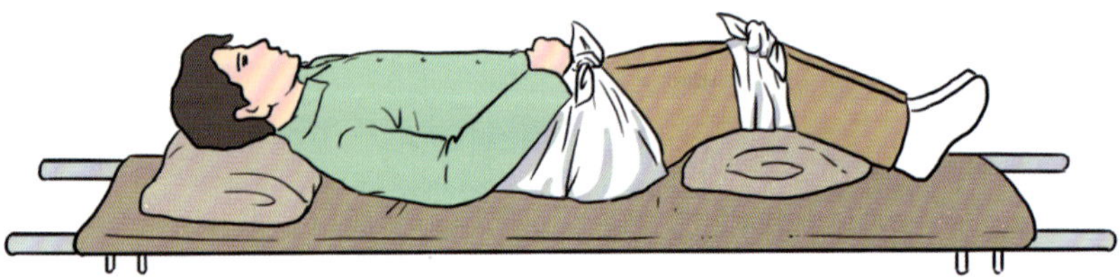

即使无明显伤口，也应在危险过后立即前往医院就诊，通过专业的检查查看是否有颅内出血的情况等“内伤”的发生。

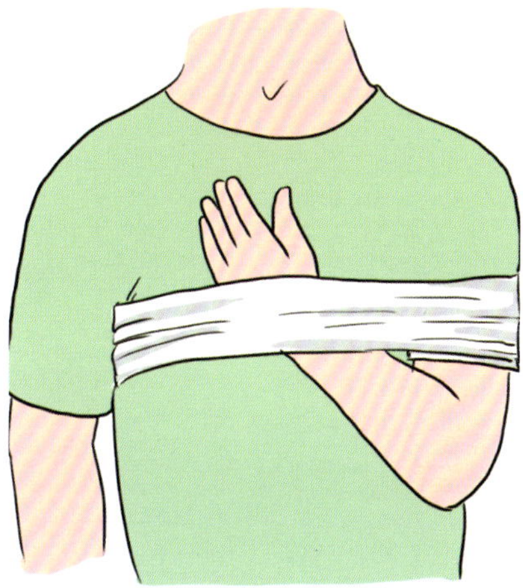

5 初步骨折处理

如果高坠伤造成了肋骨、四肢等部位骨折也应根据不同的受伤部位予以处理。

1）肋骨

发现伤者出现肋骨骨折后，为了防止肺挫伤可立即用衣服或绷带裹住整个胸部进行保护。

2）四肢

发现伤者出现四肢骨折后，可找2~3根小木棍或硬纸板对骨折的肢体进行固定。

求生小贴士

为了防止被高空坠物砸伤，在大风天时要尽可能远离广告牌、施工工地、阳台等高坠多发地带。

摔跌伤的处理

摔跌伤是最常见的意外伤害之一。尤其是在路况突然变化，或者狂风暴雨等天气极度恶劣的情况下。巨大的风力会将行人或正在行进的自行车、电动车、三轮车等交通工具突然刮倒，外力作用下会致使行人和交通工具发生摔跌，摔伤由此产生。摔跌伤很容易给肢体造成红肿、瘀青、流血不止甚至骨折等伤害，那么我们该如何处理摔跌伤后的伤情呢？

1 摔跌伤的急救技巧

1）查看伤情

摔伤后要立即查看伤口，如果伤口有明显

的出血症状，应立即对伤口消毒并止血，防止伤口感染恶化。

如果只是摔伤后瘀血，并无明显的出血症状，但肢体会产生刺痛感无法活动，多半是骨折引起的，千万不要贸然处理伤处。而是想办法将伤处固定后，及时就医。

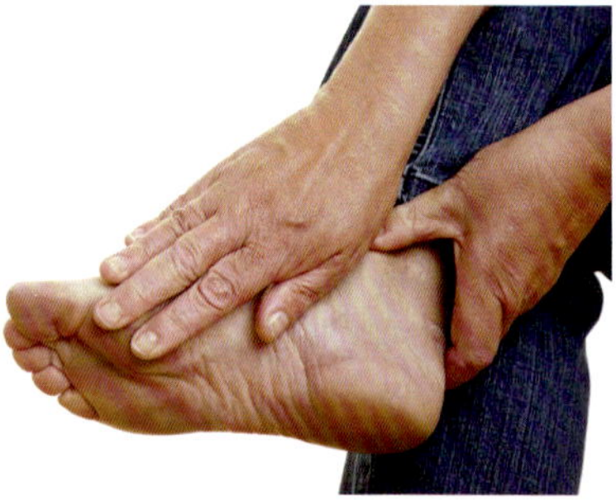

2）清洗伤口

如果伤口无明显外伤，且完全不影响日常活动，自行对擦伤表面进行处理。因为通常的摔伤会使摔伤创口表面粘连一些泥灰及其他脏物，如果不对创面进行清洗，很容易造成创口

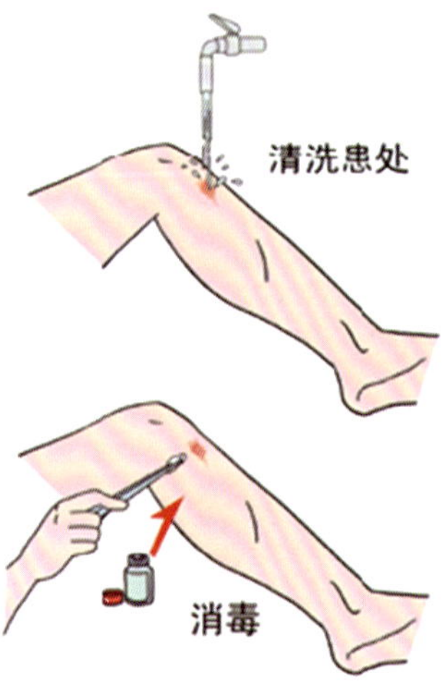

感染。正确的做法是：用 1000 毫升凉白开（自来水）中加食盐 9 克，调制出浓度约 0.9% 的淡盐水，用干净的棉签蘸着淡盐水清洗伤口即可。

还有一种更简单的清洁方法用自来水、井水直接冲洗伤处，并用干净棉签将泥灰等脏物擦洗干净。

3）伤口消毒

如果伤口较大，仅通过淡盐水和流动水无法对伤口进行很好的处理时，可用碘酒、酒精棉球消毒伤口周围，注意不要把碘酒、酒精涂入伤口内，否则会引起强烈的痛楚。仅沿伤口边缘向外擦拭即可。

4）包扎伤口

如果伤口创面过大，可在消毒后用消毒纱布进行包扎，注意包扎后的创面一定要保持干燥清洁，创面结痂前尽可能不要接触水。

2 摔跌伤的伤口急救禁忌

1）切勿将碘酒、水银、红药水等药物直接涂到伤口上

在身体上出现伤口时，要先将伤口处的衣物剪开，将伤口周围的皮肤进行彻底清洗。注意千万不要将碘酒、水银、红药水等药物直接涂到伤口上，这将会导致皮肤组织进一步受损。

2）避免伤口感染

不要尝试缝合伤口，让伤口保持敞开状态，有助于脓液或受感染物质的流出。然后用干净的敷布敷好伤口，并用绷带扎好。还要注意，在伤口愈

合期间，经常更换敷布，以便检查伤口是否被感染。

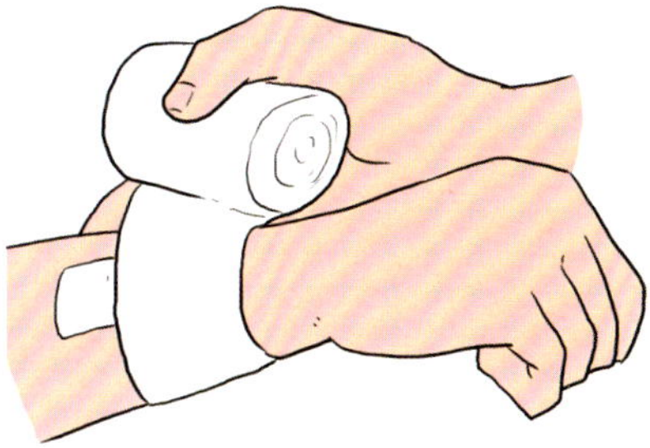

3）伤口排脓

假如受伤的伤口出现严重疼痛、红肿现象，伤口或者敷布上有脓液，并且伴随着体温升高，这很可能是伤口被感染了。这时需将伤口排脓，具体步骤如下。

①用经过消毒且尖锐些的器具轻划伤口，让脓液流出，再清除掉这些脓块；

②将一块潮湿的热敷布敷在伤口上，待到敷布变凉之后，再更换新的。一次大约需要热敷半小时，每天一般3~4次；

③在此期间要每天仔细查看伤口，并及时更换敷布，直到去除感染，伤口愈合为止。

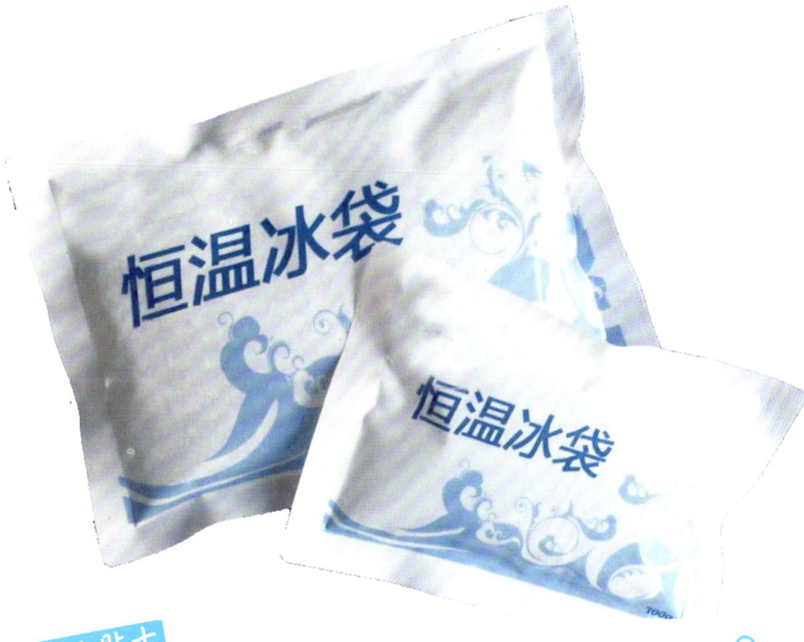

求生小贴士

如果摔伤后伤口发生肿胀，可在摔伤后24小时内，用冷毛巾冷敷伤口30分钟；24小时后换热毛巾对伤口进行热敷（注意热毛巾要及时更换，以保持热度）。冷热敷法可以起到很好的消肿镇痛的功效。

Part 5

寒潮天气的逃生技巧

本章看点

认识寒潮天气

▼

寒潮天气到来的前兆

▼

寒潮天气的防御及逃生

▼

灾后救治

认识寒潮天气

寒潮天气的形成

寒潮又称寒流，是灾害性天气的一种。到了秋末、冬季、初春时节，我国北方大部分地区以及周围临近区域太阳光照减弱，地面和大气获得的热量变得越来越少，随着寒冷程度的加强以及范围的扩大，冷气团发生凝聚，当聚集到一定程度时，在高空大气环流的作用下，冷气团开始大规模地向其他区域入侵，从而形成寒潮。寒冷空气入侵是我国寒潮形成的主要原因。

1 寒潮入侵我国的路径

一般来说，入侵我国的寒潮主要有以下 4 条路径。

1）东路

自蒙古东部或西伯利亚东部进入我国的东北地区，然后经由华北地区南下。

2）中路

自蒙古中部或西伯利亚中部进入我国后，经河套地区或华中地区南下。

3）西路

自西伯利亚西部进入我国的新疆地区，然后途经河西走廊向东南地区推进。

4）东路与西路相结合

东路冷空气自河套地区南下，而西路冷空气自青海东南方向南下，两

股冷空气会在黄土高原东侧、黄河以及长江地区交汇，交汇时会造成大范围的雨雪天气。

寒潮的到来会造成农作物大面积冻伤、冻死；江河结冰、路面湿滑；空气燥冷，易发生火灾等。寒潮会给生产生活造成巨大影响。

2 寒潮的形成过程

了解了寒潮的行进路径，接下来介绍一下寒潮的形成过程。

1）极涡

极涡是指北半球冬季极区对流层中上层 500hPa 上的绕极区气旋式旋涡，它是大规模极寒冷空气的象征。寒潮爆发时，地面为浅薄冷高压，700hPa 转为低压环流。

2）极地高压

极地高压具有下述 4 个特点。

① 500hPa 上有完整的反气旋环流，且能分析出不少于一根闭合的等高线；

②有相当范围的、单独的暖中心与位势高度场配合；

③暖性高压主体在 70° N 以北；

④高压维持 3 天以上。

3）寒潮地面高压

在寒潮地面高压的前缘都有一条强度较强的冷锋作为寒潮的前锋，它随高

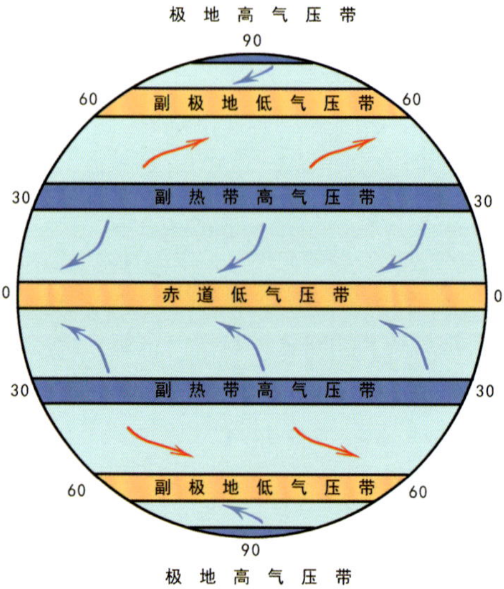

度向冷空气的一侧倾斜，在高空等压面上有很强的锋区。一般情况下，锋区结构上宽下窄在300hPa及以下各等压面上均有明显的冷槽和锋区。

寒潮地面高压多数属于热力不对称系统。通常来说，高压前部为强冷平流；后部则为暖平流，中心区温度平流趋于零，但需要注意的是，少数高压始终为冷性。

寒潮地面高压可表示冷空气的强弱，中心移动路径可作为冷空气的移动路径。

求生小贴士

我国气象部门出具了相关规定，冷空气入侵造成的降温，一天之内达到10℃以上，且最低气温在5摄氏度以下的冷空气爆发过程，被统称为一次寒潮。

寒潮天气的影响

寒潮会引发大范围的强烈降温，并常伴有大风、地表结冰和路面积雪等现象。寒潮天气影响广泛，造成的灾害也是多样的，有些灾害是寒潮天气直接造成的，有些则是间接引发的。但无论何种原因，不可否认的是，寒潮会严重影响人们的生产生活。在面对寒潮天气时，只有及时采取防御措施，才可以减轻和避免灾害损失。

1 公路交通

大范围的寒潮天气极易致使路面结冰打滑，使交通事故频发。

2 铁路交通

大规模的寒潮会使铁路站道岔冻结，铁轨被积雪掩埋，通信信号失灵，列车运行受阻。

3 民航交通

寒潮对民航也具有十分显著的影响，其最直接的影响表现在寒潮的大风天气。寒潮带来的大风其风速一般为15米/秒以上，且持续时间较长。所以寒潮天气中，大风对起飞和着陆的飞机极易造成轮胎破裂和起落架折断等事故。

除此之外，因寒潮引发的强降水天气，也会对飞行员的能见度产生影响。

4 航运交通

寒潮大风到达海上时，其风力一般可达7级，气候恶劣时，甚至能够达到11、12级。寒潮大风可以吹起数米高的巨浪，形成海上“风暴潮”，对海上的船只具有毁灭性的打击。因此当寒潮来袭时，船只最好停止航运，进港避险。

此外，寒潮涉及的区域因海面温度降低形成大量水汽，而水汽又会凝结成大雾，所以能见度降低也是影响航海运输的重要因素。

5 生命安全

寒潮来临时，会对人体健康产生极其严重的危害。突然袭来的大风降温天气，极易引发感冒、偏头痛、气管炎、肺心病、哮喘、中风、冠心病、心肌梗塞、心绞痛等疾病。极个别情况下，寒潮天气还会使原本患上述疾病的患者病情加重。

求生小贴士

寒潮天气时，尽量减少外出，尤其避免去建筑工地、广告牌下、电线杆等危险地区活动，以防寒潮大风吹落异物被砸伤。

恐怖的暴风雪

暴风雪又称雪暴，是指大量的雪被强风卷着运行的一种自然灾害。冬季气温比较低时，云朵中的小水滴会结冻成“小冰珠”，当“小冰珠”撞击到其他“小冰珠”时，就变成了雪。当雪量积累到一定程度时，就会下落。正常飘下的雪是无害的，但如果风速达到了每小时56千米左右（约每秒钟15米），并伴有5℃左右的降温时，大量飘雪便在狂风的“怒吼”声中形成暴风雪。

暴风雪天气的主要特点是降雪量大、风猛、降温强、灾害性大。暴风雪发生时，狂风裹挟着暴雪，寒风凛冽，能见度小于1000米，道路被掩埋，同时气温陡降。

我国暴风雪的特点是，一旦出现暴风雪天气，多伴有强寒潮、大风天气，其猛烈程度远远超过通常的大风寒潮和大雪寒潮。暴风雪天气中的风、雪、寒潮3种灾害同时降临，会对我国的工农业生产、畜牧业、交通运输业和人民生活造成严重的危害。

求生小贴士

狂风夹杂着暴风的威力不容小觑。威猛的暴风会将地上厚厚的积雪卷起来，再把它们加入正在降落的雪花中，如此持续性的暴风雪会严重影响人们的出行。

神秘的霜冻

霜冻是指空气骤降后，地表温度突然下降到0℃以下，突然的降温使得植物和农作物受到损害甚至死亡的一种气象灾害。霜冻发生时，物体上会附着明显的白色晶体，但这种情况并不是绝对的，有时发生霜冻，不一定会有白色晶体的出现，这种情况称为暗霜。

求生小贴士

不同地区出现霜冻的时间也大不相同。通常来说，新疆北部、内蒙古及东北北部地区会在9月中旬出现初霜冻；东北大部、华北北部、西部及西北地区会在9月下旬到10月上旬出现初霜冻；秦淮一带多在11月上旬出现初霜冻；西南及长江中下游地区会在11月下旬出现初霜冻；岭南以及华南中北部则会在12月下旬到1月中旬出现初霜冻。

根据发生季节的不同，霜冻可分为春霜冻和秋霜冻两种。

1）春霜冻

春霜冻又称晚霜冻，是指每年春季最后一次出现的霜冻。多发于春播期间以及越冬作物返青后的一段时期。春霜冻发生得越晚，对农作物的危害就越大。

2）秋霜冻

秋霜冻又称早霜冻，是指每年入秋后第一次出现的霜冻。多发于秋收农作物尚未成熟前。随着气候越来越不稳定，秋霜冻发生的频率越来越高，强度也越来越大。

按形成原因来区分，霜冻具有以下 4 种类型。

1）平流霜冻

较强的冷空气入侵，而致使气温骤然降至 0℃（或以下），从而形成霜冻。这种霜冻的特点是降温幅度大，侵袭范围广。

2）辐射霜冻

形成辐射霜冻的原因多是在晴朗无风或者微风的夜间，辐射冷却使地面（或近地面）的温度突然降至 0℃（或以下），从而形成霜冻。这种霜冻的发生范围相对较小。

3）平流辐射霜冻

形成平流辐射霜冻是由冷平流和辐射冷却共同作用而形成的。这种霜冻的危害程度较为严重。

4）洼地（谷地）霜

这种霜冻是一种局部地区产生的洼地（谷地）霜。夜间时分，近地层的空气冷却，致使坡地的冷空气下滑并堆积于洼地（谷地）而形成霜冻。这种霜冻多于秋季出现。

求生小贴士

我国境内各地霜冻的开始时间和终止时间，会因地形、海拔高度以及经纬度的不同而出现差异。通常来说，海拔越高、纬度越高的地区，秋霜冻的开始时间越早，反之则晚一些。而海拔越低、纬度越低的地区，春霜冻的终止时间越早；反之则晚一些。

寒潮天气到来的前兆

动物的反应

一些动物在长期的进化过程中，对某些“坏”天气具有非常敏锐的反应能力。尤其对于暴风雪等恶劣的寒潮天气，动物“气象员”们都会用极端或反常的方式来进行“预播报”。

1 牛

当暴风雪即将来临，一群牛便会聚集在一起相互取暖。如果发现牛突然群聚到了一起，多半是风雪来临前的预兆。

2 猫

猫把鼻子埋在皮毛中，也代表着寒潮要来了。

求生小贴士

除了提到的牛、猫外，还有一种对寒潮更为敏感的动物，就是猪。民间有“猪衔草，寒潮到”一说，这是因为猪的鼻、嘴部无毛，直接接触空气，对寒冷特别敏感、在寒潮到来之前它有先觉，急忙衔草作窝。

“冬打雷”现象

冬天下雪夏天打雷是基本常识。然而近几年来，由于气候异常等原因，我国一些地方也不同程度地出现了“冬打雷”的现象。那么“冬打雷”这种反常的天气是如何出现的呢？雷电是大气里雷雨云中的一种“放电”现象。其形成必须具备3个条件，即空气中充足的水汽、湿暖空气上升的动力和产生剧烈上下对流运动的能力。春夏季节，由于受暖湿气流的影响，空气潮湿，太阳辐射强烈，近地面的空气受热上升，而上层的冷空气下沉，两者相遇后，形成了强烈的上下对流，从而产生雷电天气。在冬季时分，受大陆冷气团的控制，空气寒冷干燥，如果突遭一股强烈的暖湿气流，冷暖空气相遇后，重量较轻的暖湿气流猛烈上升，会导致大气层结构的不稳定，上下对流加剧，这时就有可能形成雷阵雨或雷雪交加的天气现象。当暖湿气流特别强时，空气上下对流就会更加剧烈，还有可能形成冰雹等天气现象。

“冬打雷”现象多发生在阳历的1～3月。此时正值气候由冬半年向夏半年的过渡时期，天气反复不定，忽冷忽热，这极易诱发“冬打雷”现象。

求生小贴士

我国民间多认为“冬打雷”后，天气会变得异常寒冷。这种说法并非没有科学依据，因为出现“冬打雷”现象时，暖湿气流活跃，冷空气非常强烈，冰雪增多，气温骤降也是必然的。

关注天气预报

气象部门对于寒潮灾害也有一套气象灾害的预警信号。预警信号总体上分为4个等级，按照灾害的严重程度和紧急程度分为蓝色、黄色、橙色和红色，分别代表了一般、较重、严重和特别严重。

寒潮灾害预警信号等级				
灾害等级	蓝色预警	黄色预警	橙色预警	红色预警
暴雪	12小时内降雪量达到4~6毫米以上，且降雪持续	12小时内降雪量达到6~10毫米以上，且降雪持续	6小时内降雪量达到10~15毫米以上，且降雪持续	6小时内降雪量达到15毫米以上，且降雪持续
寒潮	48小时内最低气温已经或将要下降8℃以上，最低气温不低于4℃，陆地平均风力达5级以上	24小时内最低气温已经或将要下降10℃以上，最低气温不低于4℃，陆地平均风力达6级以上	24小时内最低气温已经或将要下降12℃以上，最低气温不低于0℃，陆地平均风力达6级以上	24小时内最低气温已经或将要下降16℃以上，最低气温小于等于0℃，陆地平均风力达6级以上

寒潮天气易对出行造成影响，道路结冰预警信号又可分为黄色、橙色、红色3种。

道路结冰预警信号的形成标准	
黄色预警	路表温度低于0℃，出现降水。12小时内可能会出现对交通影响的道路结冰
橙色预警	路表温度低于0℃，出现降水。6小时内可能会出现对交通影响的道路结冰
红色预警	路表温度低于0℃，出现降水。2小时内可能会出现对交通影响的道路结冰

一般来说，气象部门对冬季气象灾害的预测可信度还是比较高的。因此，在寒潮来临前，认真地收听天气预报，适时采取防御措施，可以将寒潮危害降到最低。

求生小贴士

极恶劣的寒潮天气很容易导致道路结冰、湿滑。所以在遭遇寒潮天气时，步行或借助交通工具行进一定要树立防滑意识。

寒潮防御及逃生

防寒自救的方法

寒潮天气通常伴随着极速降温和恐怖的暴风雪，极寒的恶劣天气很容易使置身野外的人被冻伤、冻残，甚至可能致死。在寒潮多发的春、秋、冬季节出门徒步、登山、滑雪、攀冰时，极有可能遭遇到寒潮。学会在寒潮中如何 自救，就可以尽可能地免予被冻伤，在遭遇恶劣气候的侵袭时，顺利逃生。

1 不停地运动

如果感觉气温骤降，要立刻起身做一些热身运动，不要等到浑身发抖的时候再开始运动，通常来说，在察觉到寒冷的时候，就代表人体已经开始出现轻微的失温症状了。为了避免意外的发生，只要条件允许就要不停地运动。跺脚、跳跃、做怪脸、连续打拳、用胳膊拍打胸部、捏拳头、将手藏在衣服里面、扭动脚趾、扯耳朵、揪鼻子、揪嘴唇等小运动，都能产生热量，保持体温。

2 巧用“增温纸”

在寒潮多发的季节参加户外活动时，要尽可能多地穿衣服，让多层衣服来保持体温。如果穿的衣服过于单薄，不防风，则可以利用身边的物品来“填充”

衣物。常见的报纸就是不错的选择。报纸可形成极好的无风层，将干燥的报纸，藏在衣服里面，就可以暂时抵挡寒冷的侵袭，不至于因衣着过于单薄而立刻失温。

除了报纸以外，纸袋也是不错的“保温工具”。可将纸袋套在手上，做一个简易的“手套”，也可以将一些大纸袋套在头上（撕两个口子做眼洞）做一个简易的帽子。

3 用雪做隔绝层

如果寒潮带来了肆虐的暴风雪，也可利用这些“不速之客”搭建一个隔雪层。通常来说，堆在大石头和树下的雪堆会形成自然的空穴，可以利用这些空穴做一个简易的遮蔽所。具体做法是，爬进寻找好的空穴，并根据自己的实际所需（按人数或个人身高体重的不同）去扩充洞穴，然后用雨披、毛毯等任一物品加放在洞穴的顶部，做一个简易的屋顶。

在极冷的天气中，如果雪下得非常大，还可以利用这些雪搭建一个“雪帐篷”。但因“雪帐篷”用雪量较大，所以一定要在搭建之前确认雪情。具体做法是，寻找一块空地，用脚踩几行脚印，如果踩下去看不到脚印，说明雪非常密实，比较适宜搭建 “雪帐篷” 。在搭建“雪帐篷”前，用脚在选择好的空地上，反复踩压，使其形成雪块，然后将这些雪块割成与自己的身体一样大小的长方形。

随后在切割好的雪块下挖1米左右的深度，然后将雪块抬起来，使两块雪块彼此斜靠着，即可形成一个“雪帐篷”。

值得注意的是，如果雪的厚度不足1米，就需要利用雪做成雪墙，再按上述步骤做成“雪帐篷”。

4 生火

火堆在野外的重要意义不言而喻。它可以煮熟食物、烤干衣物、取暖、发信号以及吓退野生动物等。但在极寒的天气中，生火需要掌握一定的技巧。通常来说，在身体附近点上三四堆小火，要比只生一堆大火要暖和的多，因为分散在身体四周的小火堆可以使身体的整体温度处于一个水平状态。

如果风雪过大，就需要寻找一些挡风板来阻隔肆吹的狂风。任何金属物件、石板等都可以作为挡风板。

5 留在车里

遭遇寒潮天气时，留在车里也是躲避严寒的一种方法。但需要注意的是，如果是受危害较小的寒潮侵袭，留在车里，很快就能得救——可自行驾车驶离寒潮区，也可向外求救。但是如果陷在极寒的暴风雪天气中，留在车里反而不如在雪洞里躲着更暖和。如果短时间内无法逃出寒潮区，就尽量不要躲在车里了，而是就近在车的附近挖一个雪洞，躲避其中。

求生小贴士

在遭遇寒潮天气时，一定要记得在天黑之前寻找到宿营地。如果没有树木、巨石、汽车等遮蔽物，也要善于开动自己的脑筋，利用塑料袋、雪墙，甚至雪堆来为自己打造一个可以避寒的场所。

暴风雪灾害的防御方法

通过气象部门的预警，我们可以提前做好暴风雪来临前的防御准备工作。那么，当遇到大雪时该如何应对呢？

①在户外时要远离临时搭建物、枯树、广告牌等，避免被砸伤；

②风雪天过桥时，一定要小心观察桥面的情况，最好绕道通过，以免桥滑或冰凌融化而造成伤害；

③加强保暖。最好穿几层宽松的、质轻的保暖衣，同时戴一顶保暖性强的帽子，减少热量从头部流失；

④发生暴风雪后，尽量不要外出。在极度寒冷的环境下，过多地流汗会让体温迅速降低，尤其是对于体质较弱的人来说，突然耗费大量热能，还会损害到心脏；

⑤雨雪天驾车出行时，一定要慢速行驶，有条件的话可以安装防滑链，并佩戴有色墨镜。在车辆拐弯时，一定要提前减速，以免发生追尾等安全事故；

⑥天气极寒冷时，可摄入一些燕麦、干果、面包、花生酱，或足够的热饮来保持体温。

求生小贴士

遭遇暴风雪时，要迅速撤离危旧房屋，以免发生压塌事件。

被困雪中的自救法

极寒的天气会使人出现体力不支、迷失方向、精神恐慌，甚至会导致反应麻木、放弃求生的欲望而致不幸。所以在户外遭遇暴风雪时，掌握正确的自救方法尤为重要。

1 加固帐篷

如果在露营过程中遭遇了暴风雪，要立即将帐篷加固好，以防风把帐篷吹散。

2 清除积雪

遭遇暴风雪后，要立即将帐篷上覆盖的积雪清除，以防帐篷被积雪压塌。

如果帐篷被压塌或无法正常使用时，不要惊慌，可以利用已有条件挖一条雪沟。适合挖雪沟的地方通常处于雪冻得很硬的空旷场地上，其中最简单的、速度快的挖雪沟的方式当属浅沟式。这种雪沟根据自身的需求，对雪沟的深浅和宽度往往没有直接定义。

3 做好自救计划

遇到较大的暴风雪天气后，一定要做好自救的准备。保管好防寒装备，并计划如何合理使用燃料和食品，避免出现资源短缺。

4 保存体力

遭遇暴风雪后，过度的活动会使体能迅速消耗。所以应将身上一切不必要的负重去掉，最好将衣服或睡袋等物品套在身上，着重注意保护手脚和心脏部位。

5 调整心态

人们在遭遇暴风雪时，往往会出现恐惧、孤独、疲劳等负面情绪。负面情绪越多，越容易造成生理、心理素质下降。此时保持稳定的心态、正确的认知能力和判断方位的能力就显得尤为重要。只有思维清晰，才能理性地进行自救。

求生小贴士

遭遇暴风雪时，最好与同行者相互搀扶、相互鼓励，保持积极乐观的求生心态，会增加被救的可能性。

遭遇雪崩的逃生法

在野外一些高寒地区，雪崩是十分常见的，往往可在顷刻间将很大范围覆盖，具有非常强大的摧毁力。那么，遭遇雪崩时，我们该如何逃生呢？

1 正确的逃跑路线

发生雪崩时，由于本能反应，我们头脑中首先会想到直接向山下跑。但这是非常错误的逃生方式，因为雪崩的速度可达每小时 200 千米，人很难超越这个速度。所以在遇到雪崩时，不要直接向山下跑，向山下跑很容易被冰雪掩埋。应跑向雪崩路径较近的一侧边缘，或者跑到地势较高的地方，尽可能推迟被卷入雪崩的时间。

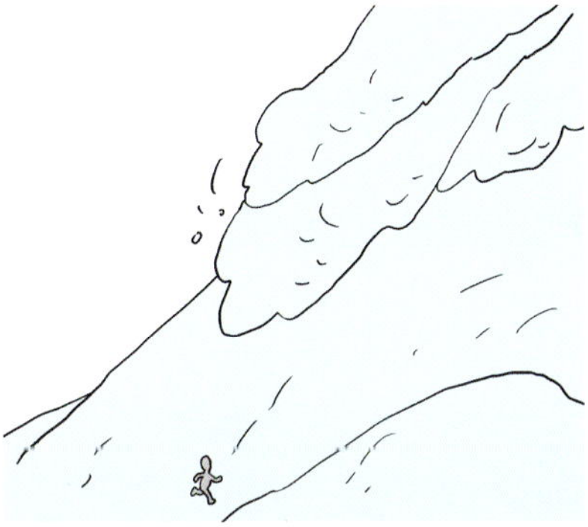

2 轻装上阵

在遇到雪崩时，要立即抛弃身上所携带的重物，如背包、各种滑雪用具等。这些东西都将增加身体的负担，一旦陷在雪中，想要活动起来会很困难。

3 理性求生

一旦卷入雪崩，要立刻将口鼻捂住，防止冰雪涌入咽喉和肺而引发窒息。与此同时，用力摆动手脚，尽量使身体爬向雪崩路径边缘。假如逃不出雪崩的范围，尽量爬上雪堆表面，平躺下来，用爬行的姿势在雪崩面的最顶部活动。

4 找准稳固物体

在发生雪崩时，会有大量积雪倾泻而下，这时压在身体上的积雪越少，我们生存的机会就越大。如果雪崩不是很大，可抓紧山坡旁的树木、岩石等稳固的物体，待冰雪泻完后，便可脱险。

5 进行自救

假如被雪埋住，一定要在最短时间内挣扎出雪堆。假如雪堆很大，短时间内根本无法逃脱，那么应该双手抱头，尽量保证自己处于一个较大的生存空间内，并且要确认自己是否倒置，然后进行破雪自救。

求生小贴士

为了避免发生雪崩，应尽量杜绝在山体的背风坡活动，因为背风坡容易积累从迎风坡吹来的积雪，容易发生雪崩。

脚底打滑的防护手段

在冰面或雪面上行走时，与正常平地不同，很容易滑倒。那么在这些地段行走时，有什么防滑技巧吗？

1 步幅适宜

在冰（雪）面上行走时，步幅要小而缓慢，最好能保持固定的步调。行走时，双手不要插揣在衣兜内，而是与步幅协调摆动，这种方法可以对身体起到平衡作用。

2 借助固定物

在遭遇一些比较湿滑的地段时，可以借助一些固定物，如桥栏、树干等，用手撑扶就可以增加行走的稳定性。

假如不小心摔倒，千万不要试图用手腕去支撑地面，因为这个姿势极易造成手臂骨折。摔倒后，千万不要着急起来，而是应立即检查一下身体哪些部位疼痛、是否出现骨折等意外的发生，确定无误后再爬起来。

3 制作“雪鞋”

制作一双临时“雪鞋”也可以让我们在雪地行进时节省大量时间和体力。

①砍 5 根拇指一般粗细的青木棍，长度大概是我们脚到腋窝的距离，再砍 3 根稍短的木材；

②用绳子将 5 根较长的木棍末端

牢牢绑住；

③测量一下脚前掌会落在“雪鞋”的什么位置，然后在那个位置绑上一根短的横杆，可以使“雪鞋”保持平衡；

④在离第一根横杆约 5 厘米的地方，将第二根横杆固定；

⑤在脚跟的位置绑上第三根横杆；

⑥将木棍的另一个末端绑住（与第②步相同），一只“雪鞋”就做好了。

重复上述步骤做第二只鞋，将做好的“雪鞋”拿到脚下试穿，注意看看脚掌是否落在了前面的横杆上，脚后跟是否落在了后面的横杆上，如果有偏差，可进行调整。

将做好的“雪鞋”用绳子绑在我们脚上，捆绑尽量牢固，捆绑完成后，就可以在雪地上肆意行走了。

求生小贴士

在气候比较寒冷的区域，如果不能做好保温措施，最容易引发的危害就是低温症。低温症可直接或间接地造成死亡。除此之外，寒冷的环境中，极度缺乏天然资源，所以在寒冷地带探险的过程中，要尽可能多地准备一些可用的设备和用品。为了避免意外的发生，就需要在临行前做好寒冷环境中的生存必要准备。

灾后救治

冻伤的快速自救法

冻伤发生的部位多是手、脚、鼻子、耳朵、面颊等暴露在外面的皮肤。冻伤最初会有发红、发热、灼烧、发痒的感觉。不久之后，出现冻伤的位置就会肿胀发硬，形成紫红色的硬块，又疼又痒非常难受。为了降低冻伤带来的伤害，就需要在出发前了解一些冻伤的相关急救知识。

1 轻度伤

轻度冻伤，即亚冻伤，一般是皮肤表面冻伤，常见于手脚和脸部。轻度伤的皮肤会发白变硬，形成面积不等的冻疮。

对于一些轻微的冻伤现象，可利用体温来温暖冻伤部位，即将自己的手脚放入温度较高的腋下部位，使手脚部位的肿胀得以缓和。或者将冻伤的部位抬起，这样也可以减轻受冻部位的肿胀程度。

冻疮在初形成时，用热盐水浸泡患处15分钟，连续1周即可取得良好效果。也可以在出行前，备上一些专门治疗冻疮的药物，如云南白药、伤湿止痛膏、风油精或正骨水等，借助药物治疗，疗效会更加显著。

2 深度冻伤

出现深度冻伤的皮肤组织会变得僵硬麻木，失去知觉，丧失基本的感知能力。一旦出现失去知觉的症状后，就表明已经被冻伤了，需马上采取救治措施。

①马上脱离寒冷的环境，以防冻伤病情加重；

②寻找到一个可以躲避风雨的地方，防止体温继续下降；

③用各种方法使身体快速复温；

④在冻伤部位涂敷冻伤膏（如云南白药、伤湿止痛膏、风油精以及正骨水等），改善身体局部的血液微循环；

⑤补充高能量食物，恢复体力；

⑥内服活血化瘀类的药物，加快体内的血液循环；

⑦口服或注射抗生素，并进行常规的破伤风预防注射。

求生小贴士

出现冻伤后，为了防止其进一步恶化，可将冻伤部位放在约28~28.5℃的温水中缓慢解冻。如果无法准确辨别水温，可用肘部来做“试温计”。通常情况下，肘部可以直接接触的温度就是最适宜的。千万不要试图将冻伤处放到火上烘烤，这种做法会加重伤情。

眼部受伤的自救法

在雪地环境中，双眼如果没有墨镜或护目镜的保护，眼角膜极易受到雪地对紫外线的反射而受伤，而造成严重的雪盲症。通常来说，雪盲具有眼睛刺痛、眼睛发红、流泪甚至难以睁开双眼等症状，如果不立即处理很可能诱发交感性眼炎等疾病。发生雪盲时，可通过下列方法施救。

①摘除隐形眼镜，减少异物刺激角膜和感染的机会；

②以凉白开或眼药水清洗眼睛；

③以消过毒的眼罩、手帕或纱布等物品轻轻敷住眼睛，其间最好避免使用眼睛。

上述治疗措施必须持续 24 ~ 48 小时，直至眼部可睁开视物为宜。雪盲的症状通常需要 5~7 天才会完全消除。再次出发时，需立即戴上护目镜或墨镜，防止眼睛持续或再度损伤。

Part 6

海啸灾害的逃生技巧

本章看点

认识海啸

海啸的防御及逃生

认识海啸

海啸的形成

1 表现形式

海啸的表现形式是海水骤然增加，形成“水墙”。伴随着巨响，“水墙”或先退后涨，或先涨后退，每隔数分钟或数十分钟就重复一次，其波长可达几百千米。“水墙”在瞬间即可越过海岸线，越过一切阻碍，摧毁堤岸、淹没陆地，造成严重损失。

海啸发生后往往会给沿海附近区域造成巨大的生命安全以及财产损失。

2 海啸的形成原因

1）地震

通常情况下，地震是海啸的主要诱因之一。当深海海底或者海洋附近发生地震时，地壳运动会造成海底板块变形，致使板块之间出现滑移，海水大量逆流。在此基础上会引发海水大规模的运动，最终形成海啸。发生速度快是海啸的典型特征之一，地震发生的地方海水越深，海啸速度就越快。

2）海底山（岩）崩塌方

地震或海底火山爆发通常会引发海底山（岩）崩塌方，而山（岩）崩塌方落下的沉积物和岩石也会导致大规模的海水运动，从而引发海啸。

3）宇宙天体

宇宙天体也是诱发海啸的原因之一，但情况较为少见。通常情况下，陨石坠落到海洋中会激起巨大的波能。当陨石所激起的波能足够强大时，就会引发大规模的海水运动，从而形成海啸。

求生小贴士

大多数人都错误地认为海啸很遥远，不需要刻意去防范。其实这是不正确的，去海边游玩，或从事一些与海洋接近的活动时，海啸危机会随时潜伏在人们身边，所以绝不能轻视。在平时多学习一些应对技巧，才能在遇到危险时有效地自救。

海啸的危害

地震海啸给人类带来的灾难是巨大的。海啸释放的巨波犹如“死亡的波浪”，巨大的杀伤力刹那间就可以让万物毁灭。迅猛的海啸能在顷刻间把人和建筑物全部吞噬，造成大量的人员伤亡及建筑物毁坏。海啸还会带来数量高达几吨的岩石或海底的船只，这些夹杂物会加大海啸的破坏力度。

海啸席卷过后，海滩上除了被破坏的港口设施和被震塌的建筑物外，往往还有大量人畜尸体。值得注意的是，这些尸体如果不及时清理就会滋生病菌，甚至会形成瘟疫，造成更加严重的危害。

求生小贴士

海啸前海水会出现异常的涨潮退潮现象，致使一些鱼虾等海洋生物被留在浅滩处。此时千万不要前去捡鱼或看热闹，而是应当迅速离开海岸，向内陆高处转移，因为海水异常就代表着海啸可能已经不远了。

海啸的防御及逃生

海啸来临前的预兆

目前，人们可以通过预测、观察来预防减少海啸带来的危害。那么海啸在来临前具有哪些预兆呢？

1 地震

地震是海啸最明显的前兆。如果感觉到了较强的震感，要立即远离海边和江河的入海口。尤其在一些海啸频发的区域，最好时刻关注一些有关附近地震的新闻和广播，做好预防海啸的准备。大多数情况下，海啸会在地震发生几个小时后到达离震源几千米远的地方。但由于海啸需要一个波与另一个波之间进行传播，所以从震源到海岸边往往可能还需要一段时间。善用这段时间逃生，在提前知悉地震的情况下，立即撤往安全区域。

2 动物的异常行为

海滩上如果突然出现了大量深海鱼类，也是海啸等海洋异常活动的预报。因为深海环境和海岸线附近的水域存在巨大差别，深海鱼类通常不会自行游到海面上。多数是由于海啸等异常海洋活动的巨大暗流将其卷到了浅海。因此，深海鱼类突然出现在海面上，要立刻提高防御警惕。

3 海水异常

海啸发生前，海水会出现异常。如部分海水区域会突然下沉，并引起周围水流下沉流动，出现快速的退潮情形。这种不正常的海水变化也可能预示着海啸濒临。

4 海浪异常

除了海水异常外，海浪也会出现异常情况。海啸来临前的排浪与通

常的涨潮不同，海啸来临前的排浪会非常整齐，浪头特别高，如同一堵墙。并且伴有大量水泡冒出，出现这些异常时，就需要以最快速度撤离岸边。

求生小贴士

为了应对海啸的发生，目前全球已经建立了国际海啸预警系统。该系统于1965年开始启动，太平洋地震带的一些北美洲、亚洲、南美洲国家以及太平洋上的一些岛屿国家都先后加入其中。国际海啸预警系统的预警原理是将每个参与国家的地震监测网络中的各种地震信息进行汇总，然后通过计算机进行分析。基本数据形成后，通过计算机模拟，大致判断出哪些地方会形成海啸，其规模和破坏性有多大。然后系统会迅速向有关成员国传达相关警报。

收到海啸警报后的应对措施

在通过观察海啸来临前的异常情况确认海啸即将来临的“警报”后，该采取哪些应对措施进行撤离呢？

1 理性逃生

当感受到大地发生“颤抖”时，要尽快远离海滨，并登上高处。不要因为好奇跑去观看海啸；也不要因为太过恐惧，而丧失逃生本能。错误的应对方式会极大地延误逃生时机。

2 及时跟踪海啸预警信息

如果已经收到海啸警报，即使没有体会到震感，也要立即离开海岸，快速到高地等安全处避难。

此外，还要通过广播或电视等方式实时掌握信息，在没有解除海啸警报之前，切勿靠近海岸。

3 保持警醒

如果在海滩或靠近海岸线的地方感觉到地震（即使很轻微），也要立刻转移到高处，千万别等到海啸警报拉响了才行动。很多时候海啸预警与海啸同时发生。

4 远离低洼处

海啸发生时，海水夹杂着巨浪袭来，一些地面上的建筑物都无法避免，更何况低洼等地势较低的区域。巨大的水浪会将这些区域瞬间淹没。

5 准备急救包

在收到海啸警报后，应立即着手准备一个急救包。

急救包中要包括食物、水、急救药和包扎工具等物品。将准备好的急救包放到明显的位置，一旦发生紧急情况，可立即将其拿起来“逃生”。

6 制订一个紧急疏散计划

在接收到海啸警报后，要第一时间考虑所在地区的周围环境，并记录下“逃生”时可以前往的安全地。这些地方与自己所处的位置一定不要离得太远。最好同时设置多条逃生路线，以防灾害阻断单一逃生路线。

求生小贴士

很多不了解海啸的人，在海啸发生第一波的冲击后，会错误地以为海啸已经退去了，因此离开安全区域返回家中。其实在第一波的袭击后，往往会迎来更强烈的海啸袭击。海啸不同于地震，可能持续几分钟，也可能持续几个小时。因此，不要盲目猜测海啸是否已经退去，而是等权威部门确定灾害已经彻底离开后，再从安全处撤离。

遭遇海啸时的应对措施

当海啸来临时，除了“跑得快”外，还应该采取哪些措施进行自救呢?

1 远离海岸线

海啸发生时，海岸边是最危险的地方之一。巨大的海浪很可能将人卷入海水中。所以在觉察异常情况后，一定要尽可能跑向内陆，离海岸线越远越好。

2 轻、简“逃生”

“逃生”时果断卸下玩具、书籍、计算机、电视等比较贵重的日常用品，携带一些急救必备物品即可。负重过大会减缓逃生速度。

3 爬到粗壮的树上

如果海啸已经发生，没有向外逃跑的时间了。那就寻找一些粗壮、高大的树并尽可能往高处爬。当然大树很可能会被海啸摧倒，但这是所有办法都不起作用时唯一的求生路径。

4 暂时到高层建筑中躲避

通常来说，海岸线附近都会有很多质地坚固的高层建筑。如果海啸来临时，已经来不及转移到大树等户外高地，可以暂时到这些建筑的高层中进行躲避。

但需要注意的是，海边低矮的房屋往往经受不住海啸的冲击，所以不要在慌乱逃生中误入其中。

如果不幸被卷入水中，一定要尽可能地抓住一些漂浮物，如救生圈、树干、门板等。

5 与外界保持联系

时刻保持与外界的联系，告知彼此的位置及当前情况。在海啸过去后，可第一时间进行互救。

在遭遇海啸时最好能与其他受困者聚集到一起，彼此鼓励，也能进行互救。

求生小贴士

保持求生信念，这是能否度过灾难的关键。海啸来临时，如果在海上，也不要抱着“必死无疑”的“决心”。最重要的是保持冷静，确定自己离海岸的距离，大致估算一下是否有机会逃到安全区。如果离得太近，可在海啸濒发前，迅速离船上岸；如果已经离岸太远，一定不要试图将船只开回港湾，巨大的水浪会将船只卷到岸上或将其抛入空中。正确的做法是尽量将船只开到开阔的海面上。

落水后的自救法

如果在海啸发生时不幸落水，一定不要惊慌失措。讲究正确的自救方法，也可以将危险降到最低。那么适用于落水后的自救方法有哪些呢？

1 寻找漂浮物

如果在海啸发生时不幸落水，要尽可能地抓住身边一些可用的物体做漂浮物，如木板、门板、树干等，同时注意避免与其他硬物发生碰撞。

2 保持体力

落水后，不要在水中做挣扎等动作，尽量减少体能的无谓消耗。抓住漂浮物后，身体就能浮在水面。尽量不要游泳，以防体内热量过快散失。

3 尽量避免喝海水

落水后，尽量避免喝入大量海水。海水盐度过高，大量饮用后会加速体内水分的排出，如果不能及时补充淡水，很容易脱水。

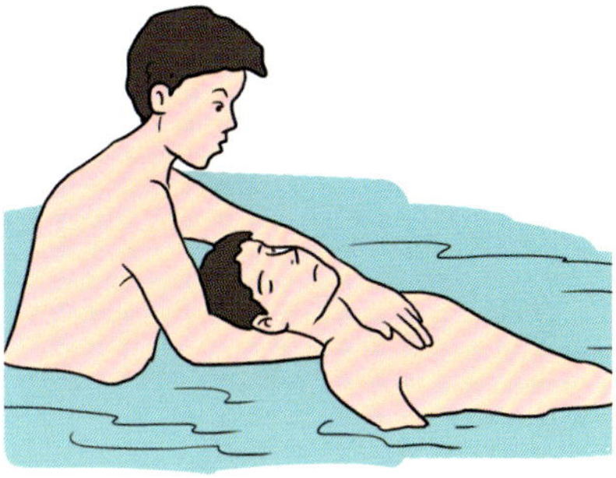

4 向其他受难者靠近

落入海水中后，尽可能向其他落水者靠拢。因为人在面对生理极限时，内心会非常脆弱和慌乱，与其他人待在一起既能便于彼此间相互帮助和鼓励，也能因为目标扩大而更容易被救援人员发现。

5 采用正确的恢复体温的方法

人在海水中长时间的浸泡，热量散失会造成体温下降。在被救上岸后，最好能借助浸泡温水，裹上被、毯、大衣等方式来恢复体温。可同时喝一些糖水来补充体内的水分和能量。注意不要用饮酒的方式来恢复体温，饮酒只能使热量更快散失。

求生小贴士

我们在水中很可能发生抽筋现象，这时要保持镇定，根据抽筋部位进行自救。在抽过筋后，应该尽量改变姿势。

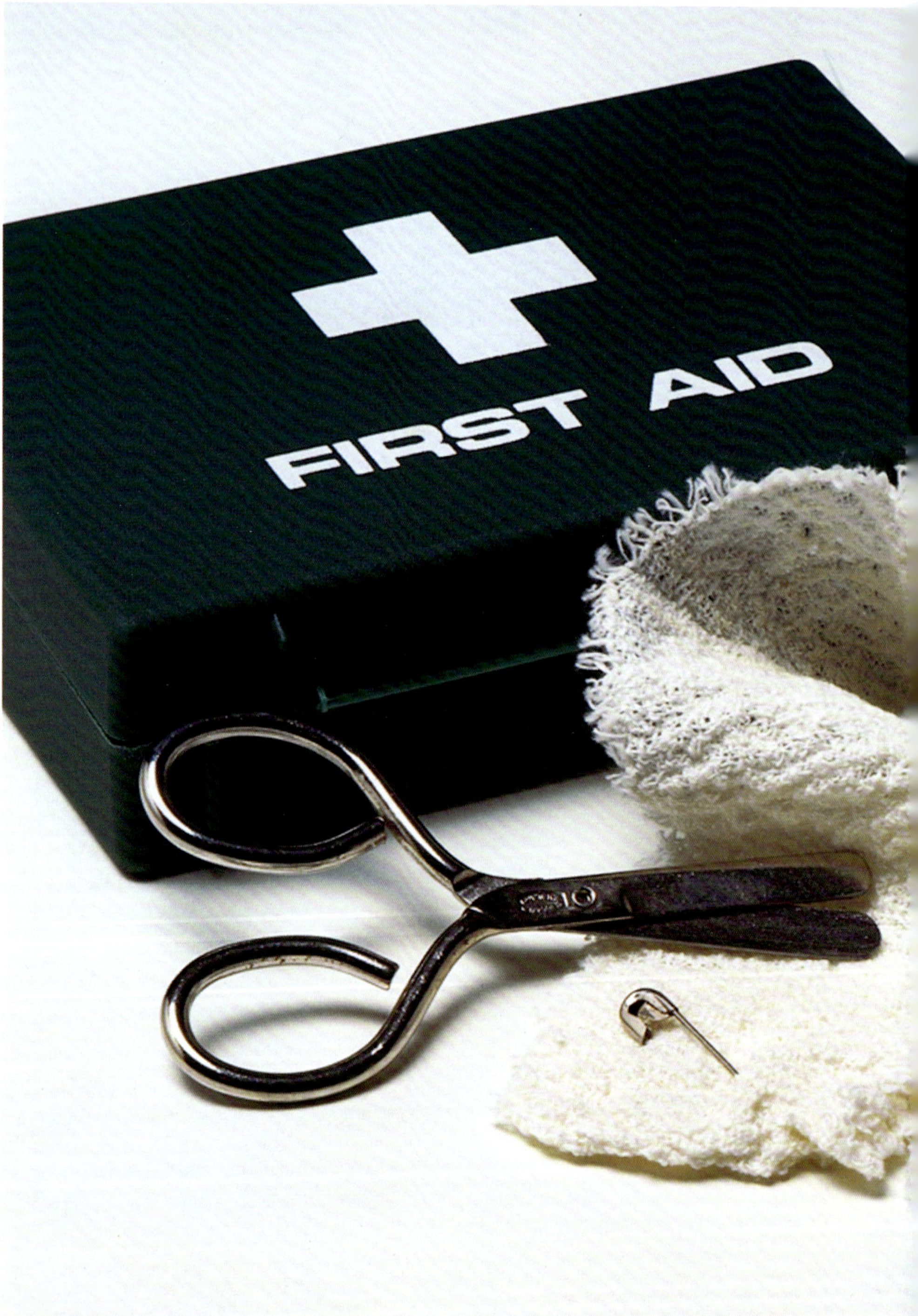
FIRST AID

Part 7

险境急救技巧

本章看点

基本急救技巧

▼

常见伤病的处理

基本急救技巧

简易消毒法

野外环境中，有很多看不见的细菌、病毒等微生物。皮肤作为人体的第一道防线，使我们免予有害微生物的直接侵害。但皮肤受损后，对微生物的防御力直线下降，如果不对伤口及时进行消毒处理，很容易因伤口感染而引发败血症等疾病。接下来为大家介绍一些常用的消毒方法。

1 流质清理消毒法

第一时间清理伤口上的异物，可用安全流质（水或者新鲜的尿液）对受创位置进行冲洗。伤口内如有异物，要慎重处理，大而易取的，可根据情况决定是否取出；深而小且不易取出的不要勉强取出，以免把细菌带入伤口或造成创面大量出血。

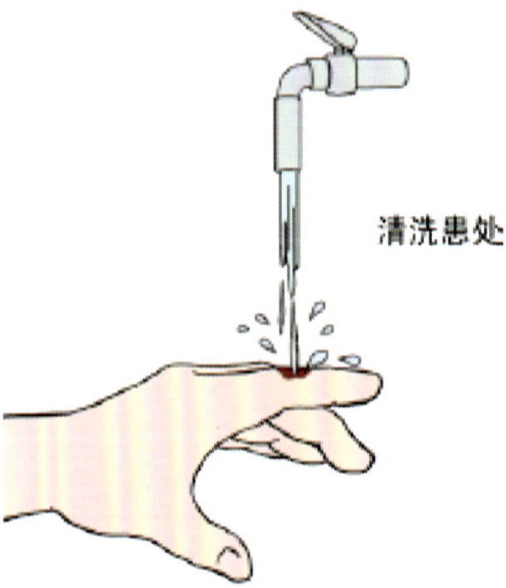

2 排血消毒法

挤压受创位置，让脓血流出，这种方法尤其适用于被动物咬伤及异物插入类的创伤。

3 高温消毒法

对大面积或者伤口较深的创伤面进行高温灼烧，能有效预防破伤风。这种方法常用于被动物咬伤及异物插入等创伤的排血处理后。但此方法若操作不当极其危险，所以不到万不得已尽量不要尝试。

4 热盐水消毒法

热盐水消毒法适用于浅表皮肤损伤或叮咬、蜇伤。在加热后的水中加入食用盐，配成1%浓度的盐水，用来冲洗伤口，消毒作用显著。

5 消毒敷剂法

消毒敷剂可以治疗常见的伤口感染。可将稻谷、马铃薯等植物的块根和种皮作为敷剂，将敷剂材料煮沸后用纱布包裹，趁热敷于伤口处，即可起到快速消毒的功效。

6 肥皂水消毒法

肥皂水适用于被狗等动物咬伤后的伤口紧急消毒，具体操作方法如下。

①将水与肥皂按 5∶1 的比例进行调制；

②将伤口浸泡或将纱布等蘸着肥皂水擦拭伤口；

③肥皂水只可清洗伤口表面，如果伤口出现洗不掉、冲不净且深入组织中的异物，还需用碘酒或其他方法进行处理。

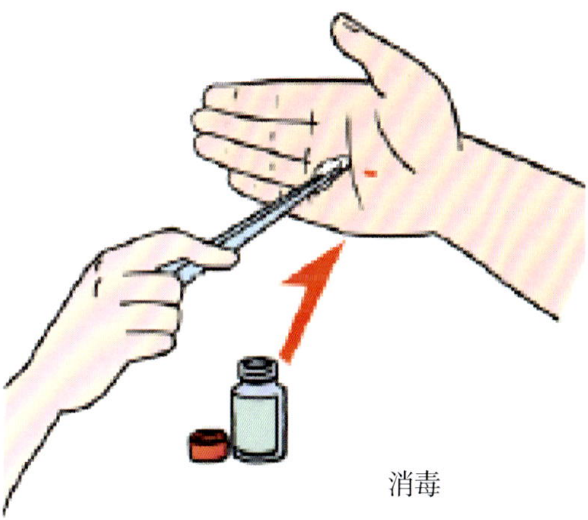

消毒

7 消炎药物

如果医药箱中备有碘酒等消炎药物，可直接用于消毒。消毒时不要把碘酒、酒精涂入伤口内，最好沿着伤口的边缘由里向外擦。

求生小贴士

小面积的伤口用上述药品进行消毒包扎即可。但如果是大面积的伤口，还需在对伤口进行杀毒处理之后，再用绷带或敷料等对伤口进行适当的包扎，以防感染。

创可贴的使用技巧

创可贴又名“止血膏布”，几乎所有户外运动者的背包里都不会缺少创可贴的身影。因为在户外运动难免会磕磕碰碰，而创可贴可以迅速止血、预防伤口感染、加速伤口愈合。尽管创可贴的使用频率很高，但并不是所有人都知道创可贴的使用技巧、正确使用方法和使用禁忌。

1 创可贴的使用技巧

1）使用时间不宜过长

创可贴的使用时间不能过长，而且要每日更换，尽量不要连续使用两天。在更换创可贴时要注意观察伤创面，一旦创口出现红肿、化脓就要停止使用，并及时就医。

2）缠绕力度要适宜

使用创可贴时不能缠得太紧，也不能缠得太松。尤其是手指部位，缠绕太紧很容易致使指端皮肤肌肉坏死；而缠绕太松又容易脱落。为了避免意外的发生，可在临行前掌握创可贴的正确使用方法。

2 创可贴的正确使用方法

1）贴于非关节处

①准备好创可贴；

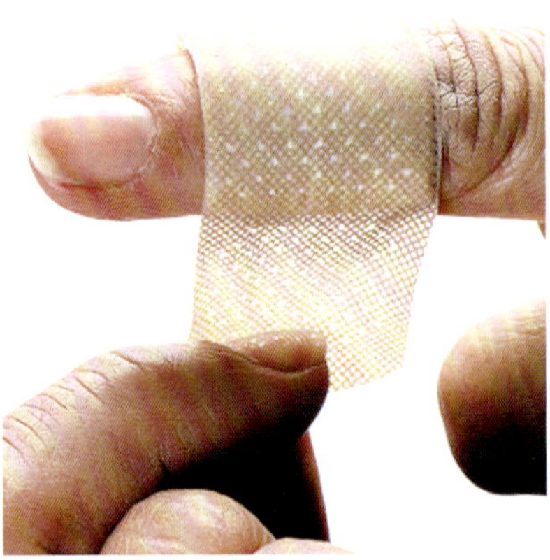

②将创可贴沿中间线剪开；

③将左上方的创可贴向右下方按压；

④将右上方的创可贴向左下方按压；

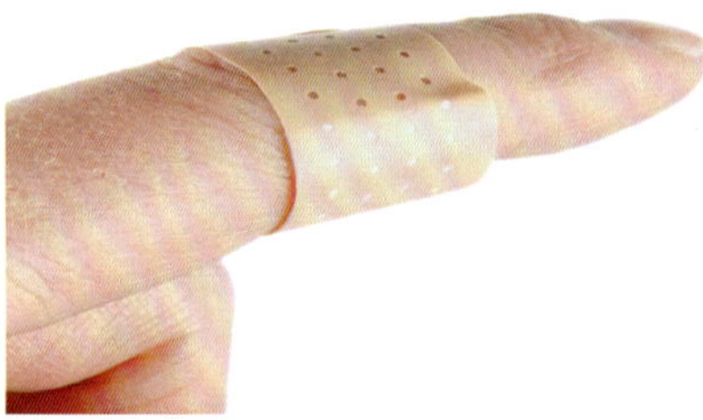

⑤把左右两端平行黏合。

2）贴于关节处

①准备好创可贴；

②将创可贴沿中间线剪开；

③将左上方的创可贴向左上方按压；

④将右上方的创可贴向左上方按压；

⑤把左右两端平行黏合。

3 创可贴的使用禁忌

并不是所有的伤口都可用创可贴进行处理，有的伤口在使用创可贴后，反而会加重伤情，尤其在野外，出现下列伤情时，尽量不要用创可贴进行包扎处理。

①创伤严重、已经污染或感染的伤口；

②如铁钉、刀尖扎伤等深而窄的伤口；

③伤口内有异物；

④烧、烫伤后出现的溃烂、伤口处有分泌物；

⑤皮肤轻度擦伤，仅有少量出血者。

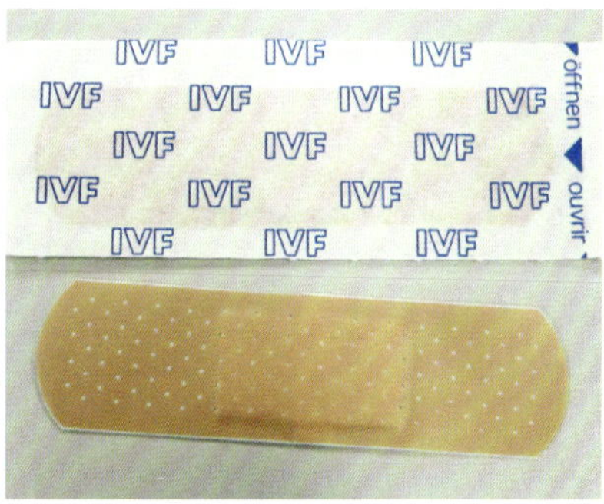

求生小贴士

切勿长时间使用创可贴，因为创可贴会对伤口产生束缚，造成血液不流畅，伤处附近坏死等情况。

骨折固定技术

固定对骨折以及关节严重损伤等伤情起到临时减轻痛苦、减少并发症等作用，为伤情的进一步治疗奠定基础。

1 常用骨折固定术

1）锁骨骨折固定

锁骨骨折固定分无夹板固定法和“T”形夹板固定法。

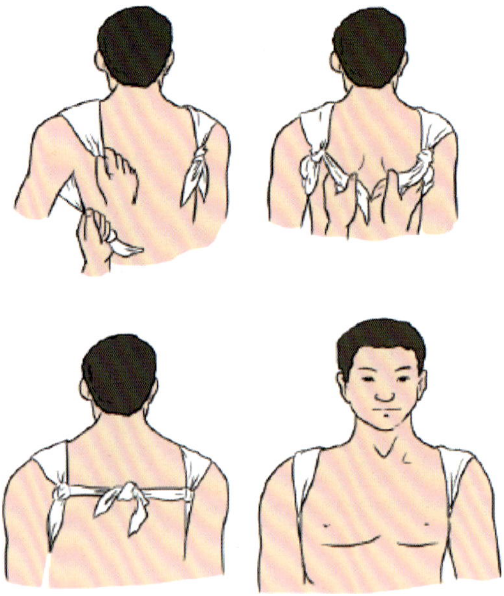

（1）无夹板固定法

①将三角巾折叠成4厘米左右宽的宽条带；

②在两腋下各垫上一块棉垫，将宽条带以横“8”字形缠绕两肩；

③缠绕肩带时，胸往前挺，两肩尽量往后张，在背部交叉处打结固定；

④两腕在胸前交叉，且两肘关节屈曲；

⑤取另一条三角巾，从上臂肱骨下端处绕过胸廓，上下两端相遇时打结。

（2）“T”形夹板固定法

①提前备好直板长50厘米、横板长55厘米的“T”形夹板；

②将“T”形夹板贴于背后；

③在两腋下与肩胛部位垫上棉垫，用绷带或三角巾缠绕后，绕至腰部扎牢；

④固定两肩部，使“T”形夹板与身体贴合。

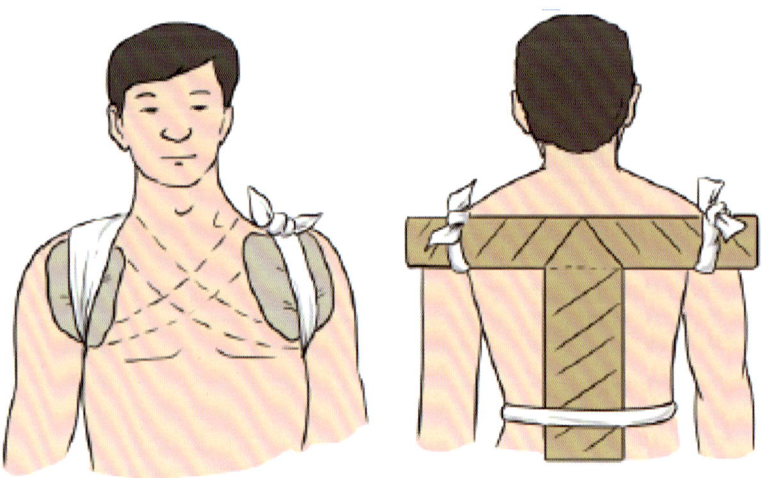

2）前臂骨折固定

①取两块长短适当的木夹板，垫以柔软衬物；

②将两块夹板分别放在前臂掌侧与背侧。只有一块夹板时放在前臂背侧；

③在手心中放上棉花等柔软物，并紧紧握住，使腕节稍向背屈；

④用三角巾或绷带将夹板上下两端扎牢固定；

⑤肘关节屈曲 90 度，用大悬臂带将包扎固定后的伤臂吊起。

3）肱骨骨折固定

①准备两块木夹板，垫以柔软衬物；

②将两块夹板置于上臂内、外侧。只有一块夹板时则放在上臂外侧；

③用绷带或三角巾将夹板上下两端扎牢固定；

④肘关节屈曲 90° 度，用小悬臂带将包扎固定后的伤臂吊起。

4）肋骨骨折固定

①在胸部骨折处，垫以柔软衬物；

②让伤者大口地吸呼气；

③在呼气状态下用三角巾或绷带将胸部紧紧包扎起来；

④固定胸壁；

⑤用大悬臂带将包扎固定后的伤肢吊起。

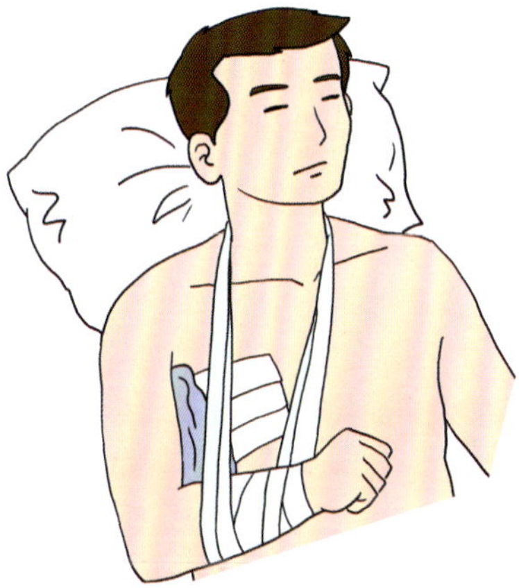

5）股骨（大腿）骨折固定

①伤员取仰卧位，同时尽可能地伸直伤腿；

②用长度适中的两块夹板放于大腿内、外侧。只有一块夹板时则放到外侧；

③用绷带或三角巾固定伤口时，包扎顺序为：外侧由腋窝到足跟，内侧由腹股沟到足跟，将健康的腿靠向伤肢，使两下肢并列，两脚对齐；

④在关节或空隙部位垫以柔软衬物，然后用三角巾或绷带将骨折上下两端固定；

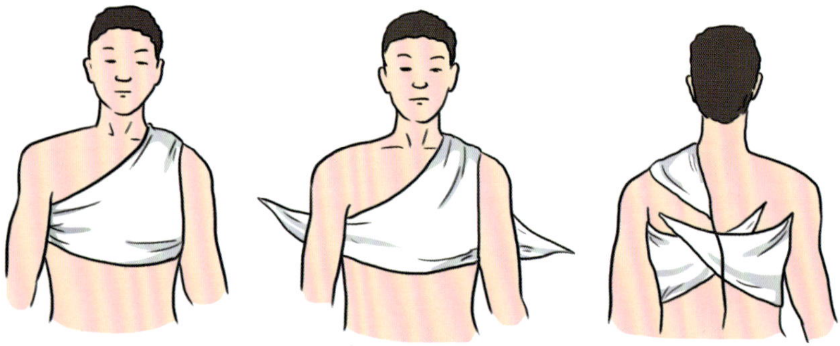

⑤分别在腋下、腰部及膝关节、踝关节等处扎牢固定。

6）小腿骨折固定

①准备两块木夹板，垫以柔软衬物；

②用长度适中的两块夹板加垫后放于小腿的内、外侧。只有一块木夹板时，需放在外侧；

③在关节或空隙部位加垫柔软衬物，用三角巾或绷带对其分段扎牢固定；

④固定顺序为：首先固定小腿骨折的上下两端；然后固定大腿中部、膝关节、踝关节。

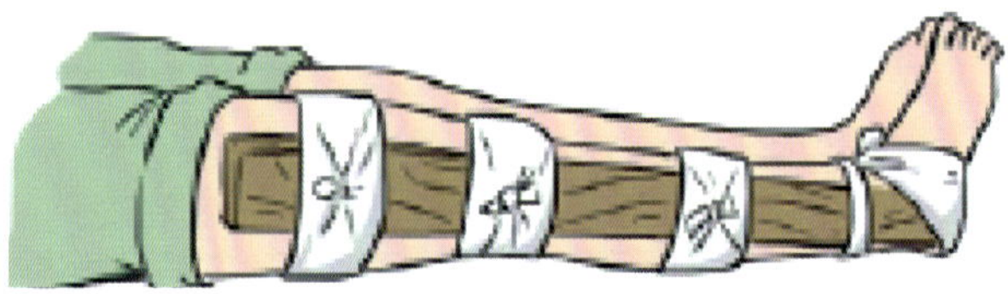

2 骨折固定注意事项

固定伤处时，应遵循以下注意事项。

（1）遇到心跳停止、呼吸不畅的伤员时，要立即先对其进行复苏等抢救措施后，再对其进行骨折固定。

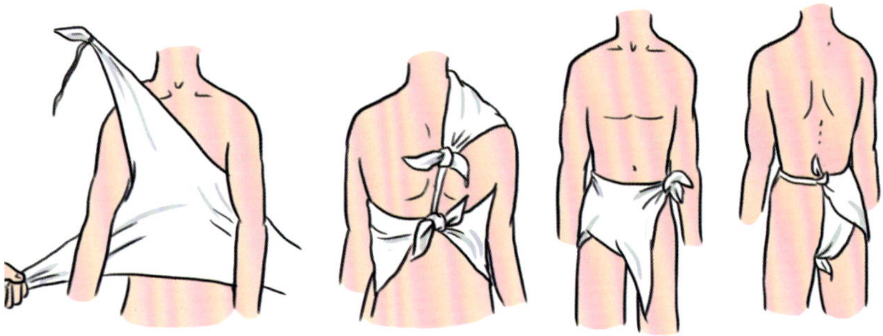

（2）对骨折处进行固定时，切勿试图对畸形的伤处进行整复，如将骨折断端送入伤口内等。错误的整复方式很可能会加剧伤情，为了避免意外发生，对伤口进行固定。

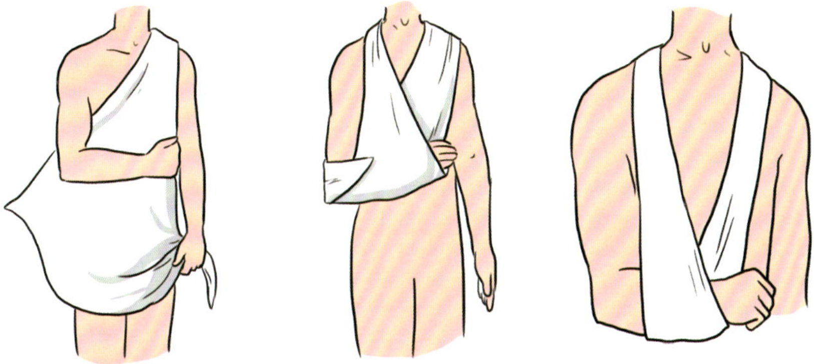

（3）固定时捆绑力度一定要适中，最好做到不松、不紧但牢固。

（4）缺乏专业的固定夹板时可选用代用品，木板、竹竿等都是不错的选择。在使用代用夹板时，夹板靠近皮肤的一面最好用纱布、敷料等进行垫敷和包裹。

求生小贴士

对于开放性骨折，需要及时止血，并且立即封闭伤口。在封闭伤口时要十分小心，先用干净的纱布将其覆盖，再用绷带进行包扎固定。

正确使用担架

野外中难免会遇到身体受伤的情况，比较轻的伤势还可以勉强走动，严重时就需要借助担架或别人的抬扶才能行走。在使用担架时一定要遵循正确的搬运技巧，一些不恰当的搬运方法会加重伤者（尤其是骨折伤者）受到的伤害。

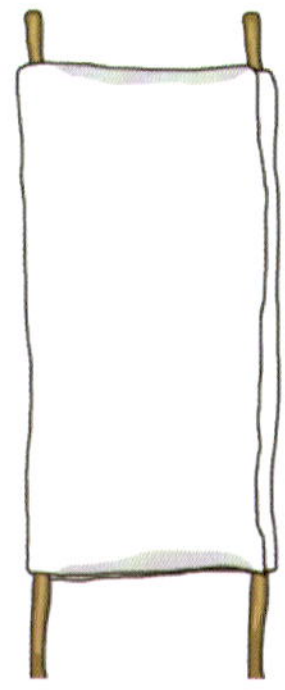

1 担架的正确搬运技巧

1）颅脑损伤

颅脑损伤者常有脑组织暴露和呼吸不畅等表现，搬运时应使伤者取半仰卧位或侧卧位，使其保持呼吸通畅。

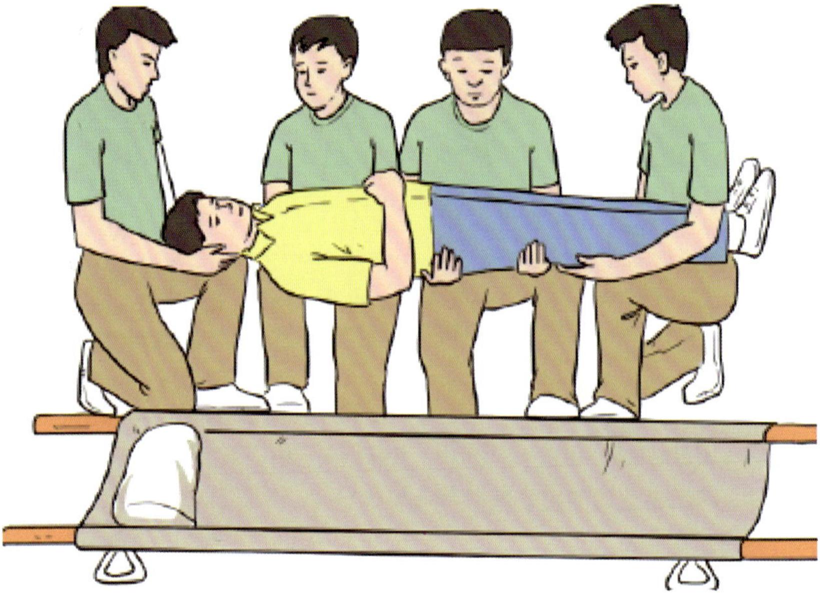

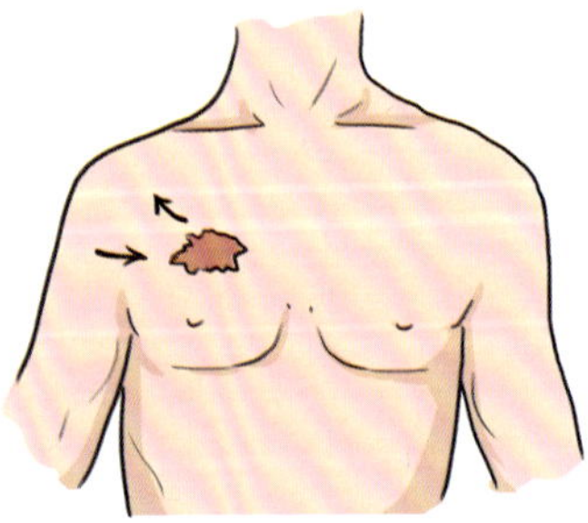

2）脊柱、脊髓损伤

对于颈椎、腰椎损伤的伤员，尽量不要尝试单人或 2 人来搬运，以免使伤员受到更大的伤害。最好 3 ~ 4 人同时搬运，搬运时，一定要固定伤者的颈部不能前屈、后仰或扭曲，切勿随意扭曲伤员的脊柱。

3）胸部受伤

胸部受伤者常伴有开放性血气胸，需首先进行止血包扎（详情见 Part7 险境急救技巧　三角巾包扎伤口）。搬运胸部受伤的伤者时，多以座椅式搬运为宜，伤员取坐位或半卧位。

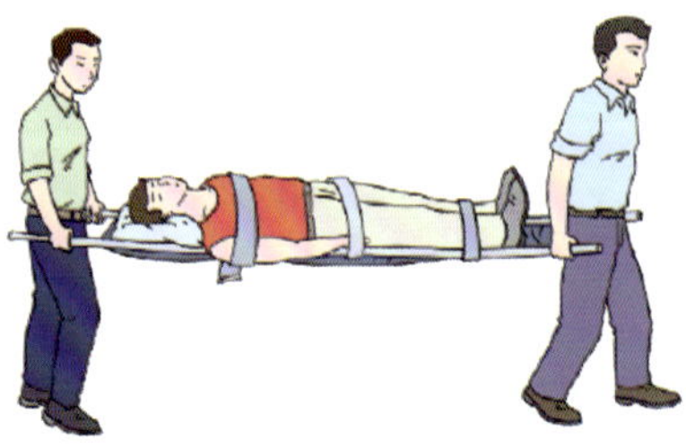

4）腹部受伤

伤员取仰卧位，下肢屈曲，防止腹腔脏器受压而脱出。

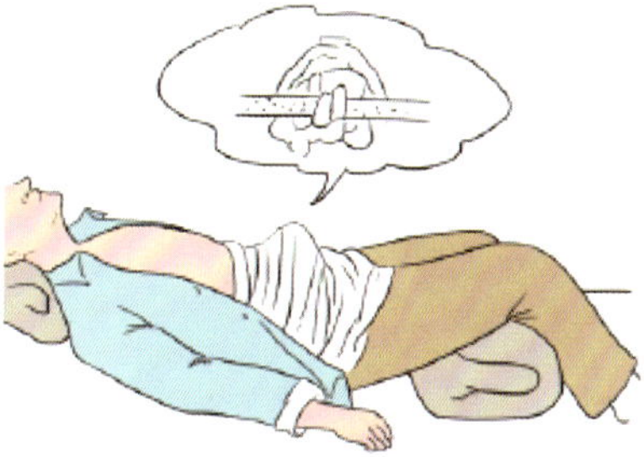

5）腿部受伤

腿部受伤，不借助担架，直接背负也行。如果借助担架，患者需取仰卧位，将伤肢平放在担架上。

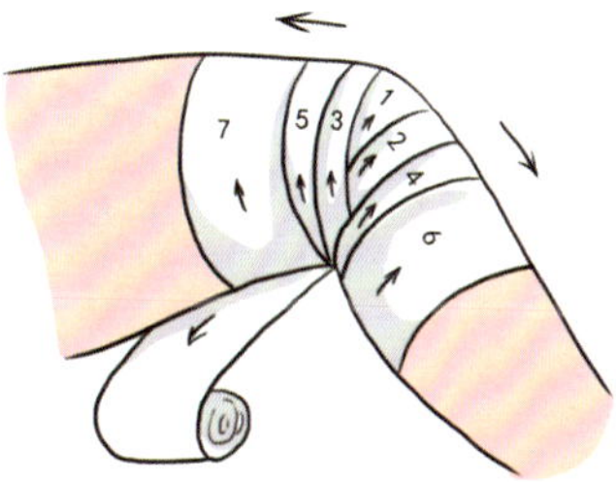

6）昏迷伤员

伤员取平卧位，垫高背部，头稍后仰。

7）呼吸困难伤员

伤员取坐位，如有条件，最好用折叠担架（或椅）搬运。

呼吸困难的伤者切勿用背驮的方式搬运，否则会加重伤员的窒息感。

8 ）休克伤员

平卧位，不用枕头，脚抬高。

2 简易担架的制作方法

如果没有现成的担架使用，可以利用一些随身携带的物品制造一个简易担架。

1 ）外套（毛衣）＋木棒（或竹竿）简易担架

①双手握住两根木棒或竹竿的一端；

②由另一人将外套或毛衣直接经领口套到其中一根竹竿上；

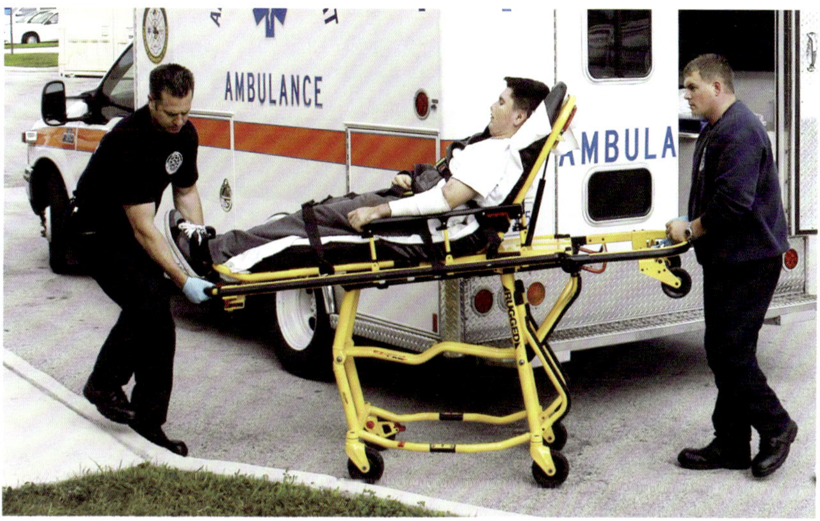

③另一端进行同样的操作；

④整理平整，并固定。

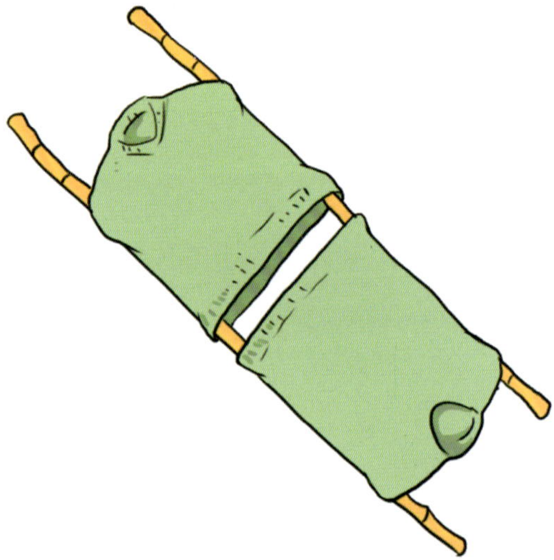

2)毛毯+竹竿(或木棒)简易担架

①将毛毯展开，约在其中间的1/3区域两边各放一根竹竿（或木棒）；

②将一边的毛毯对折，压住同侧的竹竿；

③将另一侧的竹竿拿起，压住刚对折过的毛毯边缘；

④将剩下的一边对折过来。

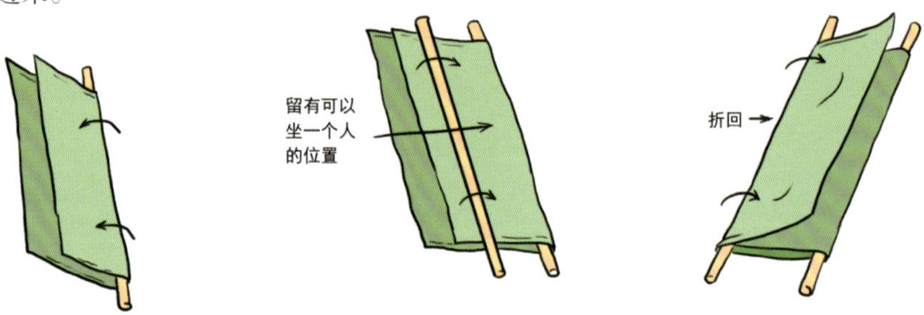

求生小贴士

在搬运过程中，搬运动作应轻巧、敏捷，前后搬运员最好步调保持一致，尽量减少震动、颠簸，避免因搬运不当加重伤者伤情。

三角巾包扎伤口

三角巾在野外急救中十分常用，它可辅助固定夹板、敷料并代替止血带使用，是一种便捷好用的包扎材料。接下来跟大家分享一下常用的三角巾包扎方法。

1 头部包扎法

①将三角巾底边的中间部位折叠，然后将其放在头顶部近眉间的位置；

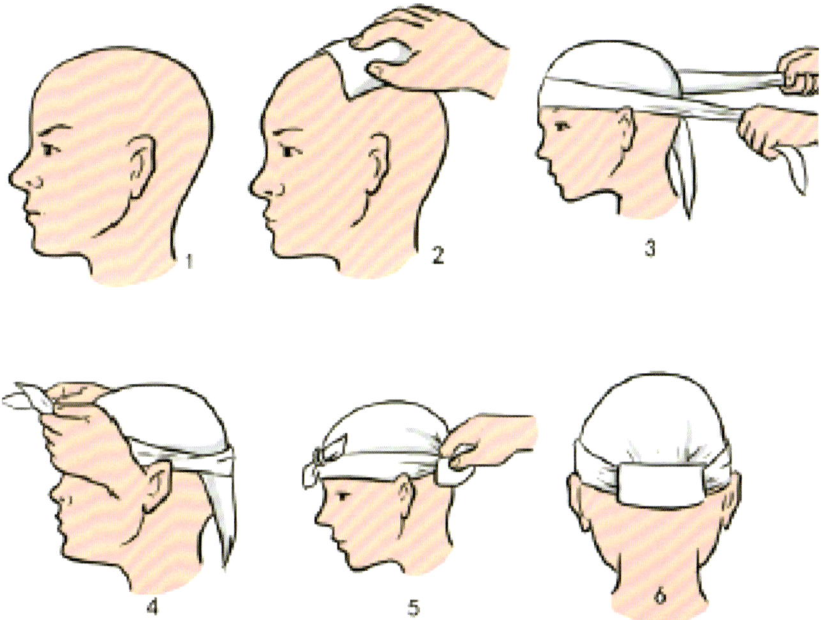

②将三角巾的一个边角经头顶拉向枕后，再将底边经左右耳上向后拉紧；

③在三角巾的两个边角在头后方枕部进行交叉，同时压住垂下的边角，再将其交叉绕到耳上，拉伸到额部拉紧打结；

④用安全针或胶布固定边角。

2 面部包扎法

面部包扎法分为单侧面部包扎法和面具式面部包扎法。

1）单侧面部包扎法

①将三角巾对折形成双层；

②将折叠后的三角巾分别取两个不同的角边，一手将顶角压在伤口（近健侧眉处），另一手将底边的留角经耳上绕到头后；

③用底角与顶角进行交叉打结，然后将底边的一边反折向下将面部包盖，然后将面部下的底角与顶角在耳上打结。

2）面具式面部包扎法

①将三角巾的顶部打结；

②将三角巾的一边套在下颏部，将整个面部罩住并逐步覆盖整个头部；

③在头枕部位将底边两端交叉拉紧后到额部打结；

④处理完毕后在口、鼻、眼等部位剪孔。

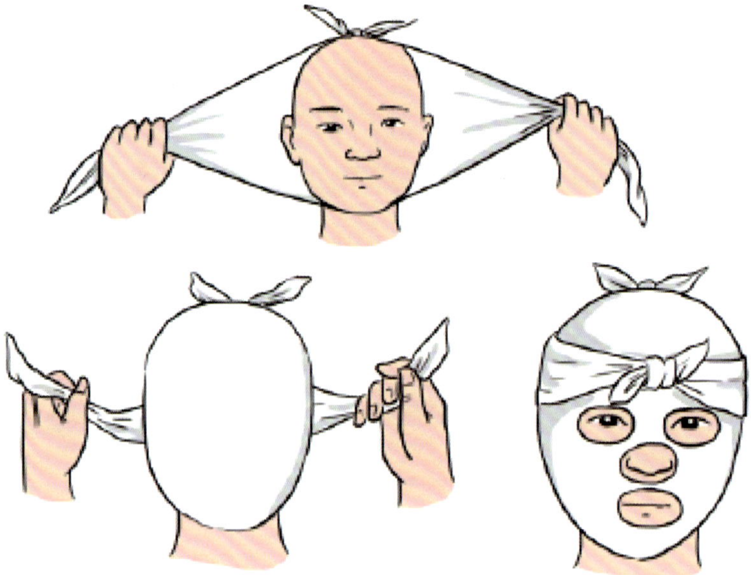

3 眼部包扎法

眼部包扎法分为单眼包扎法和双眼包扎法两种。

1）单眼包扎法

①将三角巾折成带状巾，以四指宽左右为宜；

②将折叠后的三角巾（约2/3的部位）向下斜放在伤眼上；

③将三角巾下侧较长的一端经后枕部绕到额前，并压住上侧较短的一端；

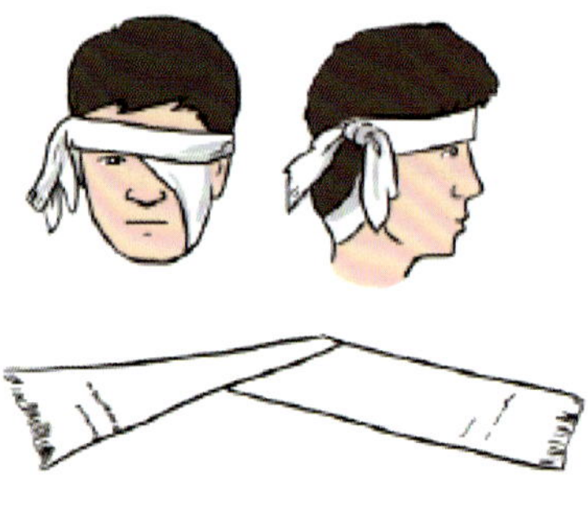

④将短的一端压盖后（留出一角），长端继续沿着额部向后绕至太阳穴；

⑤将短端留出的一角反折环绕后枕部至太阳穴的部位与长端巾绳打结。

2）双眼包扎法

①将三角巾折成带状巾，以四指宽左右为宜；

②将折叠后的三角巾的中央部位盖在一侧伤眼上，留出上下两端巾绳；

③下端自耳下绕至后枕部，再经对侧耳上绕至眉间上方部位；

④压住上端，继续绕过头部到对

侧耳前；

⑤将三角巾的上端反折，以斜向下的方式盖住另一只伤眼；

⑥将巾绳下端自耳下绕至后枕部，与另一端在对侧耳上或枕后打结。

4 肩部包扎法

1）单肩包扎法

①将三角巾对折，并将三角巾的中央部位放于肩部；

②留出顶、底两端巾绳，顶角向颈部，底端横放在上臂上部；

③顶、底两端交叉绕过上臂部，并在上臂外侧打结；

④把顶角经背后绕至对侧腋下，同时拉向伤侧腋下，借助系带与两底角打结。

2）双肩包扎法

①取面积较大的三角巾一张，将其底边批于肩上；

②三角巾的双角向后背方向拉伸打结；

③顶角系在胸前的第二纽扣处，做假纽。

5 胸部包扎法

胸背部包扎法主要分为单胸包扎法和双胸包扎法。

1）单胸包扎法（以右胸为例）

①三角巾对折，将巾绳的顶角放在右肩上，同时留出左、右两端底角；

②把左、右两端底角从两腋窝处拉至背后打结，左边底角最好能长一些；

③把肩部顶角向下拉，拉过肩部与左、右两端底角系在一起；

④将几处绳结交叉打结。

如果伤在左胸，操作步骤与上述无异，只需变换包扎方向。

2）双胸包扎法

①将三角巾折叠成燕尾式，在腰围处围腰打结；

②将其围腰后，上翻两个底角，将整个胸部覆盖；

③将两角在背后“V”字形打结。

6 腹部包扎法

①把三角巾横放在腹部，顶角朝下，三角巾的底角置于脐部位置；

②将底角拉紧并拉拽至腰后打结；

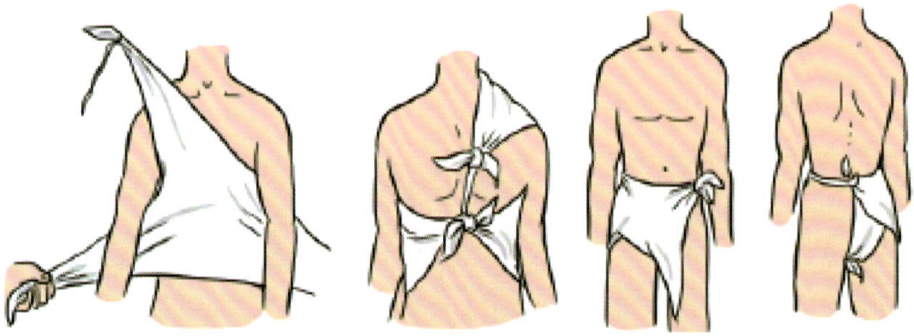

③顶角经大腿根部拉至臀部上方，与底角打结后的余头进行交叉打结。

7 臀部包扎法

1）单侧臀部包扎法

①将三角巾置于大腿外侧，三角巾的中间部位对着大腿根部；

②将顶角系带围绕缠扎，然后将下边角翻上拉至健侧髂嵴部（髂骨翼的上缘）与前角打结。

2）双臀包扎法

①取两块三角巾，将其顶角连接；

②将连接后的三角巾两底角围至腰间，并在腰前结扎；

③三角巾的后两个底角分别缠绕在腿和腹股沟，将其底边进行打结。

8 四肢包扎法

针对四肢的不同部位介绍不同的包扎方法。

1）前臂及上臂包扎法

①将三角巾一边打结后（结留余头稍长些）套在伤手上；

②巾绳的另一端沿手臂后侧拉至对侧肩上；

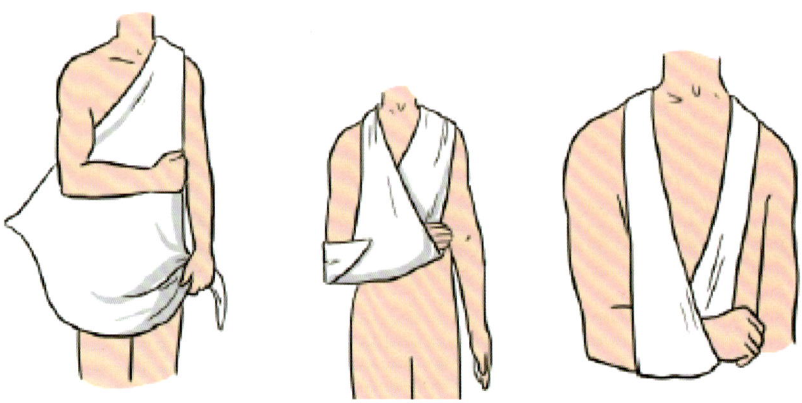

③前臂曲至胸前，用巾绳的顶角将伤肢包裹；

④将侧肩上的巾绳与胸前的顶角拉紧打结，起到悬吊作用。

2）手部包扎法

①将受伤手部平放在三角巾的中央，三角巾的底边横于腕部，手指朝向巾绳顶角的方位；

②把三角巾的顶角折回至手背上面；

③把巾绳左右两底角在手掌（或手背）处交叉，并向上拉伸至手腕部位；

④将两处折角缠绕打结。

3）膝部包扎法

①将三角巾折成带状巾，以两指左右的宽度为宜；

②将受伤部位对准折叠好的三角巾中间部位（斜放），巾绳两端分别压住上下两边，一端向上，一端向下；

③两端于伤膝后交叉；

④环绕包扎，在膝后打结，让其呈“8”字形。

4）大腿根部包扎法

①把三角巾的顶角和底边中部折叠，折叠的过程中最好可稍偏于一端；

②两底角向上（后角比前角长），一前一后；

③分别拉向对侧，在对侧髂骨上方打结。

5）小腿及以下部位包扎法

①把脚放进三角巾底角底边一侧，脚朝向三角巾底边；

②提起巾绳顶角与较长一侧的底角进行交叉包裹，并在小腿处打结；

③将另一底角折到足背上，随后绕至脚腕与底边巾绳打结。

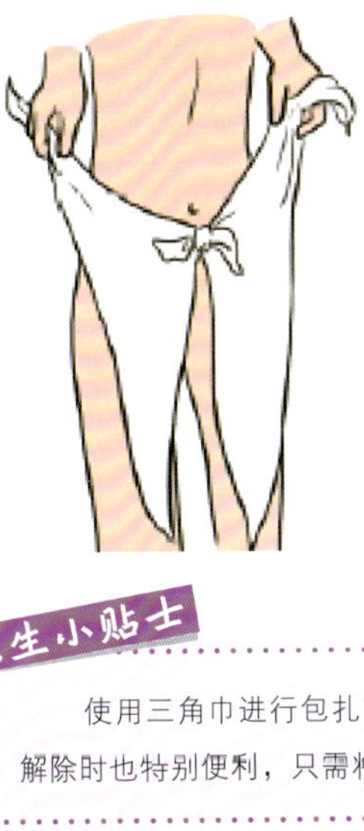

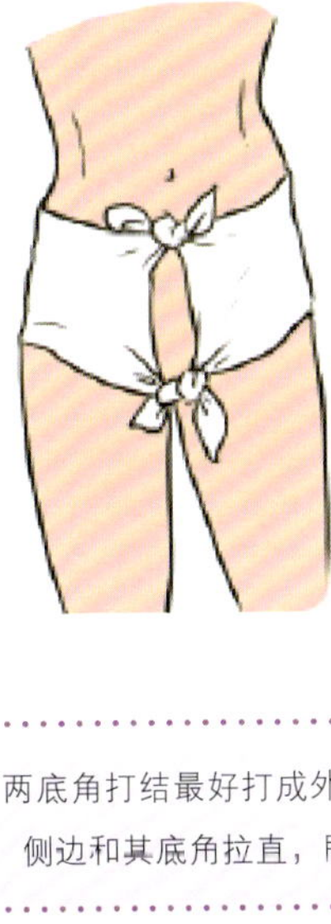

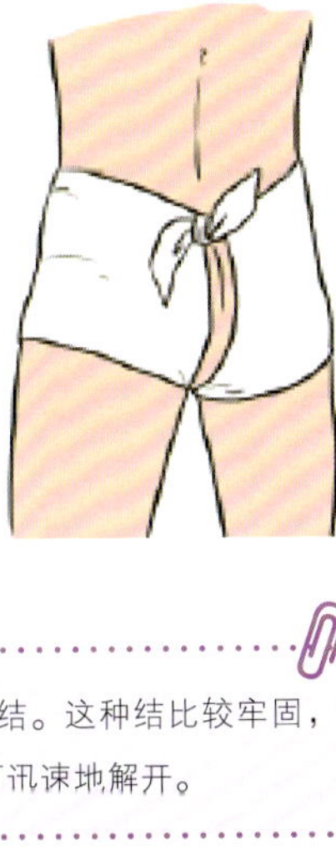

求生小贴士

使用三角巾进行包扎时，两底角打结最好打成外斜结。这种结比较牢固，而且解除时也特别便利，只需将其 侧边和其底角拉直，即可讯速地解开。

绷带包扎伤口

绷带包扎是一种最基本的处理伤口的方法，及时正确地包扎，可以起到压迫止血、减少感染、保护伤口等作用，为后续的救治奠定基础。

1 常见绷带的使用方法

1）环形包扎法

把绷带斜放于伤肢上，用手压住，第1圈环绕时稍作斜状，在绷带绕肢体包扎1周后，将斜出的一角压在第2圈内，然后继续绕圈包扎，通常包扎4圈。最后将多余的带尾从中间剪开，固定打结完成。常用于手、足、腕部及额部，亦用于各种包扎起始时。

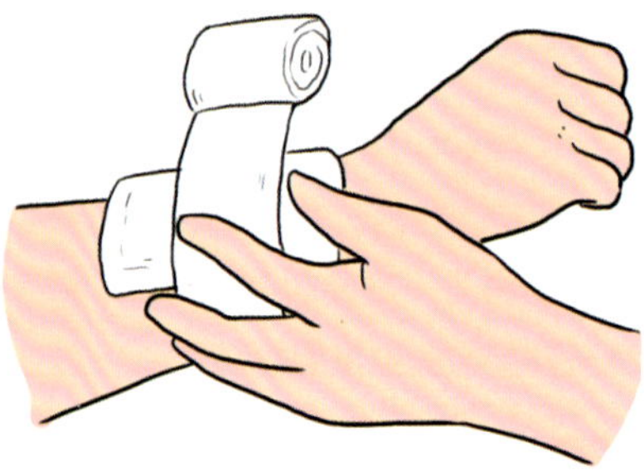

2）螺旋形包扎法

绷带卷斜行缠绕，每次缠绕时需压着上一层绷带的1/2处，在急救缺乏绷带或暂时固定夹板时，两层绷带间可以不互相重叠。按环形包扎法缠绕数圈，在其末端用胶布固定。多用于手臂或者小腿处。

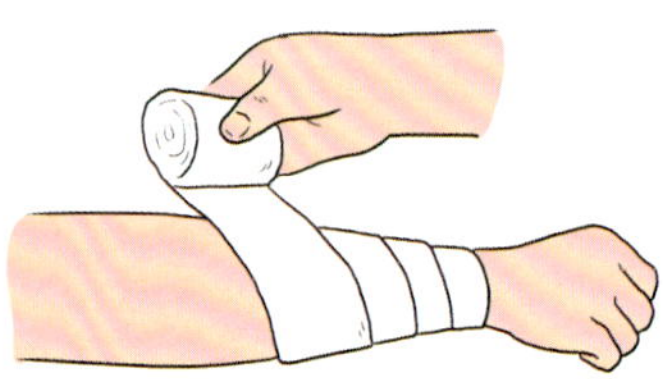

3）螺旋反折法

将伤口处按环形包扎法缠绕数圈，与螺旋形包扎法的缠绕形法类似，等缠到一定厚度时，将每圈的绷带开始反折，每一圈盖住前一圈的1/3或2/3处，依次由上而下地缠绕。

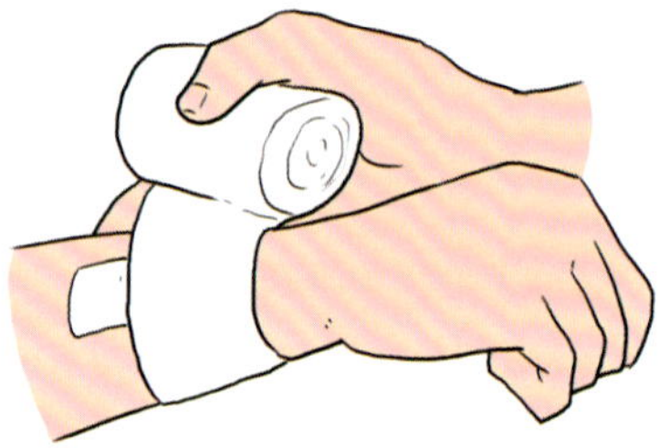

4）“8”字形包扎法

在受伤关节上方开始做环形包扎数圈，然后将绷带斜行缠绕，一圈向上，再一圈向下，缠绕轨迹呈“8”字形。如此反复，每圈压过前一圈1/2或1/3。最后在关节上方用环形包扎法连续缠绕两圈，用胶布将其固定。多用于肩、髂、膝、髁等处。

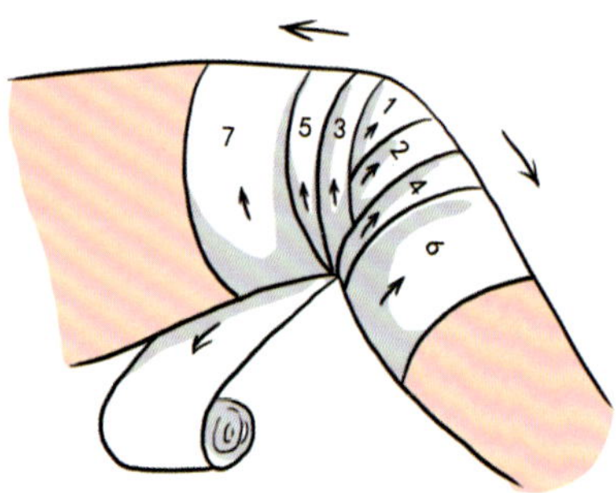

5）蛇形法

先将绷带按环形包扎法缠绕数圈，然后按绷带的宽度做所需间隔的上缠或下缠，最好斜着缠绕。多用在夹板的固定上。

6）反回包扎法

用于头顶、指端和肢体残端，为一系列左右或前后反回包扎，将被包扎部位全部遮盖后，再做环形包扎两周。

2 使用绷带的注意事项

除了包扎技巧外，用绷带包扎伤口时还应该遵循以下注意事项。

①伤口不宜包扎太紧，以免阻碍空气流通，同时确保绷带、纱布的清洁，不能存在异物，避免引发感染；

②包扎的时候，注意绷带一定要牢固，但牢固并不代表紧，一定要在打结时避开伤口以防压迫伤口加重伤情；

③包扎部位要准确，包扎口尽量小一些，一定要将伤口突出；

④包扎伤口的动作一定要轻，如果太过用力，极易增加伤口出血量或加剧疼痛；

⑤伤口周围要用碘酒或酒精来消毒，使接触伤口的敷料尽量保持无菌、干爽的状态，防止加重感染。

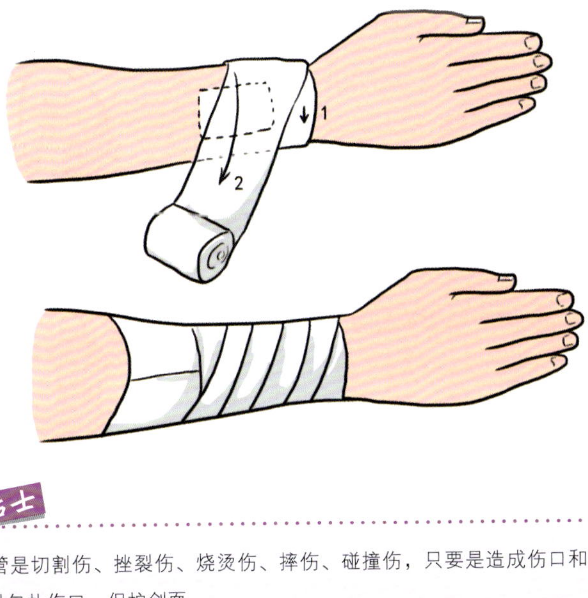

求生小贴士

不管是切割伤、挫裂伤、烧烫伤、摔伤、碰撞伤，只要是造成伤口和创面，就必须及时包扎伤口，保护创面。

心肺复苏法

严重创伤、电击伤、溺水、中毒等病因都可能会引起呼吸、心跳骤停等情况。除了立即拨打急救电话外，还应该立即着手对伤员进行抢救。临床证明，在临行前学习一下心肺复苏术的急救知识，就可以在发生危险时，抢得最佳的黄金救援时间。

常用的心肺复苏法有胸外心脏按压法、仰卧压胸法、俯卧压背法，以及适用于溺水的胸外心脏按压法。

1 胸外心脏按压法

①施救者位于伤者的右侧，左手掌根部置于伤者胸前胸骨的下端部位。施救时，右手掌压在左手背上；

②向下用力时，要伸直双臂，肘关节不能弯曲，用双肩向下压而形成自然的压力，注意两手的手指翘起时不要接触伤者的胸壁；

③施救频率控制在每分钟 80 ~ 100 次，一定要掌握好按压力度。

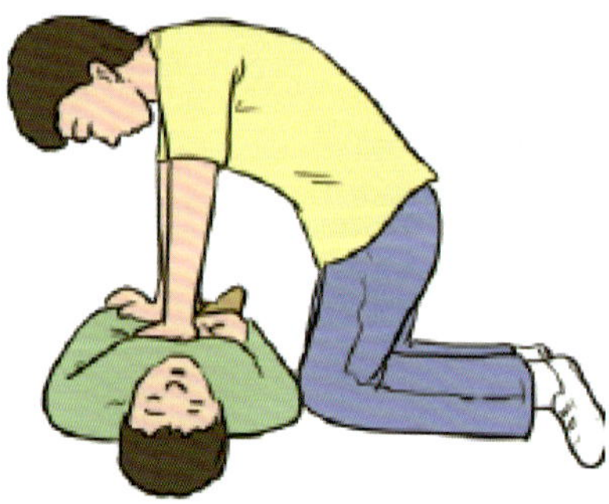

2 仰卧压胸法

①伤者取仰卧位，背部可稍加垫起，使胸部突起。

②施救者屈膝跪于伤者的大腿两侧（姿势如右图所示）；

③将双手分别放于伤者第六、第七根肋骨处（乳房下面），施救时大拇指向内（靠近胸骨下端），其余四指向外（放于胸廓肋骨之上）；

④进行施救时，用力的方向是向下、稍向前按压。在这一过程中，可以将伤者肺内的空气压出，形成自主呼气。然后慢慢放松，使外界空气进入伤者肺内，形成吸气。如此重复，即可让伤者形成自主呼吸的频率。

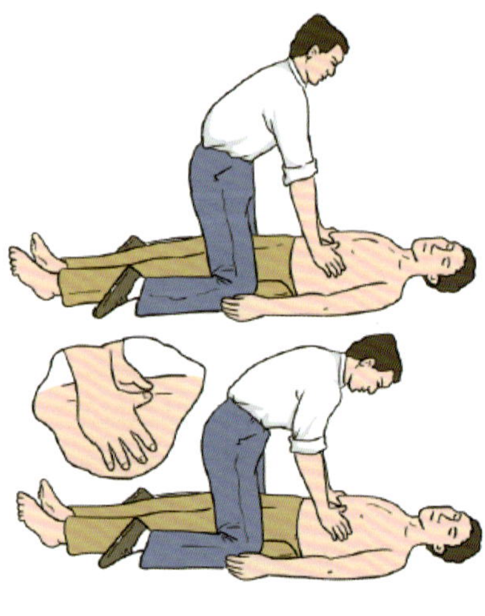

3 俯卧压背法

①伤者取俯卧位，即胸腹贴地，腹部可微微垫高；

②将伤者头偏向一侧，两只手臂伸过头，一只手臂枕于头下，另一只手臂向外伸开，以使胸廓得到充分扩张；

③施救者面向伤者头部，两腿屈膝横跨于伤者大腿两侧；

④施救时将两手平放在伤者背部大约第七根肋骨处，大拇指靠近脊柱骨，其余四指稍微弯曲；

⑤施救者俯身向前，缓慢用力向下按压，其方向、力量、操作要领与仰卧压胸法相同；

⑥按上述动作，反复有节律地进行，即可让伤者形成自主呼吸的频率。

在使用俯卧压背法时，孕妇、胸背部有骨折者不宜采用此法施救。

4 适用于溺水的胸外心脏按压法

①将溺水者仰躺着放平，头稍微后仰。施救者站于溺水者一侧，右手掌平放在心脏下端，左手放在右手背上，手臂伸直，垂直向下有规律地进行按压；

②按压时，借助自身身体的重量（但不要用太大力按压）进行按压，然后松开力，但手不离开其身体，反复按压；

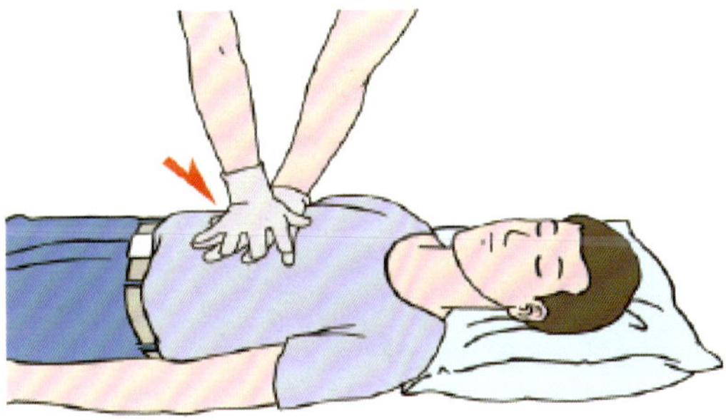

③注意当在做心脏按压时，同时与人工呼吸交替进行，一般是心脏按压四五次，人工呼吸1次。

求生小贴士

在使用上述方法救人时，首先应检查患者呼吸道是否阻塞，口腔内如有异物应及时清除（包括假牙），另外心肺复苏施救应坚持20～30分钟，如为溺水、触电、药物中毒等患者，可适当延长心肺复苏时间。

人工呼吸法

野外环境中难免会遇到意外，造成呼吸困难或无法自助呼吸的情况。一个人停止呼吸2~4分钟内便会死亡，在这种情况下，如果不能及时对伤者实行有效的人工呼吸救治，很可能会导致伤者机体缺血、缺氧而死亡。

常用的人工呼吸法有口对口直接呼吸法、口对鼻吹气法以及借物人工呼吸法三种。

1 口对口直接呼吸法

①施救者右手撑开伤者的嘴巴，左手拇指和食指捏住伤者鼻孔；

②施救者大口吸气后，屏住呼吸，然后迅速俯身，快速将气体吹入伤者口中；

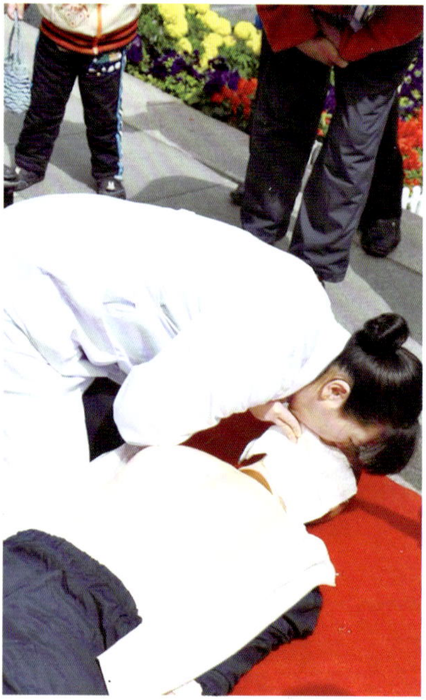

③一次吹气后，施救者抬头做一次深呼吸，同时松开左手；

④重复此动作，直至伤者有自主呼吸为止。

2 口对鼻吹气法

如果伤者口腔有严重外伤或牙关紧闭时，可对其鼻孔吹气进行人工呼吸。

①伤者取仰卧位（即胸腹部朝上）；

②施救者位于伤者头旁，一手堵住伤者的口部（以防止空气从其口中漏掉），同时用口对着伤者的鼻孔吹气，吹气法与口对口直接呼吸法相同；

③在伤者的胸壁出现扩张现象后，即可停止吹气，让伤者的胸壁自行回缩，如此进行几次。

3 借物人工呼吸法

①找一块干净的纱布或手巾，盖在伤者的口部；

②施救者一手捏住伤者的鼻子，同时大口吸气；

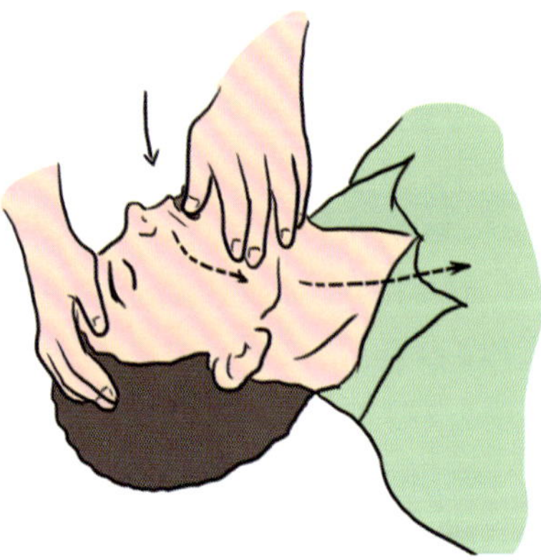

③大口吸气后，屏住呼吸，然后迅速俯身，快速将气体吹入伤者口中。

4 适用于溺水的人工呼吸法

①施救者于一侧托起溺水者下巴，捏住溺水者鼻孔，深吸一口气，然后往溺水者嘴里缓缓吹气；

②眼睛余光注意溺水者胸腹部，当溺水者胸部有起来时，放松其鼻孔，并且用手压其胸部帮助他呼吸；

③人工呼吸要有规律地进行，并且要长时间地坚持，不能进行到一半就放弃。

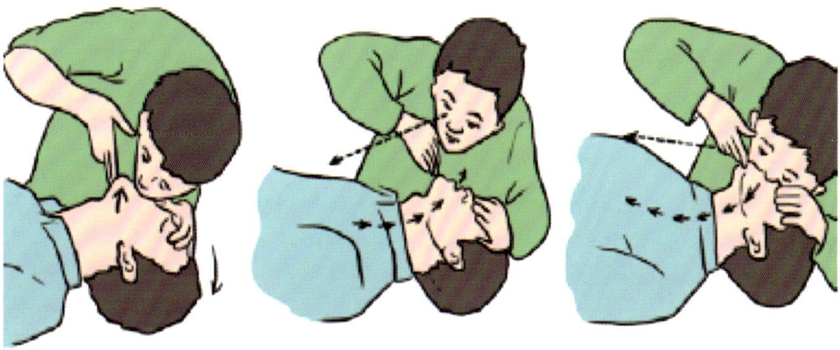

求生小贴士

人工呼吸是使溺水者恢复呼吸的关键步骤，应不失时机地施行，且不要轻易放弃，应坚持做到溺水者完全恢复正常呼吸或确认无希望为止。

常见伤病的处理

手指受伤

手指受伤在日常生活中可能只是小事一桩，但是在一些艰险的野外环境中，割破、夹伤、戳伤甚至扎刺都会给行动带来不便。而一些看似很小的伤口如果不能及时有效地进行处理，甚至会引发破伤风等并发急症，给身体带来致命的危害。那么手指受伤后要如何处理呢?

常见的手指受伤方式有扎刺、戳伤、割伤以及夹伤四大类，不同的伤情要采用不同的处理方法。

1 手指扎刺

竹、木、铁、玻璃、植物都可能刺伤皮肤，看上去伤口很小，但如果不能及时进行清除，极易造成感染，引起化脓等更大的麻烦。很多人都不知道将“硬刺”（木屑等异物）取出的正确方法，将皮肤硬生生刺破，使伤口大量出血，疼痛难忍。其实正确的拔刺方式，不会给身体带来如此大的伤害。

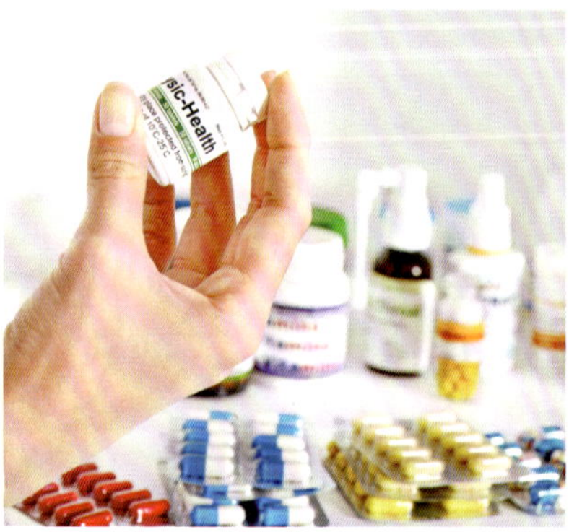

1）温热水浸泡法

将扎刺的手指浸泡到温热的水中，水温以手指感受不到烫为宜。浸泡一段时间后，皮肤会变得松软，皮肤下的异物会自行顶出，用镊子或手指将其夹出即可。

2）风油精祛痛法

如果手指被竹刺或木刺刺破，可在有木屑的位置滴上 1~2 滴风油精。静待几秒钟后，用酒精将针消毒后，直接将木刺或竹刺取出。风油精对伤口起到绝对的镇痛作用，所以这种方法既不痛又不出血。

3）伤痛膏药拔刺法

如果手指被仙人掌、玫瑰花等植

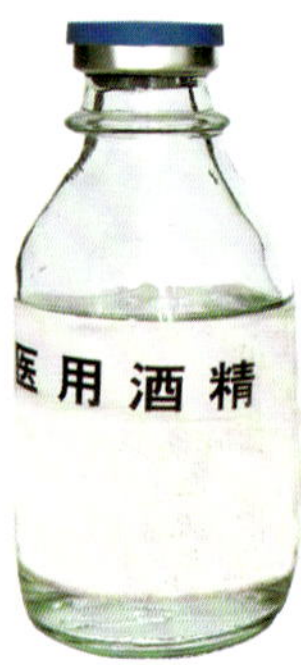

物的硬刺刺伤，可将随身携带的止痛膏药等物品贴敷在伤口处，直接将其揭去，快速揭力会将伤口中的刺直接拔出。

2 手指戳伤

在户外活动时，手部运动量大，很可能因为一些剧烈的运动或者在摔倒的情况下，导致手指戳伤，一般以拇指和第四指受伤最为常见，而采取必要的措施可以有效减轻疼痛。

1）立即止血

假如被夹的手指出现了流血症状，那么首要工作是应该立即止血。

先用酒精对伤口进行消毒，再用干净的纱布将流血部位进行仔细的包扎，同时用手指把受伤手指的指根两侧捏住，以便于辅助止血。

将伤口适当抬高，也是止血常用的方法。

2）冷敷涂药法

当手指戳伤后，及时用拧干的凉毛巾冷敷 15 ~ 20 分钟，每隔一段时间进行一次，这样的方法具有消肿止痛的作用。不过必须是在手指受伤后立即使用才见效，假如受伤时间过久，再使用这种方法就起不到太大作用了。

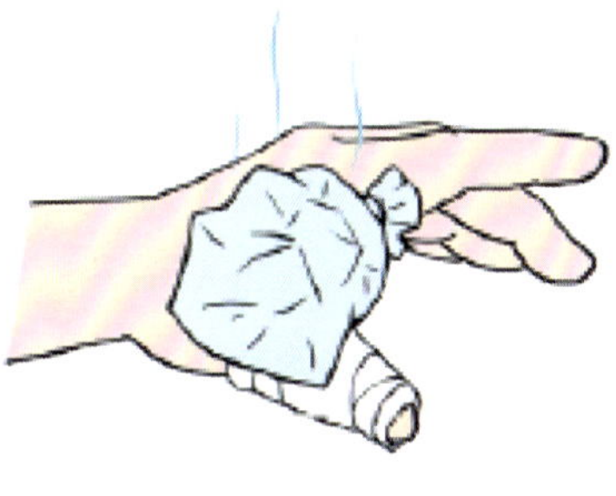

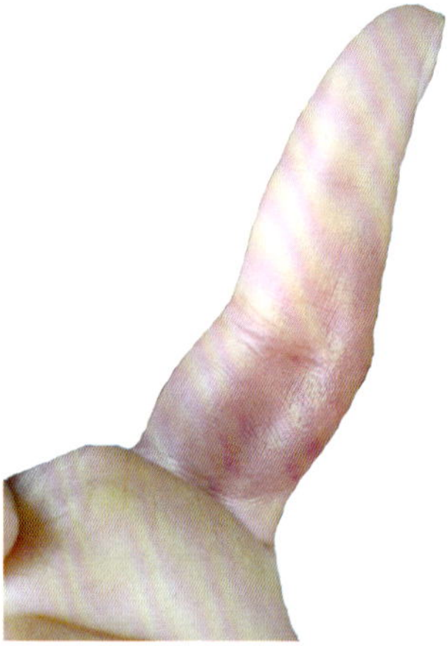

3）热敷涂药法

在手指戳伤24小时之后，可以用热水进行热敷，加快伤处的血液流通，增强自我恢复能力。当肿胀具有明显消退的迹象时，可以用手指轻轻地按摩，也可达到活血舒筋的目的。在此期间，可以慢慢地稍微活动一下手指，也可以用其他完好的手帮助活动。

3 手指割伤

手指割伤在日常生活中可能只是小事一桩，但是在一些艰险的野外环境中，这小小的皮外伤，很可能由于细菌进入体内，而有感染其他恶性疾病的危险。所以为了避免不必要的伤害，在手指不小心割伤时要采取较为有效的救治措施。

1）表皮轻微伤

如果表皮仅仅是轻微的割伤或擦伤（伤口不深也不太明显），那么用肥皂及清水清洗伤口，然后在伤口周围抹上些碘酒和酒精或用含抗生素的药膏涂抹伤口，再覆盖上创可贴就可以了。

2）伤口不洁净

假如伤口被脏刀子割伤或者自身皮肤本身的原因，造成伤口不洁净，那么最好用消毒水进行彻底的伤口清洗处理，之后将其仔细地包扎起来。

3）割伤嵌有大体积异物

假如割伤的手指伤口中嵌有大体积异物，可将伤口的两边使劲挤压，但注意不要挤压到伤口处的异物，以造成创口大量出血。可将伤口部位抬高至心脏的位置，减少出血量。随后在异物两边放上衬垫，再将伤口包扎起来，防止皮肤进一步受到伤害。

4）割伤嵌有松散的异物

假如伤口里嵌着的是沙粒或尘土等较松散的异物，可直接用冷水冲洗，或小心用镊子将其取出，以免引发伤口感染或者阻碍伤口愈合。

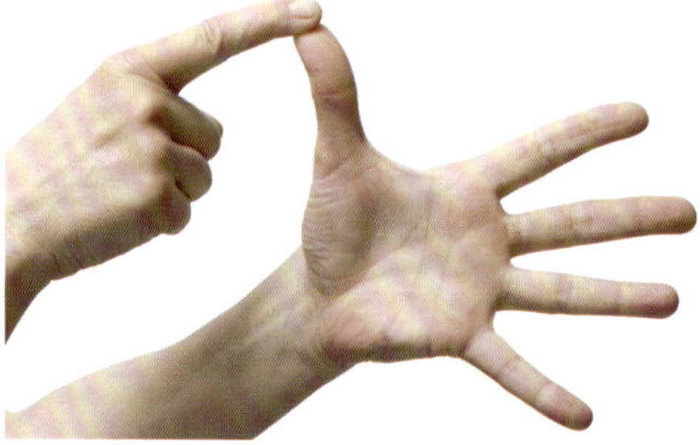

5）伤口感染的护理方法

将伤口包扎好之后，不可沾水，在经过一段时间后，要仔细查看伤口。假如发现伤口有红肿现象，那么可能是伤口感染，应及时采取措施进行救治。假如发现没有问题，那么经过几天后就可以去除包扎物了。

伤口不宜包扎太紧，以免阻碍空气流通，血液不流通当然还要确保绷带、纱布的干净，不能存在异物，避免引发感染。

挤压伤口周围

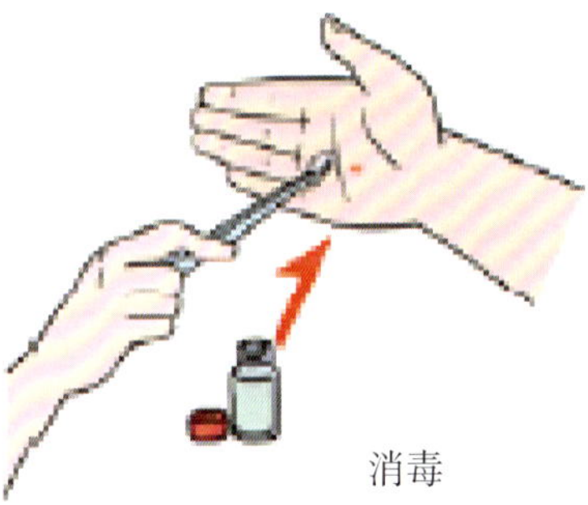

消毒

4 手指夹伤

山上突然滚落的石头、横挡在路上的枯树等都有可能将手指夹伤。在加强自我防范意识的同时，还要注意学习一定的救治方法，以最大限度地减轻自身的疼痛感。

1）止血

假如被夹的手指出现了流血症状，那么首要工作是立即止血。首先用酒精对伤口进行消毒，然后再用干净的纱布将流血部位进行仔细包扎，同时用手指把受伤手指的指根两侧捏住，以便于辅助止血。

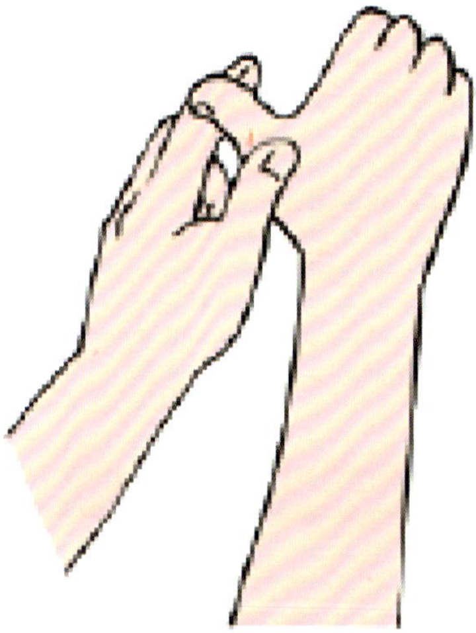

2）冰敷

当手指被夹以后，一般会红肿而疼痛。这时应立即用冷毛巾或者冰袋冰敷受伤的手指，以最大限度减轻伤痛。这种方法还可在一定程度上防止血肿范围增大。

3）热敷

如果手指只是轻微夹伤，没有流血，也没有出现骨折迹象，那么可在受伤24小时后，用热毛巾或热水袋对患指轻轻地热敷，一般每次热敷需要15分钟左右，每天2～3次。热敷时要注意水温适宜，因为受伤的手指比较敏感，水温过高很容易对伤指造成二次伤害。

求生小贴士

假如发现被夹伤的指甲下有瘀血，并且伴有强烈的刺痛感。这时可以找到一个大头针，用火将其烧热，然后用火烧过的大头针在指甲上刺穿一个小孔，让指甲下边的血液流出，这样也会在一定程度上减轻瘀血的范围与疼痛感。

骨折

骨折是户外运动中常见的、较为严重的突发损伤之一。骨折之后，伴随而来的就是身体的极度痛苦，并且难以活动。那么，在户外突发骨折时，该如何进行正确的救治呢？

1 一般性骨折

一般性骨折也称为闭合性骨折，其主要临床表现为：没有伤口、断骨在皮肤内。一般性骨折的常见处理方法如下。

1）上肢骨折

①施救者一手握住伤者前臂近肘弯处，另一手握住手腕；

②握住前臂的手，慢慢将手臂拉伸，拉伸方向需与伤肢方向一致；

③握住伤者手腕的手，慢慢将前臂弯曲，使前臂弯成直角；

④将手臂慢慢移近身体，使伤肢

手心紧贴于胸壁（一般比肘高 7 厘米左右）；

⑤用两块夹板固定伤肢使其不可活动，之后用棉垫包住关节，再用一个三角绷带将受伤的胳膊固定在身上。

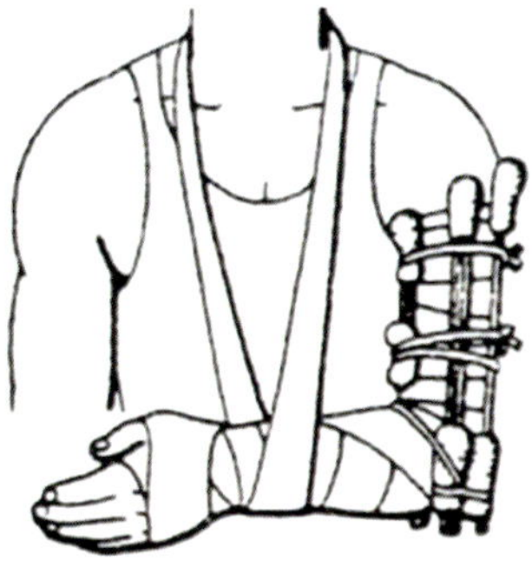

2）下肢骨折

下肢骨折多发生在大腿和小腿处。

下肢骨折的处理方法	
小腿	①用两块长短相等的夹板夹住腿部，在加衬垫之后，在膝下、受伤处以及大腿部位绑上绷带缠紧 ②缠绕完成后，在外侧打结，在脚踝及足部周围用“8”字形绷带固定，使脚与小腿成直角
大腿	①准备一块从腋窝到脚跟般长的夹板放在伤肢外侧 ②在夹板上加衬垫后，用绷带分段固定伤肢 ③将大腿以上部位绕胸部、腹部固定好

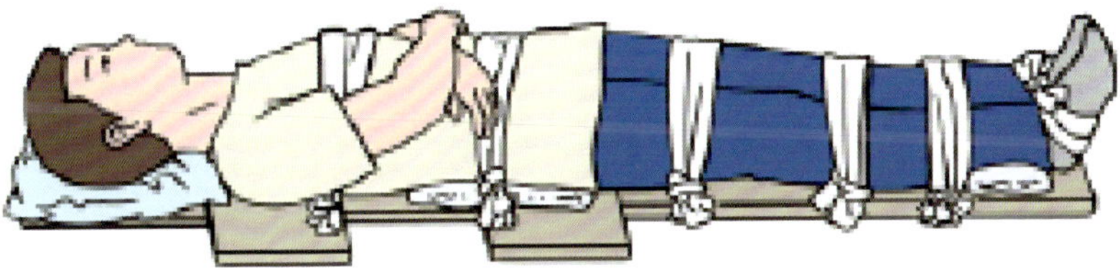

3）骨盆骨折

骨盆发生骨折时，最主要的一点就是要减少伤处的活动，以免加重伤情给伤者带来疼痛。可以用一块长宽布将整个骨盆的左右两侧包紧，然后让伤者仰卧在担架上将其送往专业的医疗机构进行救治。

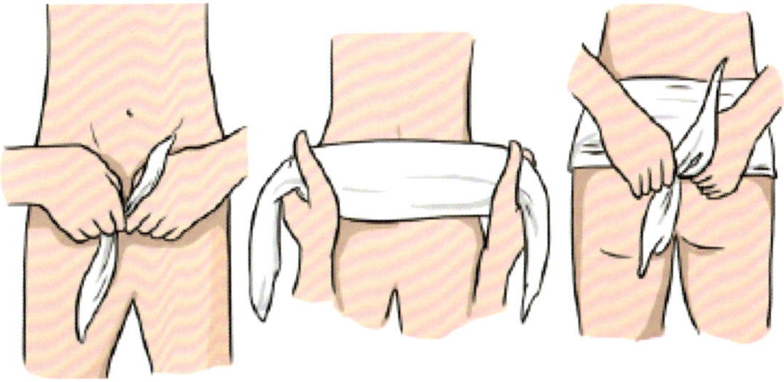

2 复杂性骨折

复杂性骨折又称完全性骨折，其主要临床表现为：患处有压痛感，局部肿胀和出现瘀斑，完全丧失肢体功能。

复杂性骨折的治疗原则是通过已有材料使之成为闭合性骨折。对于复杂性肋骨骨折，早期可立刻用手掌或大于伤口边缘5厘米的不透气敷料封住患处。如已出现严重的呼吸困难，可用黏性胶布将不透气的柔软敷料固定，封住上、左、右3边，留空向下的一边，以利于排气。随即把用毛巾或衣服做成的软垫放在胸部与伤侧的手臂之间，用布带承托手臂，悬吊在胸前。手臂应压紧软垫。然后姿势半卧，用适当的物料支撑背部，使身体伤侧朝下，初步定型后，应马上向四处呼救，尽快去医院治疗。

3 开放性骨折

对于开放性骨折，需要及时止血，并且立即封闭伤口。在封闭伤口时要十分小心，先用干净的纱布将伤口覆盖，再用绷带包扎固定。要注意包扎时，应该把伤口以及伤口上下两个关节一起固定，这样才可以达到一定的固定效果。

假如有骨断外露现象，不要去触碰露在外面的骨端，以避免感染。此类伤口不宜用水清洗，也无须上药，否则将起到适得其反的作用。

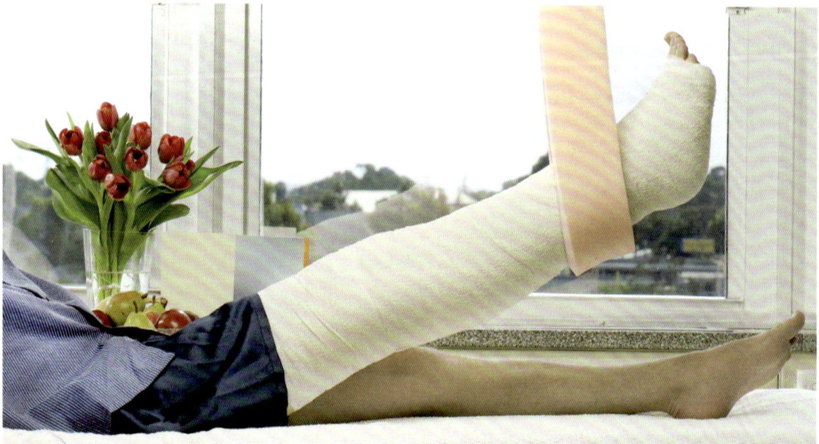

求生小贴士

假如伤者为脊柱骨折，要避免大幅度移动伤者。施救者跪在伤者头部后方，双肘平稳地放于腿的高度，同时将双手放在伤员的头部两侧部位，使其头部与身体在一条直线上，以此固定好头部。

脱臼

脱臼比起骨折来，更容易发生。猛然跌落、剧烈撞击等都会引发关节脱臼。脱臼后的关节肿胀疼痛，行动受限，这对于野外活动的伤者来说无疑是相当痛苦的。为了避免意外发生，需要在临行前学习一些关于脱臼的紧急治疗措施。

不同身体部位的脱臼需要用不同的处理方法。

1 腭部关节脱臼

①腭部脱臼时，将伤者的头部靠牢（可靠在墙体或者树上）；

②施救者面对伤者，将两只手彻底清洗干净或者裹上纱布伸入伤者口中，并放在两边后牙面上；

③手放在外边下颌骨的外缘处；

④向下用力压下颌，同时将腭部向上端，然后再轻轻向后推动一下，就可以使腭部复位了。

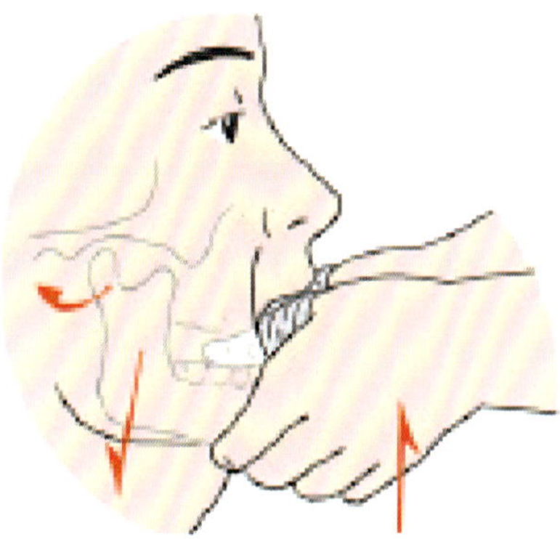

2 指关节脱臼

①施救者需牢牢握住伤员的腕部；

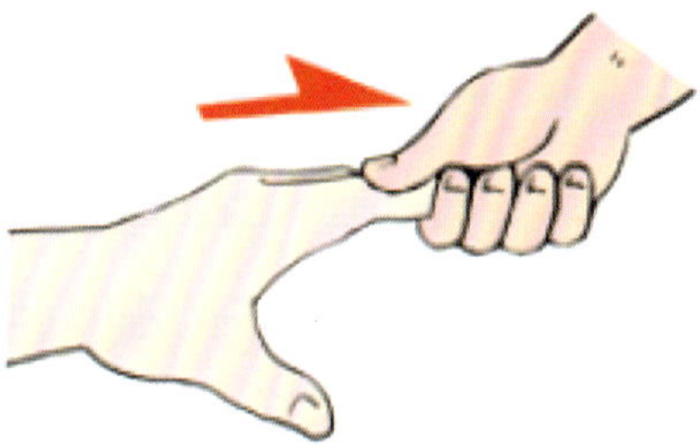

②先拽动拉伸手指，再慢慢地放松；

③在指关节完全放松后，用力一拉即可使骨头复位。

3 肩关节脱臼

①让伤者保持仰卧姿势；

Part 7 险境急救技巧

②施救者站在伤者一侧，在患者的腋窝处放些柔软的东西，紧握患肢手臂、手掌做缓慢进行的牵引；

③与施救者脚跟顶住伤者腋部形成反牵引力；

④等待伤者肩部肌肉明显松弛后，再将患肢进行内收、内旋，假如我们可听到响声，这就说明肱骨头经关节囊的破口滑入肩盂内，表明复位成功。

4 肘关节脱臼

①将三角巾顶角放在上臂的后面；

②将两底角在上臂正面上进行交叠，然后经交叠之后再缠绕至上臂的背面，进行打结固定；

③将三角巾的顶角直接塞入结内。

5 髋关节脱臼

①伤者取仰卧姿势；

②施救者一只手握住患肢的脚踝部，另一只手臂置于同侧的腋窝处向上牵引；

③将髋关节屈曲、内收、内旋，使股骨头离开髂骨；

④一面持续牵引，一面将关节外旋、伸直、外展，使股骨头滑入髋臼中，即可成功复位。

6 膝关节脱臼

膝关节脱臼多以牵引为第一治疗手段。

①伤者取仰卧姿势；

②把伤肢按照正常状态向两边拉开；

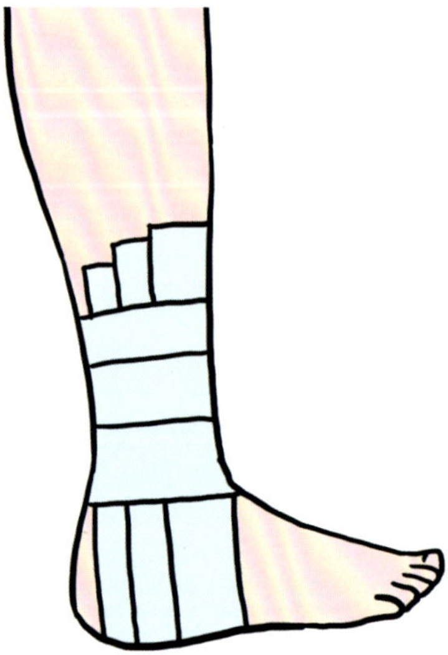

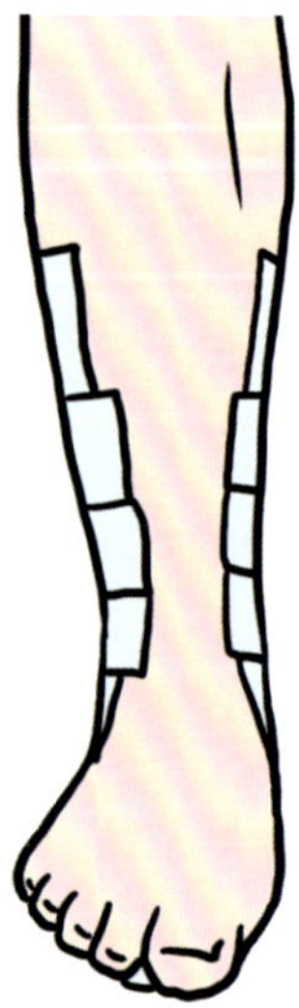

③把伤肢慢慢放下，然后伸直，重复此动作；

④直至胀痛感消失即可停下。

7 踝关节脱臼

踝关节脱臼多以牵引为第一治疗手段。

①伤者取仰卧姿势；

②施救者位于患侧，双手握住患肢的脚踝处，脚跟置于患侧的腋窝处；

③两手用稳定持续的力量慢慢进行牵引，牵引的过程中，脚跟向外推挤向肱骨；

④旋转，内收上臂，听到或感觉到响声，则代表复位成功。

求生小贴士

如果对人身体的骨骼并不十分了解，无法准确判断伤者的伤情是否同时伴随着骨折问题，最好不要轻易将伤者的肘关节进行复位，因为这可能进一步损伤血管或神经，造成二次伤害。

流血不止

野外环境复杂多变，很容易造成摔伤、擦伤以及割伤等类外伤。在发生外伤时，多伴有流血症状，如果不能及时有效地对伤口进行止血，很容易因失血过多造成休克甚至死亡。为了避免意外发生，在临行前学习一些止血方法尤为重要。

常用的止血法有压迫、包扎、填塞、捆绑等。

1 压迫止血法

1）伤口直接压迫法

用干净的纱布或其他布类物品直接按压在出血区，即可有效止血。

2）指压止血法

用手指压迫血管，使血管闭合，达到临时止血的目的后，再采取

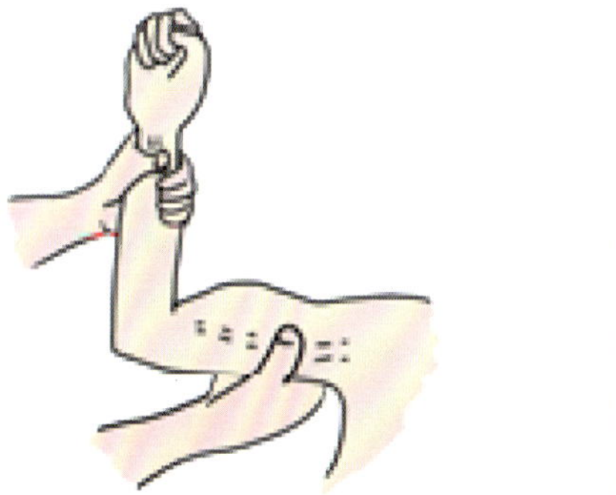

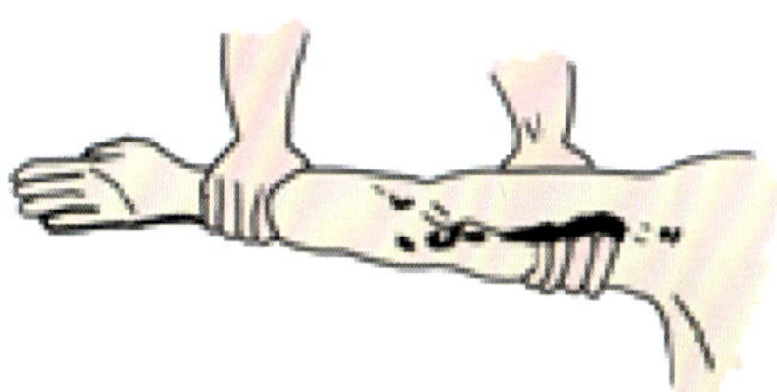

其他方法进一步止血。此方法适合头、颈部和四肢的动脉出血。

2 包扎止血法

三角巾是包扎伤口时最常用的固定材料，三角巾止血法的操作步骤如下。

①把三角巾折成带状，打一个活结；

②将受伤部位和一根小木棒同时穿入带子两侧，用小木棒对带子外侧进行绞紧；

③将绞紧后的小木棒插在活结内进行固定。

3 填塞止血法

填塞止血法是通过棉织品将出血的空腔或组织缺损处紧紧填塞，并辅助三角巾或绷带将其固定。

1）前臂或小腿出血

在肘窝或腘窝放纱布垫、棉花团、毛巾或衣服等物，然后屈曲关节，用三角巾或绷带或头巾将屈曲的部位紧紧缠绑起来。

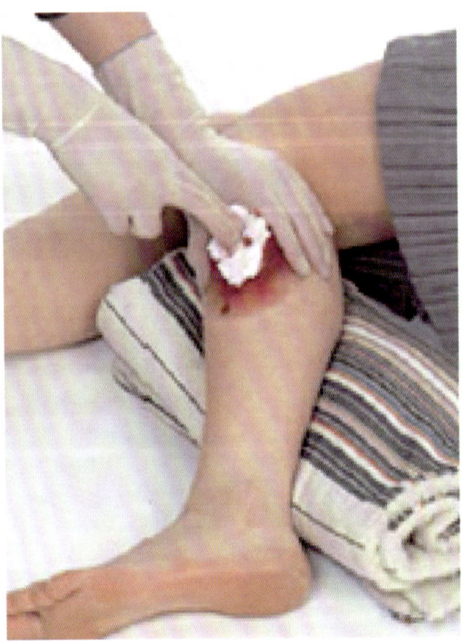

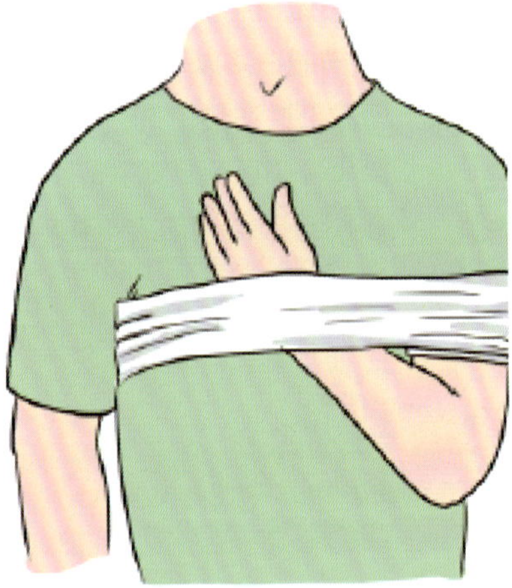

2）上臂出血

在腋窝放纱布垫、棉花团、毛巾或衣服等物，使前臂屈曲于胸前，用三角巾或绷带把上臂紧紧固定在胸前。

3）大腿出血

在大腿根部放纱布垫、棉花团、毛巾或衣服等物，然后屈曲髋关节和膝关节，用三角巾或长带子将腿紧紧固定在躯体上。

4 捆绑止血法

止血带是捆绑止血法最常用的止血方式。多用于四肢较大动脉的出血，或手术中。止血带的宽度通常在5厘米以上，止血时，将止血带放在伤口上方约10厘米的地方（如果伤口在关节或靠近关节，则应放在关节上方）。缠绕部位用衬垫垫好，用力勒紧然后打结。

但需要注意的是，止血带压迫力量过大很容易造成休克、肢体毁坏等并发症。所以没有经过专业训练的人员不在万不得已的情况下，不要尝试止血带捆绑止血的方法。

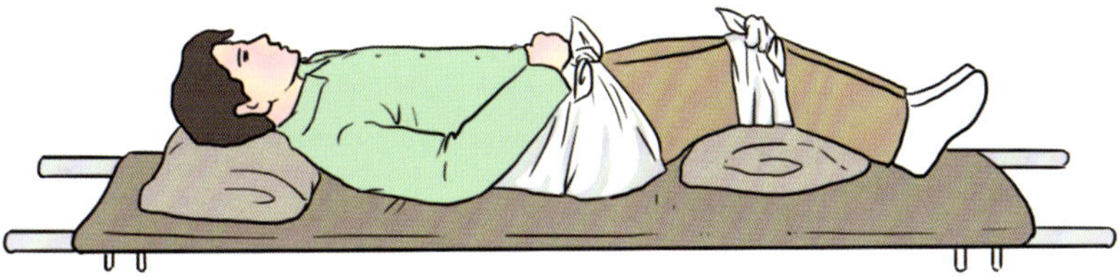

求生小贴士

在伤口流血不止时，可尽量抬高受伤的肢体，使之高过心脏。这种姿势可以有效将血液回流至心脏，并且可以降低伤口的血压，从而减少流血量。但只是单独地将受伤的肢体抬高，往往难以将血止住，这时还需要辅助按压伤口，效果才会更加明显。

扭伤

户外活动时难免会受伤。而扭伤、摔伤是最常见的受伤类型，一旦扭伤，患处会肿胀疼痛，尤其是脚踝处扭伤，甚至会限制我们继续活动。那么扭伤后该如何处理呢？

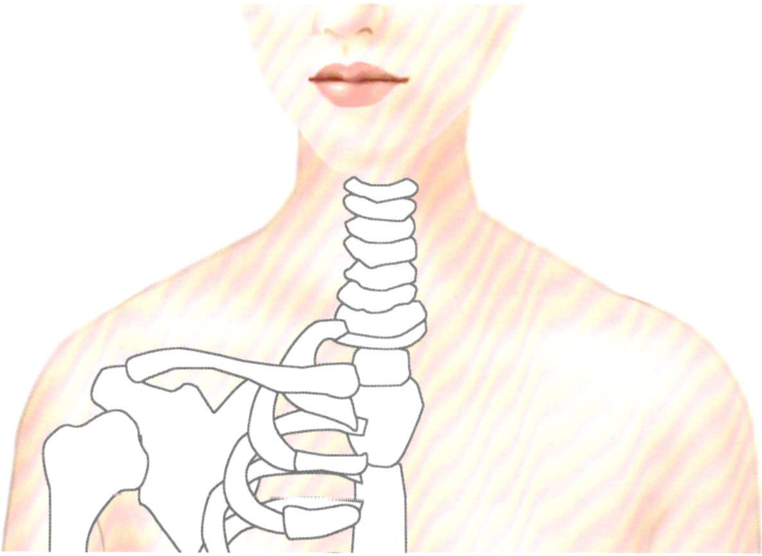

1 不同扭伤部位的处理方法

常见的扭伤多位于手腕、脚踝和腰部，不同的扭伤部位需要采取不同的处理方法。

1）手腕扭伤

（1）检查伤情

手腕扭伤后，要第一时间查看伤情。

①轻度扭伤

一般情况下，无明显肿胀，仅在大幅度活动腕关节时才会有剧痛感属于轻度扭伤。通过冷敷包扎后即可缓解伤情。冷敷时可用毛巾或塑料袋装裹一些冰块，敷在受伤的地方，每敷 15 分钟后，休息 5 分钟，这样的动作可以重复一两个小时，约 3 天时间。

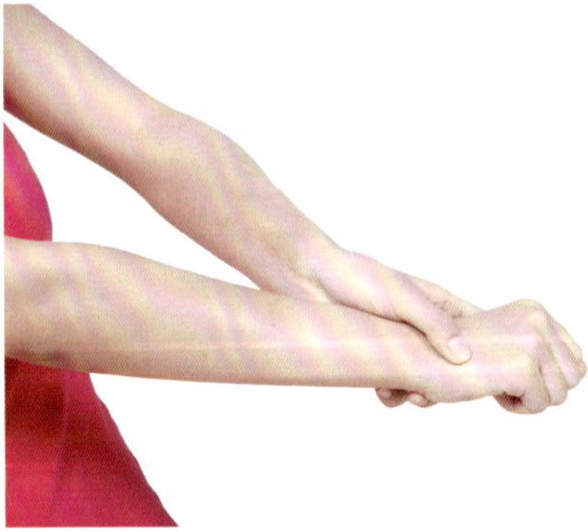

②严重扭伤

一般情况下，腕部肿胀、平置时疼痛较重、活动腕关节时疼痛加剧属于严重扭伤。在扭伤处外敷一些活血化瘀的药物即可消除肿胀、减轻疼痛。

但注意，如果疼痛感难忍时，最好去医院做一下 X 光检查，查看关节是否脱位、骨骼是否骨折等。

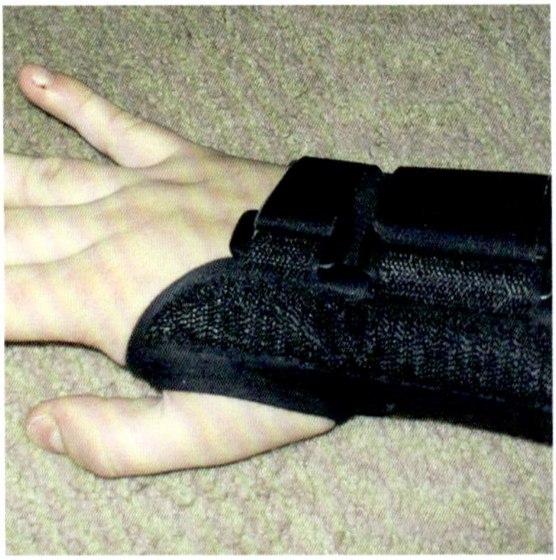

（2）加压包扎

无论是软组织扭伤还是严重扭伤，在冷敷完毕后最好在受伤部位外敷一层活血化瘀的药物，然后利用弹性绷带包住受伤的关节，可以减少出血、瘀血等状况。但注意，捆绑腕部的绷带紧度要适中。力量过小，无用处；力量过大，会让支端发麻或缺血，以能感觉到有压力但又不紧绷难忍为宜。

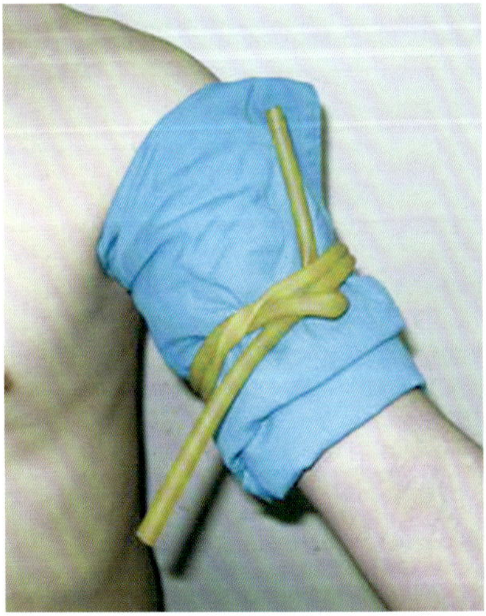

（3）抬高患肢

把受伤部位抬高，避免肿胀。如手腕受伤，可用三角巾做一个巾绳使患肢半挂于胸前。

2）脚踝扭伤

（1）查看伤势

受伤初期，一定不要忙于处理扭伤部位，而是注意观察，扭伤的部位是软组织损伤还是比较严重的踝骨骨折。如果是前者，自行通过按摩和冷热敷即可缓解伤情；但若是骨折就需要立即送医治疗了。

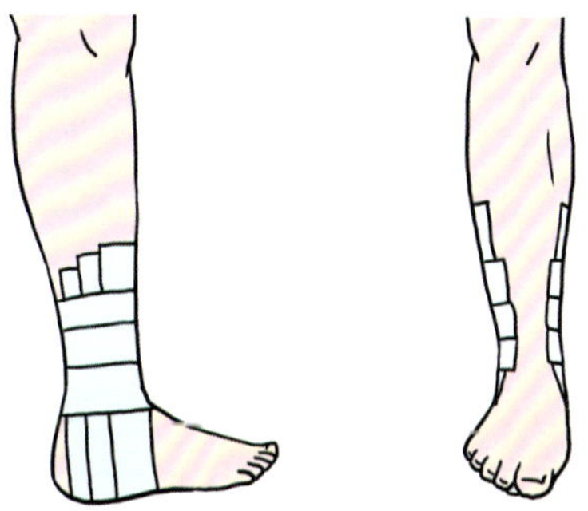

查看伤情非常重要，千万不要未经过研判就进行盲目的自救。延误治疗和错误的判断都会给肢体造成更加严重的后果。

（2）冷敷

脚踝扭伤后，扭伤部位内部的小血管会破裂出血，使受伤部位形成血肿。可用毛巾或塑料袋装裹一些冰块，敷在受伤的地方，每敷 15 分钟后，休息 5 分钟，至少持续一两个小时。

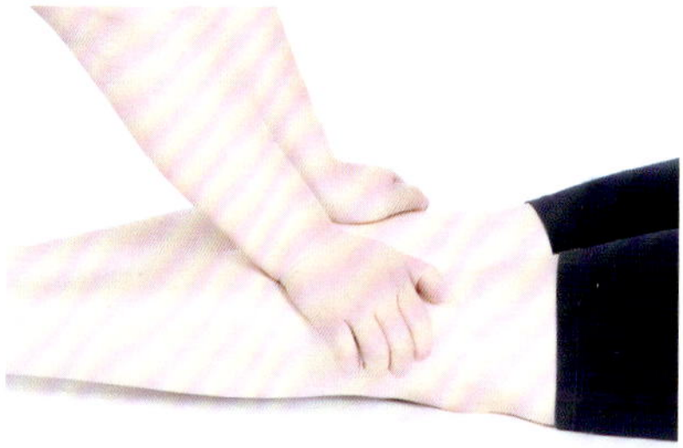

（3）热敷

使用湿热手巾或者热水袋外敷于瘀血肿胀部位。

但一定要注意，崴脚后不可立即热敷，否则会加大受伤内部的出血量，使血肿情况恶化。通常来说，当你发现受伤部位不会继续肿大，并且肿胀部位颜色发青后，就可以进行热敷了。

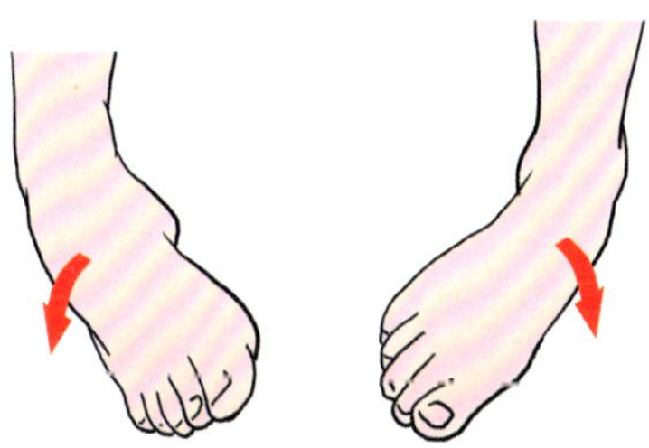

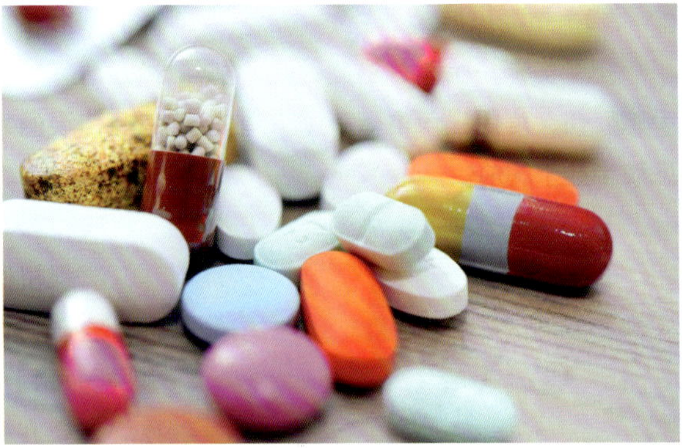

（4）热敷

如果受伤不严重，可以用轻揉受伤部位的方法缓解疼痛并消肿。揉按方式为手掌掌心放置在受伤部位，轻轻揉按。

（5）热敷

伤势稳定后，就可以运用一些药物辅助治疗了。外用推荐云南白药喷雾，红色止痛白色消肿。如果软组织受伤，可以选用红花油 + 使劲按揉也能有效消肿。口服的药物推荐辅助三七片就可以了，效果不错。

3）腰部扭伤

腰部扭伤分为常规扭伤和一般急性腰扭伤，不同的扭伤方式需要采取不同的处理方法。

（1）常规扭伤

常规扭伤时应采取以下治疗方法。

常规扭伤的治疗步骤	
停止运动	腰部扭伤后应该立即停止运动，让受伤的肌肉得到休息，以免加重伤情

续表

常规扭伤的治疗步骤	
查看伤情	1. 轻伤 在运动过程中，腰部突然发出一声清脆的响声，随即出现了剧痛感，在做俯、仰、扭转等动作时感到异常困难，但无明显肿胀 2. 重伤 平置时也有剧痛感，活动受限，甚至在咳嗽、打喷嚏和大小便时会加剧疼痛。肉眼可见腰肌肿起，肌肉同时出现触痛，多为重度扭伤
冰敷	用冰块直接对受伤部位进行冰敷，或用湿冷毛巾敷在伤处，每 2 分钟换一次
热敷	对于不太严重的腰部肌肉拉伤经过以上治疗后，病情会基本稳定，这时可以使用湿热手巾或者热水袋外敷于瘀血肿胀部位，以加速扭伤肌肉的恢复
药物治疗	伤势稳定后，就可以运用一些药物进行辅助治疗了。外用推荐使用腰椎巴布贴外贴，可口服一些活血化瘀的药物进行辅助治疗

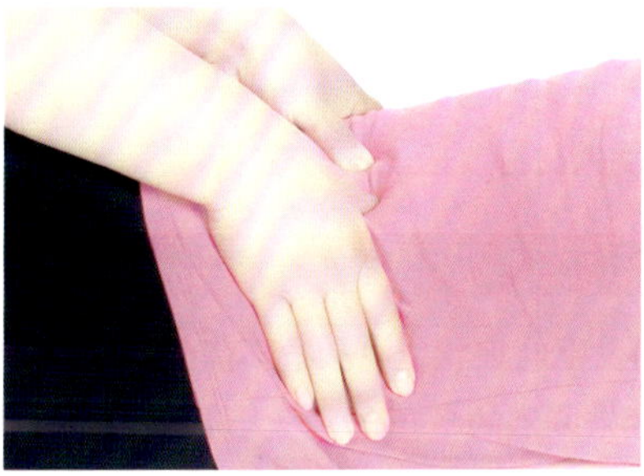

（2）一般急性腰扭伤

一般急性腰扭伤多发于运动姿势不当或负重过量等情况下，突发扭伤后，腰部会出现明显的不适感，阻碍行程。除了上述的专业治疗方法外，穴位按摩和做一些扭伤操，也可以有效舒缓轻度急性腰扭伤。

①轻度扭伤

患者取坐位，用大拇指（或中指）用力点按一侧太冲穴（位于足背侧，第 1 跖骨间隙的后方凹陷处）停顿 3 ~ 5 分钟，再点按另一侧。重复几次，双面点按完毕后，前后、左右转动腰部即能舒缓腰痛。

②扭伤操

扭伤时，可以用简单做操的方式来恢复。以右腰为例。

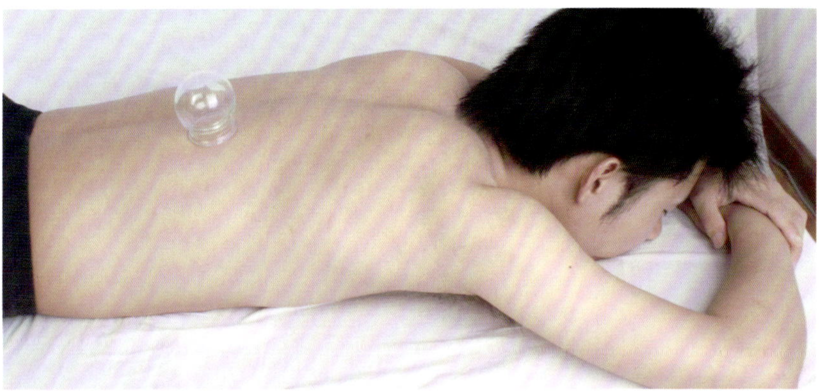

扭伤操的操作方法	
站立式	身体站立，两腿分开略宽于肩部，左手叉腰，右手拇指按压住痛点，由外向内缓缓地推按，腰部同时慢慢弯向伤患处，如此反复几次（3～5次为宜），轻轻揉其痛点
扶桌式	如果直接站立比较困难，可借扶桌面舒缓伤痛。身体站立，双手扶住桌沿，身体前倾，腰部可微微屈下，然后将右腿慢慢向外横抬起，腰身左右侧弯。每次停顿2分钟左右，再将右腿用力向下伸展，重复此动作即可使受伤的软组织在牵拉作用下得以梳顺
坐姿式	取坐姿，右腿驾于左腿之上，以左手握住右侧膝关节，并用力将其扳向左侧。然后身体猛地转向右侧，如果听闻腰部发出一声轻响，即可停止

求生小贴士

如果发现脚踝扭伤较重，可用几条胶布将脚踝部粘贴起来。用胶布进行粘贴时，需要使胶布经过小腿内侧下方1/3的位置，进行全面的内外脚踝粘贴，再将胶布在小腿中部外侧处粘好，最后用绷带将扭伤的踝关节包扎起来。

呕吐

中暑、食物中毒、肠胃不适等都会引发呕吐症状。呕吐虽不像骨折、脱臼等常见伤情那样给人体造成即时伤害，但频繁剧烈的呕吐会导致人体出现脱水、电解质紊乱、酸碱平衡失调、营养障碍等情况。尤其在野外，如果不能有效地制止频繁的恶心和呕吐，很可能带来致命的危险。为了避免意外的发生，要在临行前掌握了解一些恶心、呕吐的必要急救措施。

1 引发呕吐的主要原因

1）不洁食物引发呕吐

当人们吃进了不洁食物而造成呕吐时，应当立即把这些不清洁的食物吐出来，通常情况下，把脏东西吐净了，呕吐停止。

2）肠胃不适引发呕吐

假如恶心、呕吐伴有胃胀、反酸腐气，大多因消化不良引起，可用一些黄连素等肠胃药进行病情缓解。

3）胃炎引发呕吐

若伴有胃痛，可能是胃炎引起的，需要利用一些调理脾胃的药或抗生素进行治疗。

2 舒缓呕吐的方法

1）深呼吸舒缓法

深吸一口气，并屏气1～2秒钟，然后呼气，反复做

5 ~ 10 次。这种方法对急性恶心、呕吐具有较明显的舒缓功效。

2）内关穴舒缓法

内关穴位于前臂掌侧，手腕横纹上约 2 寸处，两筋之间。呕吐时，可用中指按压内关穴，压至有酸痛感即说明已中穴位，通常情况下，按压约 1 分钟即可止呕吐。

3）冷敷舒缓法

用冰袋或冷毛巾置于患者胃部，也可以缓解恶心或呕吐症状。

求生小贴士

利用酸奶来缓解恶心、呕吐等症状也是不错的一种方法。因为酸奶里面含有的乳酸杆菌，会帮助人体消化吸收，有缓解腹泻、呕吐等症状的功效。但注意一定要喝常温下的酸奶，低温冷冻后的酸奶会加重腹泻症状。

昏厥

昏厥是大脑一时性缺血或缺氧引起的短暂性的意识丧失。昏厥的临床表现为肌肉无力、丧失肌张力及意识缺失。晕厥具有一定的突发性，具有致残甚至致死的危险，所以对于昏厥的救治不容小觑。

1 一般性昏厥

一旦突发昏厥，应立即将伤者移至阴凉处，使其平卧在地上，并将下肢抬高，以增加脑血流量。

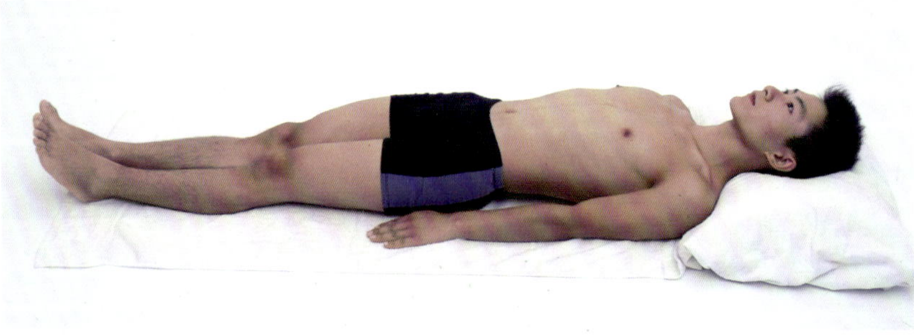

2 **低血糖昏厥**

出现因低血糖而导致的昏厥时，可对伤者进行静脉注射葡萄糖或者口含糖块等高糖食物，及时补充糖源。

3 **溺水昏厥**

因游泳不当或其他水上活动致使的意识丧失，应在 2 ~ 4 分钟内进行抢救。首先撬开伤者口腔，将其舌头拉出口外，并对其进行持续性的人工呼吸，直到积水呛出，恢复自主呼吸和意识为止。

4 **热昏厥**

热昏厥是气温比较燥热时常见的一种状况，多发生于夏季。一些体质较弱的探险者由于剧烈活动，导致体力消耗过大，又因没能及时补充体内流失的水分和盐分，致使机体供应出现不足，突发热昏厥。热昏厥的患者常出现以下症状。

①浑身无力、烦躁不安；

②脸色苍白、皮肤湿冷；

③头痛、眩晕或恶心；

④呼吸加快且浅，脉搏快而弱；

⑤下肢或腹部肌肉抽搐等。

热昏厥患者应采取以下治疗方法。

①一旦发生热昏厥，应立即将患者移至阴凉处，平卧在地上；

②如果患者大量出汗，或出现抽筋、腹泻或呕吐的现象，可用每升水加一汤匙盐的比例调配淡盐水，让患者慢慢服下。这种方法可以预防患者体内电解质失衡；

③若患者意识清醒，可让其慢慢喝一些凉白开。注意，一定要慢慢地小口饮水，大口喝水容易出现呛水现象；

④若患者已经失去意识，应将其迅速移至阴凉处，并以卧姿平躺在地上。在患者充分休息，不适症状稍缓之后，立即将其送往医院接受进一步治疗。

5 其他病理性昏厥

一些心脑性疾病也会诱发昏厥。这就需要在临行前对身体进行全面检查，对一些特殊的病理疾病有针对性地进行治疗。

求生小贴士

伤者出现昏厥症状之后，需马上让其平卧下来。一定要尽可能少搬动伤者，并及时解开其衣服、领扣、裤腰带等附缀物，使伤者周围的空气保持充分的流通。

中暑

在户外活动的人因长时间暴晒在炽热的阳光下，使得体温升高，但身体内的热温并未充分散发出来。快速的体温转变使大脑内部调节体温的中枢系统遭到破坏，从而停止工作，这种情况就是中暑。一般情况下，中暑症状的人会出现头痛、发烧、呕吐、昏厥，严重时甚至造成死亡。因此，户外活动者在临行前，学习一些关于中暑的急救技巧和预防中暑的方法是非常有必要的。

1 撤离高温环境

出现四肢无力、口渴、多汗、头晕等先兆中暑症状时，需迅速撤离引起中暑的高温环境，选择阴凉通风的地方休息，同时垫高头部，解开上衣，以利于呼吸顺畅和散热。

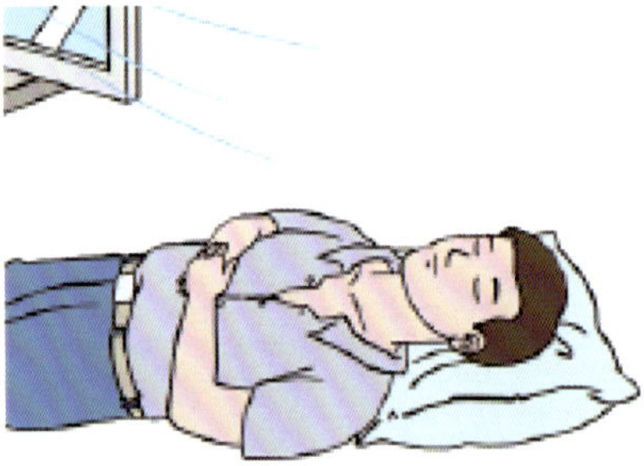

2 借助药物

除了上述先兆中暑症状外，并未出现恶心、呕吐、意识不清等其他现象，可以多喝一些含盐分的清凉饮料来舒缓中暑带来的不适感。同时还可以在额部、太阳穴处涂抹清凉油、风油精等，或服用人丹、十滴水、藿香正气水等中药来缓解中暑症状。

3 物理降温

比较严重的中暑患者通常会出现体温升高的情况。这时可以采用物理降温的方法来辅助患者将体温降下来。

①用冰水、井水或酒精擦洗全身；

②在患者头部、腋下、腹股沟等大血管处放置冰袋；

③将全身（头部除外）浸泡在4℃水浴中。

在物理降温过程中必须随时观察患者的脉搏率。脉搏率如果在每分钟110次以上，需立即停止各种降温方法。停止后观察约10分钟，若体温继续上升，可重新对其降温。

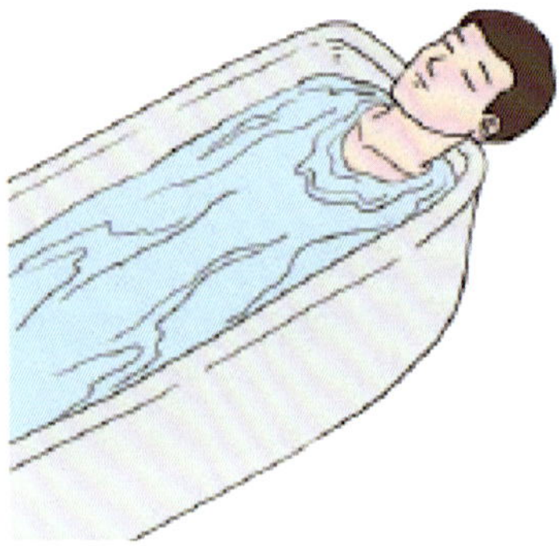

4 掐人中穴

当伤者出现昏迷不醒的情况时，可以通过按人中穴（位于鼻唇之间中上1/3交界处）和合谷穴（大拇指和食指的虎口间）的方法来促使伤者苏醒。

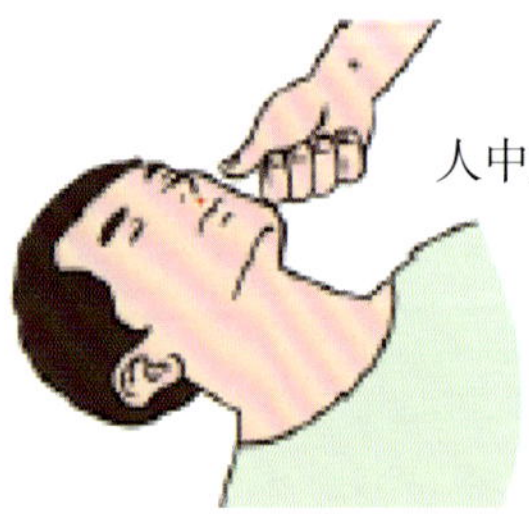

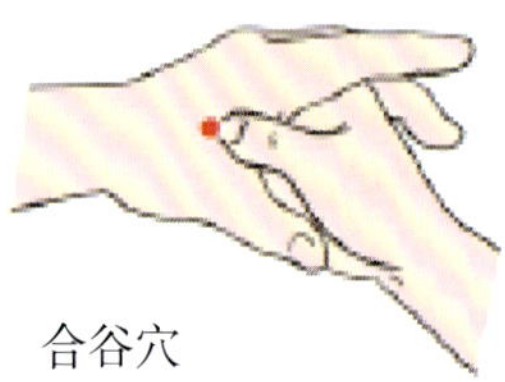

5 预防中暑的方法

1）避免暴晒

避免在阳光下暴晒，可在行进过程中打伞或者戴遮阳帽遮挡紫外线。另外，要尽量避免在正午时分活动。

2）多饮水

行进过程中一定要多喝水，最好喝一些凉白开或功能饮料。可在凉白开中加入少量盐。

此外，也可多食用一些含钾的食物，如巧克力、沙丁鱼、绿豆、菠菜、土豆等。

3）充分休息

在行进途中增加休息次数，避免过度劳累。此外，还要保证充足的睡眠。

4）提高抵抗力

如果在行进前突发了其他疾病，最好将各类原发病积极治疗完毕。身体内无病毒感染，就大大增强了身体的抵抗力，减少了中暑诱因。

5）随身备有中暑药物

为了防止中暑发生，可随身携带一些治疗中暑的药物，如备人丹、十滴水、藿香正气水和清凉油等。一旦发生中暑症状，及时进行药物治疗，效果最佳。

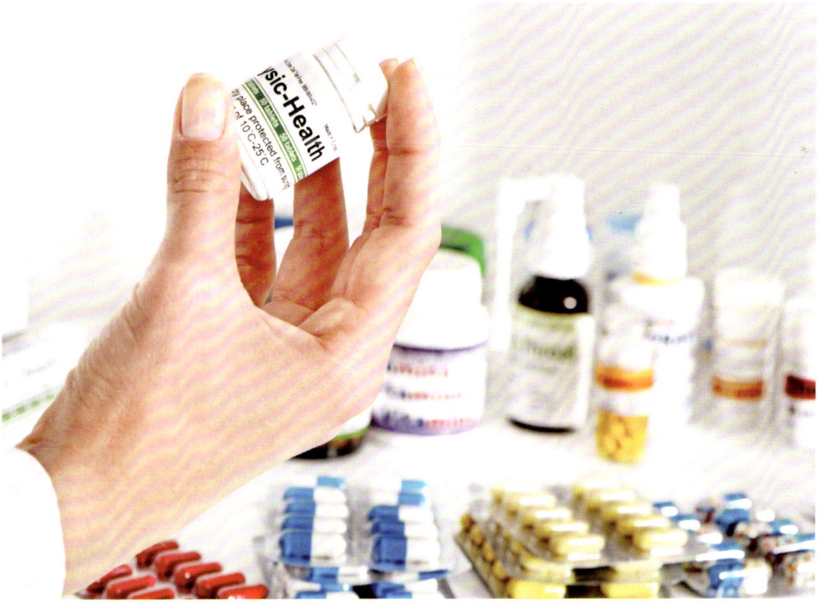

求生小贴士

出现中暑症状后，可用电风扇或者空调直接降温。但是要注意不要直吹冷风，防止感冒。

抽筋

抽筋又称肌肉痉挛，是常见的一种运动伤害。一般来说，抽筋的强度不会致命，但如果在一些户外活动中（如登山、游泳或潜水）突发了抽筋，不及时有效地进行处理，还是非常危险的。因此，在临行前学习一些正确处理抽筋的急救知识就显得很重要了。

1 引起抽筋的原因

通常来说，造成抽筋的原因有以下几种。

①运动前没有做充分的热身和拉筋动作；

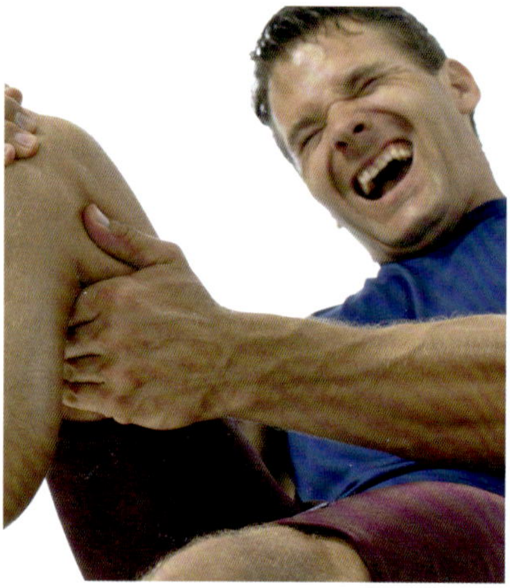

②运动姿势不正确；

③运动强度过大，肌肉使用过度产生疲乏感；

④运动环境的温度骤变，身体来不及适应；

⑤身体水分流失过多，电解质不平衡；

⑥情绪过于紧张，身体不够放松；

⑦身体素质不好，如缺钙就很容易诱发抽筋；

⑧一般药物的副作用等。

2 处理抽筋的方法

一般来说，抽筋常发生在手指、手掌、手臂、小腿、大腿、脚趾等部位。不同部位发生抽筋，其处理方法也各不相同。

常见抽筋的处理方法	
手指	将抽筋的手呈握拳状，然后用力伸张开，反复操作此动作，直至肌肉恢复正常
手掌	用未抽筋的手掌压住抽筋的手掌，使其向后弯曲，直到自己不能忍受时再放开。重复此动作，直至手掌不再抽筋
手臂	将抽筋的手先握拳，然后将整条小臂带拳头伸至肩膀处，伸掌伸臂，重复此动作，直至臂部肌肉恢复正常
小腿	一手紧握抽筋小腿一侧的脚趾，用力向后将其拉伸，另一只手向下压住膝盖，使小腿尽量伸直，重复此动作，直至小腿肌肉恢复正常
大腿	将双腿和膝盖弯曲至腹部前，双手用力将其环抱，然后松开，将双腿伸直。重复此动作，直至大腿肌肉不再抽筋

续表

常见抽筋的处理方法	
脚趾	用手握住抽筋的脚趾，将其用力向后拉伸，直到自己不能忍受时再放开。重复此动作，直至脚趾肌肉恢复正常
其他部位	腹部、肋骨间的小肌肉等其他部位也可能会出现抽筋现象。在处理相关抽筋部位时，遵循一个技巧——慢慢伸展开产生痉挛的肌肉，并在抽筋部位做适度按摩，重复此动作，直至肌肉痉挛感消失

求生小贴士

突发抽筋时，除了拉伸抽筋的肢体外，使用运动喷剂或者冷热敷也可有效缓解抽筋症状。

食物中毒

在野外，食物中毒的现象时有发生。如饮用了不洁净的水或误食了被污染的、变质的食物都有可能引发食物中毒。采取正确的救治措施，就可以将食物中毒的危害降到最低。

食物中毒后的主要表现为：恶心、呕吐、腹痛、腹泻以及头晕等症状。在进食不足2小时内，一旦出现上述症状，即可按照中毒初期的处理方法进行处理。

轻度食物中毒的应对方法	
催吐	催吐的方法有很多，可用手指、筷子、汤匙、羽毛等物伸入中毒者的口腔中，刺激其咽喉部位，即可联动肠胃将胃中的食物吐出，可反复进行，直至有毒食物全部吐尽
大量饮水	如果中毒情况不严重，可大量饮用干净的水，也会在一定程度上稀释毒素
借助泻药促进排泄	如果进食已经超过2~3个小时，但中毒症状不是很严重，可通过服用泻药的方法，促使有毒食物尽快排出体外

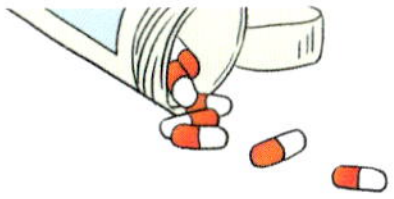

泻药

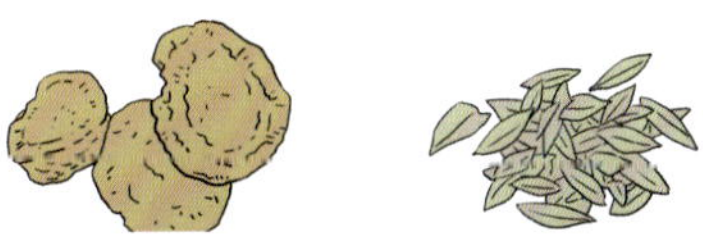

如果身体已经出现严重不适时，就不能使用中毒初期的处理方法了，需根据具体的中毒表现来应对。

重度食物中毒的应对方法	
腹痛	如果感觉到剧烈的腹痛时，要立即采取仰卧姿势，同时将双膝弯曲，这个姿势有助于血液循环，缓解腹痛。这个姿势并不会治疗食物中毒，它只是暂时缓解腹痛感。在中毒者不再腹痛难忍时，应立即将患者送往医院救治
抽搐、痉挛	如果出现抽搐、痉挛等症状时，要立即将患者移至开阔平坦的地面上，并将筷子和手帕缠好塞入患者口中，以防止其在发生痉挛时咬破舌头
昏厥	如果中毒患者突然昏厥，要立即将伤者平卧在地上，确保周围没有障碍物，使其保持呼吸畅通。然后观察中毒患者的心跳和呼吸是否出现异常
心跳异常	如果中毒患者心跳、呼吸停止了，就证明中毒情况比较严重。需立即将患者头部偏向一侧（取后仰头姿势），然后采取人工呼吸和胸外心脏按压法对其急救。同时拨打 120 急救电话，或立即将中毒患者送往医院进行救治

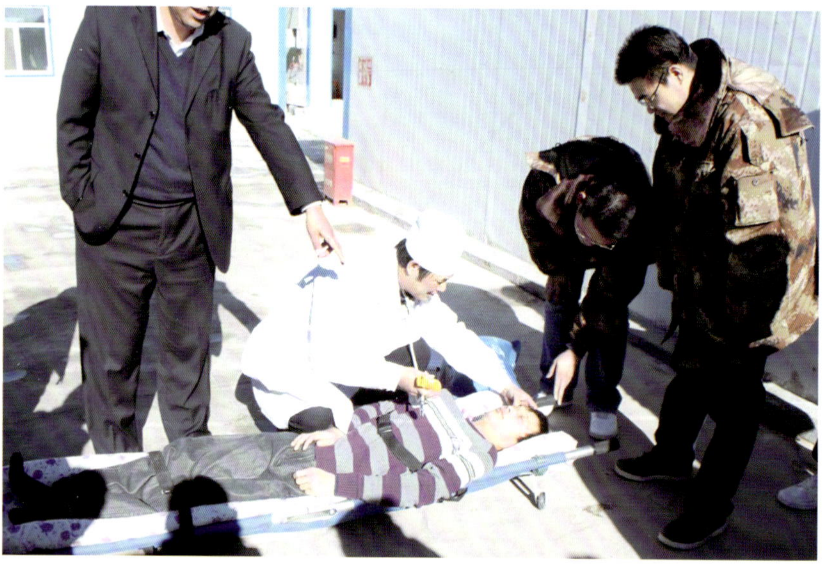

外物入耳

外物入耳是常见的一类意外伤害，蚂蚁、蚊子等小动物以及豆粒、沙土、水等异物都会不同程度地引起耳部的不适和疼痛。所以一旦发现异物入耳，必须采用正确的方式快速将其取出。

不同异物入耳需要采取不同的处理方法。

不同异物入耳的处理方法	
便于取出的异物	如果是纱布、火柴、纸团等便于提取的物体，直接用镊子轻轻地将其夹出来
圆滑的异物	用带钩状的物体，通过异物周围的空隙绕过异物，然后将其钩出来
豆类异物	用棉棒蘸着浓度较高的酒精浸入耳内，将其缩小，然后再用钩状的物体将这类杂物取出 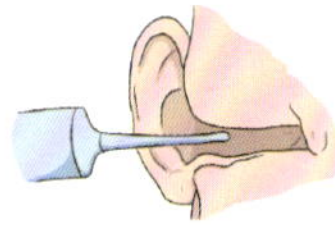
泥块杂物	用耳挖等工具慢慢地将泥块挖出
小飞虫	①用手电筒照向患耳中（也可找到一个光线较充足的地方，直接将患耳对向阳光），昆虫一般都具有向光性，在发现光亮时往往会自动飞出或爬出 ②将一些植物油或者乙醚等液体灌满外耳道，使小虫因被麻醉而失去活力，或者因窒息而死亡。然后将耳朵朝下倾倒出小虫，或用小镊子将其取出 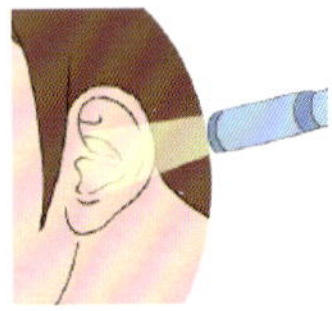
水	①头偏向患侧，使进水一侧的耳朵向下，同侧脚单腿跳跃，水便会流出 ②用干脱质棉轻轻插入外耳道，在耳内转动几圈，将水吸尽
化学异物	①用干棉签将其擦拭出 ②假如异物在鼓膜的表面上，应该抬起头不要乱动，在光线充足的情况下十分小心地取出异物，避免损伤到鼓膜 ③用注射器在耳道注入生理盐水，将外耳道后壁进行彻底冲洗

求生小贴士

在异物取出之后，假如不小心将耳道损伤，那么要将耳朵进行全面消毒。可辅助口服一些抗生素，帮助恢复耳朵上的伤口。如果耳内的异物无法自行取出，需及时去医院治疗。

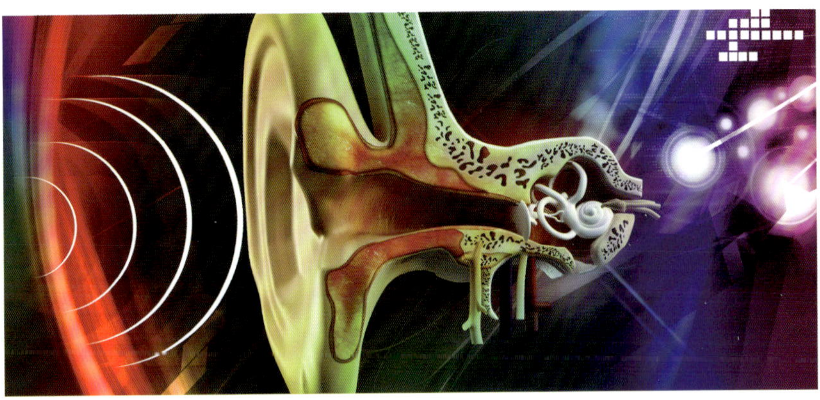

呼吸道阻塞

野外活动时，难免会因吸入异物或吞咽不当而造成呼吸道被梗阻。呼吸道阻塞属于急症的一种，一些体积大的异物如果不能及时排出，将会危害到身体的某些机能，严重时还会造成窒息。那么为了避免意外发生，在呼吸道被阻塞后，该如何进行急救呢？

1 咳嗽法

如果还能自主咳嗽，可用力将异物咳出。这种方法适用于体积较小的异物。

2 深挖法

吸入的异物体积过大，不能通过咳嗽咳出时，可以采取手指深挖的方法。具体做法是，将食指当作一个钩子，伸入我们舌根部位，然后尽最大可能将异物慢慢地往上钩，直到钩到手够得着的位置，然后将其取出。

我们也可用手指刺激喉咙，将异物呕出。

3 腹部冲击法

1）自救

如果深挖法也无法将异物排出，需马上寻找一个高至腰腹位置的树桩或一块平坦的石头，将自己的上腹迅速压在树桩或石头上，然后对着树桩或石头进行上下有力的冲击，大概持续6~8次，异物就可能被排出。

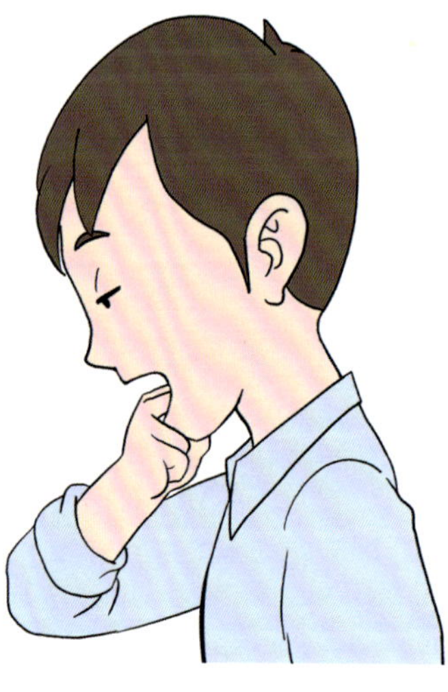

2）救助他人

假如发现随行的同伴吸入异物，那么可以从其背部拦腰抱过去。双手叠放在其上腹部，用力将手向他身体的后上方挤压；然后放松，重复这个动作。通过上抬膈肌，从而压缩伤者肺脏以形成气流，并利用强烈的气流将异物冲出。

4 拍击背部

让伤者俯身，施救者用膝盖和大腿部分抵住伤者的胸部，然后用另一只手掌在伤者肩胛间区脊柱上连续几次用力快速拍击，直到将异物排出。

5 人工呼吸

如果伤者已经陷入窒息状态，我们就需要立即对其进行人工呼吸。即捏住伤者的鼻子，向其嘴中迅速吹气，强迫空气进入他的肺中。如果伤者的胸部随着强迫吹气，产生一上一下的现象，表明他的呼吸道已经通畅了。

假如通过上述方法后，伤者呼吸还不通畅，那么就要进一步加强其颈部的紧绷程度，使伤者舌头不再阻塞呼吸道。然后用力抬升伤者的下巴，并用两个拇指强推伤者的下嘴唇，使嘴巴尽可能地张开，随即迅速朝伤者口中吹气。

求生小贴士

呼吸道中吸入异物后，也可让伤者取平卧状，用手掌根部抵在其胸骨底端和肚脐之间的胸部上，另一只手交叠放在这只手上面，然后快速向上推压胸部。当呼吸道上部被阻塞时，可将背部敲打与手部推挤相结合，这样会更有效地排出异物。

蛇咬伤

蛇是野外环境中常见的动物，特别是在闷热下雨之前，或雨后初晴时更为多见。毒蛇最可怕的地方就要属它身体中分泌的毒液了，一旦被毒蛇咬中，身体将会受到很大的伤害，严重时还会导致死亡。如果被蛇咬伤，该如何进行自救呢？

1 分辨蛇种

蛇分有毒蛇（微毒蛇）和无毒蛇两种。

1）有毒蛇

一般来说，色彩鲜艳（但也有极少数毒蛇体背斑纹的颜色不鲜明，如白腹眼镜蛇）、蛇头呈三角形的蛇，多为毒蛇。

也可根据齿痕进行分辨，毒蛇咬伤通常见 1 个或 2 个或 3 个比较大而深的牙痕。其中微毒蛇杀伤力没有毒蛇那么大，咬痕要比毒蛇被咬后轻很多，被微毒蛇咬伤后，通常会出现眩晕、头疼等症状。被毒蛇咬伤后一定要尽快进行排毒工作。

2）无毒蛇

颜色不鲜艳，头部呈椭圆形，形

体细长，尾部长而尖的大多为无毒蛇。而无毒蛇咬伤常见四排细小的牙痕。被无毒蛇咬伤后，无须做大量排毒工作，只需清洗伤口将蛇的体液排出就可以了。

注意，在分不清是有毒蛇还是无毒蛇咬伤的情况下，应按毒蛇咬伤处理。

2 保持镇定

如果不幸被蛇咬伤，应保持镇定，在第一时间内看清“元凶”的体貌特征。因为被送往医院急救的时候，毒素往往已经扩散了，如果不能清晰地提供毒蛇的体貌特征，医生就不能在第一时间判断出是哪一类蛇，从而延误治疗。

3 避免剧烈运动

被蛇咬伤后，不要恐惧慌乱，切忌做奔跑等剧烈运动。剧烈运动会加快血液循环，加速毒素扩散。

4 绑扎伤口

取任意一条绳状物品在伤口上端 5 ~ 10 厘米处做环形结扎，避免毒液顺着血液流向心脏。结扎时动作要迅速，最好在咬伤后 2 ~ 5 分钟内完成。结扎力度不要太大也不要太小，此后每隔 15 分钟放松 1 ~ 2 分钟，以免肢体因血液循环受阻而坏死。

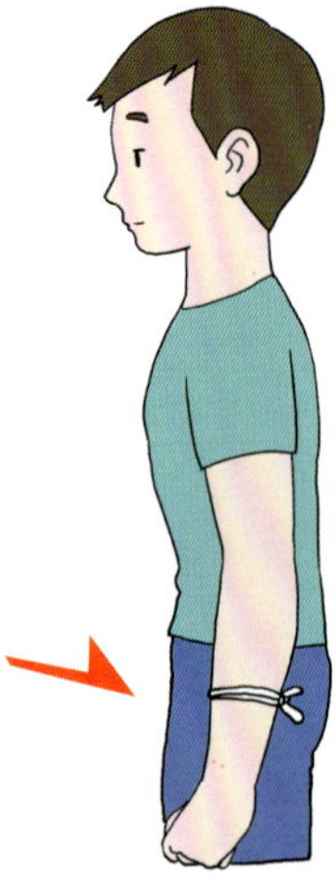

如果缺乏专业包扎伤口所用的橡胶带或止血带，可使用身上一切绳状物品，如绳子、鞋带、布带、皮筋等。

5 冲洗伤口

可用双氧水、0.1% 高锰酸钾（1∶999 质量比的水和高锰酸钾）、肥皂水、冷开水、盐水或清洁生水来冲洗伤口，破坏伤口中的毒液。注意，一定不要在伤口处涂抹酒精，酒精会加快血液循环。

6 扩创排毒

清洗完伤口后，立即开始排毒。用消过毒的刀片或其他尖锐的物体，划破蛇齿痕间的皮肤，也可在伤口附近扎破数个小的伤口。这些方法都能用于伤口排毒，在用任意一种方法扩创后，要持续挤压伤口 20 ~ 30 分钟，通常便可排出毒液。

挤压伤口的过程中一定要注意，不要试图用嘴巴去吸伤口中的毒血。如果口腔内有伤口，或者不小心误服毒液，反而容易使施救者间接中毒。

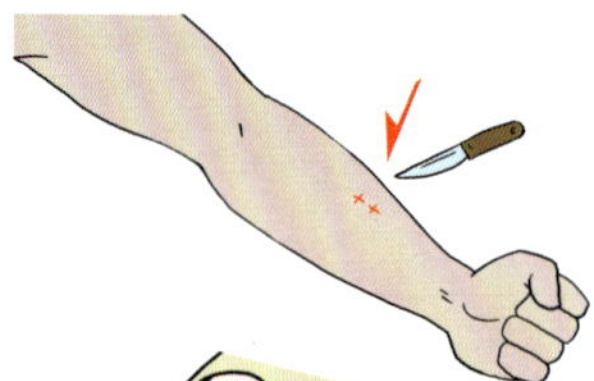

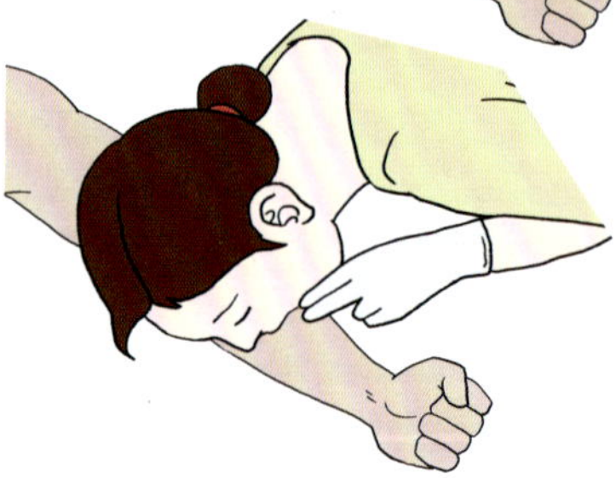

7 血清治疗

如果不幸被蛇咬伤，应该及时救治，以免造成严重后果。在被毒蛇咬伤后，假如有血清，并且伤者对其不过敏，那么就应该及时注射血清。

假如对血清有过敏反应，那么就应该对伤者进行静脉输液。如果没有进行静脉输液的条件，也可将血清进行少量多次注射。值得注意的是，那些对血清过敏的伤者，需要注射的血

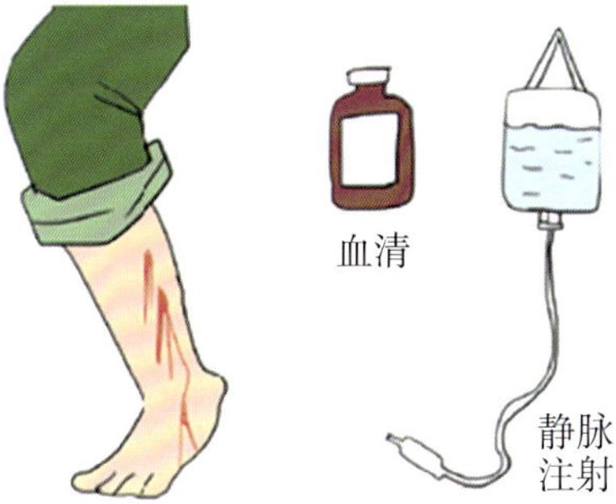

清量会比较大（一般需要十几小瓶）。少量的血清注射不但不会缓解伤情，还会加重伤情。

8 其他救治方法

在进行了初步的处理之后，要采取的措施是，尽量减少蛇毒对身体组织的伤害程度。首先去除坏死的组织，防止伤口感染。一旦发生感染，一定要注意保持伤口的开放与清洁，尽量擦洗掉已经坏死的组织，必要时用干净的布料放在伤口上，将伤口中的浓液导出。

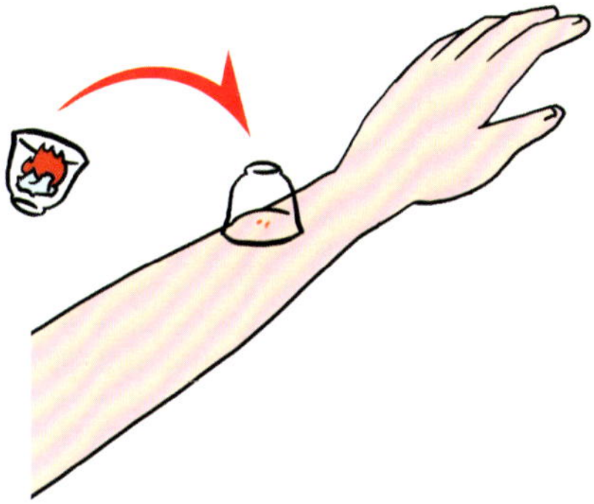

求生小贴士

假如不幸遭到了蛇的攻击，我们可立即拿起随身携带的木棍或其他硬物进行反击。俗话说，打蛇打“三寸或七寸”。动物的脊柱骨保护着脊髓，一旦被击伤，神经中枢与身体其他部分的“通道”就会被阻碍，蛇会立刻出现行动滞停的情况。除此之外，蛇的头部也是其致命部位之一。用重物击打头部或者脊柱部位，都会击中其要害。

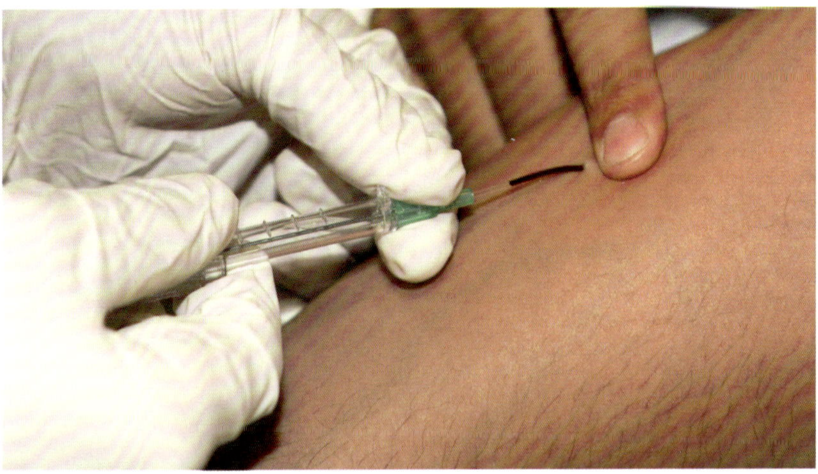

毒虫咬伤

野外环境复杂，在活动的过程中难免会被蜜蜂、蜘蛛、蜈蚣、蝎子等毒虫咬伤或蜇伤。那么一旦被毒虫咬伤或蜇伤该如何处理伤口呢？

1 蜜蜂

野外环境中，花草较多，蜜蜂也比较多。如果不小心被蜜蜂蜇伤，我们该如何处理伤口呢？

①利用刀子或者指甲将皮肤内蜜蜂残留的刺刮出。注意，千万不要挤压残留的毒液，这样有可能将更多的毒液挤进皮肤；

②将刺挑出来后，用肥皂水、3%氨水、5% ~ 10%碳酸氢钠水（5%的溶液要加 95 克的水）、食盐水或糖水洗敷伤口；

③清洗完伤口后，可就近在野外采摘一些马齿苋、夏枯草或野菊花捣烂敷在伤口处；

④初步处理完伤口后，最好能到就近的诊所找医生接受专业处理。

2 蜘蛛

通常情况下，被蜘蛛咬伤会在伤口附近出现轻微的麻痛感，所以很多人往往不会对其过于重视。其实蜘蛛是个非常具有杀伤力的昆虫，如果不幸被毒蜘蛛咬伤，若处理不当，会出现休克，甚至死亡。

蜘蛛咬伤分为一般咬伤和毒蜘蛛咬伤。

蜘蛛咬伤的伤情表现及处理方法		
伤情状况	临床表现	处理方法
一般咬伤	咬伤部位隆起、发红，伴有轻微的疼痛或发痒	①抬高患肢 ②用凉的肥皂水清洗咬伤区域 ③用冰袋进行冷敷 ④可口服阿司匹林或对乙酰氨基酚（泰诺）来缓解疼痛等轻微症状 ⑤咬伤后 24 小时观察，确保症状没有加重，严重时需送医治疗
毒蜘蛛咬伤	恶心、组织损伤或肌肉痉挛等	①将数根火柴头朝向伤口，围成一圈；用一根点燃的火柴去引燃这些火柴。火烧时不必把伤口烧焦，只需伤口皮肤起水疱就可以了 ②用止血带来辅助治疗蜘蛛的局部咬伤。在伤口上方用止血带紧紧缠绕，每 15 ~ 30 分钟松开 1 次，2 ~ 3 分钟再绑上

3 蜈蚣

蜈蚣虽体积不大，带来的危害却非常严重。通常情况下，被蜈蚣咬伤，会在伤口局部发生红肿、疼痛，同时伴有头痛、发热、眩晕、恶心、抽搐、昏迷等全身症状。被一些热带的毒蜈蚣咬伤后会使人的整个肢体出现紫癜，严重时会导致淋巴管炎和组织坏死。那么，如果不小心被蜈蚣咬伤，该如何处理伤口呢？

①抬高患肢；

②用凉的肥皂水清洗咬伤区域；

③将鱼腥草、蒲公英捣烂外敷伤口；

④有全身症状者，最好能到就近的诊所找医生接受专业处理。

4 蝎子

蝎子由毒腺分泌的毒液进入人体后，也会迅速引起一系列的中毒反应。被蝎子咬伤后，需按照以下方法处理伤口。

①用碱性肥皂水（切记，不能用香皂）、苏打水、石灰水、高锰酸钾液、3%氨水等涂在伤口处；

②用泡开的冷茶叶（碱性）外敷在伤口上；

③在伤肢上端2 ~ 3厘米处，用布带扎紧。结扎力度适中，不能太紧也不能太松，此后每15分钟放松1 ~ 2分钟；

④症状较重者应送往医院治疗。

求生小贴士

如果在没有止血带的情况下，也可用绳子或者衣服撕成布条，在伤口的上方紧紧捆绑，捆绑的力度，与平时在医院抽血化验时，用橡胶管绑的松紧度差不多。结扎法的目的是通过遏制静脉血回流，减缓毒素向血液中扩散，操作时间也是每半小时或1小时松开结扎结3分钟，结扎时间不宜过长过紧，得到有效治疗后即可松开。

Part 8

逃生后的心理疏导技巧

本章看点

- 心理创伤的自救方法
- 自身的心理健康维护
- 克服恐惧阴影的方法
- 缓解心理压力的方法
- 常用的放松练习方法

逃生后的心理疏导技巧

心理创伤的自救方法

很多突发事件如沉船、地震、洪水、火灾等都会对缺少危机意识、被打破平静生活的人产生巨大冲击力，尤其是老人和青少年等心理承受能力比较脆弱的人群。当遭受不幸事件的袭击后，最重要的一点就是要稳定和舒缓灾害所产生的心理创伤，在心理上施行自救。那么，自我缓解心理创伤的方法主要有哪些呢？

1 及时与他人交流

如果灾难造成了亲近人员或朋友的伤亡，最好能与受害者的亲友及时交流彼此的看法和感受，可以彼此提供良好的心理支持。

2 面对现实

如果灾难已经发生，就要下意识地进行自我“催眠”——时刻提醒自己勇于面对现实，所有的创伤已经形成，无法挽回，垂头丧气、郁郁寡欢不会对已发生的灾难带来任何改变和影响。

3 转换痛苦

灾难产生的创伤和挫折会给人的心理上带来严重的影响，如形成压抑、焦虑等负面情绪，如果一味地忍耐，不懂得去宣泄，就会加重心理负担。善于心理自救者应该学会将消极情绪转化为积极情绪，将创伤变为动力，将这些积压在心理的负面情绪升华成一种积极向上的力量。将这股力量投入身边任一件事件中，都可以收获相较于之前的成功，同时消除了压抑和焦虑情绪，使心理达到平衡。

4 适度宣泄

当人的心理受到创伤后，会下意识地压抑这些不好的情绪。其实这种做法只能缓解表面的紧张，不能解决根本的问题。如果那些被积压在心底的负面情绪迟迟得不到宣泄，就会使人陷入更深的心理困境中。善于心理自救的人应该选择适合自己的宣泄方式来宣泄心中的苦闷，如向身边的亲友或父母、老师诉说心中的苦闷和委屈。如果不愿意与他人直接沟通，也可以将心中所想诉诸文字，以记日记的形式将苦水倒出来。

如果上述方式都不能很好地宣泄负面情绪，也可以在一个适当的场合，大哭或大声喊叫一番，这种方法是陷入极度心理困境中最佳的自救策略之一。

求生小贴士

在心理出现异常后，也可通过增加运动和调节饮食来进行健康护理。如保证每晚至少7～9小时的睡眠；避免酒精类饮品和药物，以免加重创伤症状；平衡膳食，保持精力，以及增加休息和放松的时间与机会。只有在身心合二为一的状态下，才可以对自我调整心态起到更好的效果。但需要注意的是，心理创伤恢复是一个漫长的过程，给自己足够的时间和勇气来面对那些已经发生的灾难，千万不要急功近利强迫自己“加速愈合”，耐心等待身心复苏的步伐，才可以获得改变。

自身的心理健康维护

心理出现异常的原因多有个人方面和客观环境两大方面。客观环境方面的原因主要有自然环境、物质环境和社会环境 3 种；个人方面主要包含个人性格、个人对环境的适应性等小细节。可以说，世界上不存在没有任何压力的环境，压力的大小将对个人心理健康产生直接影响。那么，该如何管控心理压力，保持积极乐观的心理状态呢？

1 树立高度自信心

树立并提高自信心是一个漫长的过程，不是信手拈来的。需要青少年付诸行动，并且坚持下去。那么，青少年该如何建立自信心呢？

1）激发潜能

要知道人的潜能是无限的。科学研究显示，大部分人脑的能力只用到了 1/10 左右，其余的 9 成甚至以上，还未被完全挖掘和利用。只要将潜意识充分挖掘和利用，就可以获得惊人的成就。

2）相信自己的能力

在遇到困境时，在心里默念“我是最棒的”“我能行”“我一定行”“我肯定行”等积极鼓励的话语。一段时间后，就会发现自己对任何事情都充满了自信，对解决任何困难和麻烦都充满能量与能力。

2 永葆进取心

培养自己的进取心，永不自满。努力将该做的事情全部做好。对于青少年来说，在成长的过程中会与各种人、各种环境进行博弈，这也正是走向成熟的必经历程。时刻保持乐观、积极、进取的心态，就能维护、锻炼和恢复大脑的正常生理机能，进而提高大脑神经系统的灵敏性，对保持记忆力、判断力和分析力具有非常重要的意义。

3 产生正确的认知

对青少年来说，产生正确的自我认知，对其心理成长至关重要。一旦出现偏差，就会造成自己与周围环境格格不入，形成严重消极的不健康心理。那么青少年该如何形成正确的认知呢？

1）反省自己

青少年可以通过自我检讨和自我反省脱离旧我，认知新我。对自己经历过的成功或者挫折进行反省，从中得到经验与教训，促使自己把握正确的生活方向。

2）他人的评价

通过他人的评价来认清自己也是比较有效的一种方法。如果自我认知与他人评价存在较大的相似性，则表明自我认知能力没有问题；如果偏差较大，则表明自我认知能力存在偏差和不足，需要适时进行调整。

3）实践认知

如果不确定自己具有哪些方面的性格、才能及优点，可通过实践机会“试验”一番，洞察自己的缺点和不足后，扬长避短、勤能补拙，最大限度地弥补自己的性格缺陷。

4 培养乐观精神

心理学家研究发现，青少年时期形成的悲观或乐观的认知态度，将对其日后看待事物的方式以及归因产生至关重要的影响，而这种态度一旦养成就很难再改变，那么青少年该如何培养和保持乐观的心态呢？

1）调整认知

对于同一件事来说，不同的人会得出不同的结论。悲观的人常会因为别人的闲言碎语而产生歪曲、错误的认知。这些认知大多是消极、不客观、不符合实际情况的。所以，在产生消极情绪时，应适时予以调整。

2）调整归因

要想以积极乐观的心态去面对人生，就必须摒弃消极、不客观的情绪，正视那些不理智的消极原因。对于那些不可控制的归因要懂得释怀。

3）调整应对方式

悲观的人在面对困境和挫折时，最常采用的两种应对方式：一个是退缩；另一个是自责。这两种不正确的应对方式对战胜困境和消极心理是没有任何帮助的。只有根据实际面对的困境，调整自己的应对方式，才可以使青少年以积极乐观的态度战胜一切困难，从而重拾信心。

5 经常使用自我暗示语

积极的自我暗示语应遵循以下几条原则。

1）简单

自我暗示的语言不要太复杂，简单明了最好，因为人在潜意识中是不懂得逻辑的。

2）积极向上

负面的暗示语很难起到积极有效的暗示。尤其是“我很笨”“我不行”“不可能”等常出现的负面暗示，会摧毁青少年的自信心。

3）重复

制定暗示语时，最好重复、不停地进行刺激，以形成稳定的习惯。对于青少年来说，情绪的波动非常不稳定，如果能反复刺激潜意识，就可以大大提高成功率。

求生小贴士

冲动是很多青少年中都会存在的问题，若不能恰当控制就会严重危害身心发展。改变青少年冲动情绪的方法主要有以下4种：培养青少年积极乐观的生活态度；让青少年学会适当地发泄不良情绪；保持适当的紧张；善于理性地控制自己。青少年们学会调控自己的情绪，可以最大限度地避免一些心理疾病。

克服恐惧阴影的方法

在所能体会到的大多数不愉快的情感之中，恐惧可能会排在第一位。每个人都有令自己害怕面对的事物和不想回忆起的惨痛记忆，从心理学的角度来说，那些令人害怕的事物和不愿意被回忆起的记忆会衍发成恐惧感，严重制约、限制人的心理的正常发展。那么该如何战胜恐惧、摆脱恐惧的束缚呢？

1 信念激励法

心理学专家研究表明，信念对于人的心理影响是巨大的，它构成了激励人们前进的精神支柱。在被恐惧感束缚时，可下意识地进行自我激励，鼓舞自己做出积极正确的行动。

2 注意力转移法

当因为某件事而产生心情烦躁、郁闷、恐惧等负性情绪时，就无须再强迫自己直接面对，可以换一种轻松的方式来舒缓，如听音乐、上网、看书、看电影等。当人们投入这些活动中，就可以减少恐惧的想法及影响，让烦躁、郁闷、恐惧等负性情绪得到缓解和放松。

3 心理暗示法

心理暗示是一种消除消极情绪最有效的方式。采用积极的心理暗示，可以让自己用积极的心态去思考和面对恐惧与困难。也可以回忆一些美好的事情，这样做同样可以缓解由心理压力造成的恐惧和心情烦躁。

4 记录恐惧程度

要想克服恐惧症，就要首先学会甄别自己恐惧的程度。可将自己面临的恐惧事件按恐惧程度进行分级，随后对自己所产生恐惧感的诱因进行分析，将这些细节记录清楚后，就可以帮助我们发现心理恐惧程度的波动，从而控制恐惧症。

5 逐步克服

要学会在记录恐惧程度的基础上逐步克服心理的恐惧，这一过程中无须强迫自己完全抹杀恐惧症，这是不可行的。只有逐步克服恐惧，才可逐渐建立自信心，改善情绪失控的状况。

6 强大自我

确认了什么原因造成恐惧并形成心理阴影后，可向专业的心理治疗师寻求帮助。借助催眠术，在潜意识中把造成阴影的场景再现，然后由心理治疗师辅助一点一点战胜它。只要拥有了战胜心理阴影的能力和勇气就能克服一切心理障碍。

7 适当运动

当恐惧感袭来时，身体会分泌过量的肾上腺素。而当人体开始运动时，又会消耗大量的肾上腺素。因此，在感到恐惧或惶恐不安时，做一些适量的运动就可以消耗大量的肾上腺素。

试着收缩及放松各部位的肌肉，也可以消耗掉大量的肾上腺素。

求生小贴士

如果因心理压力过大导致睡觉时极易惊醒或噩梦连连，可在睡前点一段檀香来安抚紧张的情绪。点燃的檀香最好选择纯天然的老山檀木块，或在一些专营店中购买。

缓解心理压力的方法

青少年时期是人生的“黄金阶段”，是其抽象思维、创造性以及记忆力最佳的时期。但如果在此阶段被自卑、惶恐不安等不健康的负面情绪深深困扰，就会给他们带来极大的心理压力，从而影响他们的正常发展。那么青少年该如何舒缓心理压力呢？

1 暗示法

在日常生活中有意识

地利用回忆、想象以及语言、动作、周围环境等各种行为和场合对自己实施积极的暗示。如此就可以减缓心理紧张，消除负面情绪，使心理保持平静和愉悦。

2 换境法

相对固定和熟识的环境会因突发事件给青少年的心理带来深深的伤害，进而引发一些心理问题。也可在突遇险况或意外后，暂时远离一下当前环境，如到远方旅游，或去其他地区暂住一段时间。“换境法”既可以刺激青少年的自信心与承受能力，也能排解不良情绪带来的种种困扰。

3 随境法

如果没有“换境”的条件，就需要自己拥有“随遇而安”的心境。这是心理防御机制中一种较为常见的合理反应，下意识地提醒自己面对生老病死、天灾人祸等各种负性生活事件时，需以一颗平常心去对待。只有如此才可以减少许多不必要的痛苦，拥有一片宁静、愉快的心灵天地。

4 幽默法

幽默是负性心理环境的“调和剂”。当受到挫折或慌乱紧张的境况时，可用幽默来化解困境，维持心态平衡，幽默能使沉重的心境变得豁达、开朗。

5 音乐法

当出现焦虑、抑郁、紧张等不良心理情绪时，不妨通过听一听音乐，来做一次心理“按摩”。优美动听的旋律，可以起到调适心理和转换情绪的作用，让紧张焦虑的情绪放松，心情变得愉悦。

6 观赏法

当出现焦虑、抑郁、紧张等不良心理情绪时，可通过阅读精彩的图书或观赏优美的影视剧，来释放紧张，排解忧郁，唤起愉悦的生活体验。

7 宣泄法

心理学家认为，宣泄是人的一种正常的心理和生理需要。当焦虑、抑郁、紧张到一定程度时，除了向朋友倾诉外，也可以通过做运动，或在空旷的原野上大声喊叫来释放积压在心底的负性积郁。

8 推移时间遗忘法

时间是解决问题的最好办法。随着时间的推移，逐渐修正自己的认知观念，在身心变得强大后，就可以释放过去的或当下的负性情绪，顺利挣脱心理束缚。

9 丰富业余生活法

发展绘画、书法、下棋、运动、娱乐等个人爱好，会增加许多生活乐趣，使生活节奏发生改变。这种做法极易帮助我们从单调紧张的氛围中摆脱出来，让人心情变得更加舒畅。

求生小贴士

很多人在面对困难和压力时，会下意识地进行“逃避”，其实这种做法也是缓解心理压力的重要方法。“逃避”可以作为心理环境免遭侵蚀的“保护膜”，在遇到一些非原则性问题时，假装“糊涂”，无疑能提高心理承受能力，避免不必要的精神痛苦和心理困惑。

常用的放松练习方法

青少年遭遇意外险情后通常会对其身心产生非常严重的影响，如果不能对其加以舒缓和放松，就会影响其正常的身心发展。那么适用于“逃生”后放松练习的方法有哪些呢？

1 表象（肢体）放松训练法

1）准备工作

寻找一个安静的房间（或教室，最好可以用窗帘遮挡住刺眼的光线），同时准备一把舒适的椅子。

2）热身动作

①双脚分开，与肩膀同宽，含胸收下腭，舌尖抵住下腭，头与肩正平。双手放于腿部，手心朝上，面带笑容，微闭双眼；

②头部与教室天花板呈 90 度；

③臀部与座椅呈 90 度；

④大腿与小腿膝肘弯处呈 90 度。

3）训练方法

（1）放松手臂

将右手紧握拳头，奋力伸展右前臂。然后屏住呼吸，在自己不能忍受后突然放松，呼气。

将左手紧握拳头，奋力伸展左前臂。然后屏住呼吸3~5秒钟，在自己不能忍受后突然放松，呼气，此过程持续10~15秒钟。

双臂伸直，双手同时握拳，奋力伸展手和臂部，同时屏住呼吸，在自己不能忍受后突然放松，呼气，此过程持续10~15秒钟。

（2）放松头部

将前额部的肌肉皱起，同时皱起眉头、鼻子和脸颊，做咬紧牙关状。然后屏住呼吸，在自己不能忍受后突然放松，呼气。

（3）放松躯干

将双肩耸起，奋力伸展肩部肌肉。然后屏住呼吸3~5秒钟，在自己不能忍受后突然放松，呼气，此过程持续10~15秒钟。

挺起胸部，奋力伸展胸部肌肉，然后屏住呼吸3~5秒钟，在自己不能忍受后突然放松，呼气，此过程持续10~15秒钟。

弓起背部，奋力伸展臂部肌肉，然后屏住呼吸3~5秒钟，在自己不能忍受后突然放松，呼气，此过程持续10~15秒钟。

（4）放松腿部

让右腿向前用力蹬墙，同时紧绷右腿，然后屏住呼吸3~5秒钟，在自己不能忍受后突然放松，呼气，此过程持续10~15秒钟。

让左腿向前用力蹬墙，同时紧绷左腿，然后屏住呼吸3~5秒钟，在自己不能忍受后突然放松，呼气，此过程持续10~15秒钟。身上

表象放松练习训练法的意义在于，可通过全身舒展放松使大脑皮质处于高度敏感状态，使受训人对其他信息具有较快的接收能力。这种训练方法每天练习1~2次，每次15~25分钟，刚开始时，放松训练并不能使肌肉很快进入放松状态，但长久坚持，

效果显著。

2 静心放松训练法

①所谓静心就是完全放空思想，使大脑处于一种完全“空灵”的状态。完全是思想上的放松，无须辅助其他行动、其他情绪，只是尽可能地使自己平静下来；

②如果做不到完全放松心绪，也可随思绪漫游，尽量去想那些令自己感到高兴和愉悦的事情。重温暖心的事会使内心充满正能量，摒弃令自己恐惧、无力等不良情绪，就能达到静心的效果。

静心放松训练法能够培养受训者高度的敏感力和洞察力，产生独立感和稳定感，从而接纳更好的自己。

3 深度呼吸训练法

①深吸一口气，直到不能再吸入，保持 10 秒钟左右；

②体腔内的气体呼出，吐得越干净越好，停顿 5 秒钟左右。

反复练习此动作，通常 5 分钟左右为宜。深度呼吸训练法可以调节人的呼吸规律，更利于宁神。

求生小贴士

有规律性的运动也是解除压力最实用的方法。每天坚持运动40分钟左右，可以使人保持愉悦、健朗的积极情绪长达2个小时左右。而且越紧张，运动之后就越能感到愉悦。

内 容 提 要

荒野求生吸引了很多青少年的眼球，想必每个青少年心中都有一个险境求生的梦。面对复杂多变的野外环境，难道你不想去冒险？不想去挑战自我极限？

险境求生必须具备一些基本的常识，确保自己在享受野外探险刺激的同时，保证自身安全。本书通过简洁的文字、精彩的图解、互动式的漫画，将理论融合实际，不仅向读者客观真实地展示了应对意外的具体措施，而且还增强了读者在面对险境时所应具备的知识。

图书在版编目（CIP）数据

青少年险境求生 / 江乐兴编著 .—北京：清华大学出版社，2017
（野外求生系列丛书）
ISBN 978-7-302-47754-9

Ⅰ . ①青…　Ⅱ . ①江…　Ⅲ . ①野外 – 生存 – 青少年读物　Ⅳ . ① G895-49

中国版本图书馆 CIP 数据核字（2017）第 166906 号

责任编辑：李玉萍
封面设计：郑国强
责任校对：周剑云
责任印制：杨　艳

出版发行：清华大学出版社
网　　址：http://www.tup.com.cn，http://www.wqbook.com
地　　址：北京清华大学学研大厦 A 座　　　邮　　编：100084
社 总 机：010-62770175　　　邮　　购：010-62786544
投稿与读者服务：010-62776969，c-service@tup.tsinghua.edu.cn
质量反馈：010-62772015，zhiliang@tup.tsinghua.edu.cn
印 装 者：北京亿浓世纪彩色印刷有限公司
经　　销：全国新华书店
开　　本：146mm × 210mm　　印　张：9.5　　字　数：210 千字
版　　次：2017 年 9 月第 1 版　　印　次：2017 年 9 月第 1 次印刷
定　　价：48.00 元

产品编号：070600-01